JEAN FEYDER

MORDS HUNGER

Wer profitiert vom Elend der
armen Länder?

Aus dem Französischen von Michael Bayer
und Enrico Heinemann

W0178943

WESTEND

Mehr über unsere Autoren und Bücher:
www.westendverlag.de

Die Deutsche Nationalbibliothek verzeichnet diese Publikation in
der Deutschen Nationalbibliografie; detaillierte bibliografische Daten
sind im Internet über http://dnb.d-nb.de abrufbar.

ISBN 978-3-86489-078-9
© Westend Verlag GmbH, Frankfurt/Main 2014
Satz: Publikations Atelier, Dreieich
Druck und Bindung: CPI – Clausen & Bosse, Leck
Printed in Germany

Inhalt

*Für meine Frau Juana und
meine Töchter Nadine und Sophie*

Einleitung

Jeden Tag sterben 25 000 Menschen, in der Mehrheit Kinder, an Hunger und Unterernährung. Dazu kommt, dass von den sieben Milliarden Menschen, die auf unserem Planeten leben, über eine Milliarde nicht genügend zu essen haben. Zwei Milliarden leiden an Nährstoffdefiziten. Gleichzeitig sind 1,4 Milliarden Erwachsene übergewichtig, 500 Millionen von ihnen sogar fettleibig.[1] Es ist also offensichtlich, dass unser Welternährungssystem in eine Schieflage geraten ist: auf der einen Seite Mangelernährung und Hunger, auf der anderen Fehlernährung und Fettleibigkeit. All dies bedeutet eine permanente und schwerwiegende Verletzung der Grundrechte auf ein menschenwürdiges Dasein und angemessene Ernährung.

Dabei hatten die Staats- und Regierungschefs der Welt im Jahr 2000 dem Hunger eigentlich den Krieg erklärt, als sie sich bei einem UN-Gipfel in New York dazu verpflichteten, den Anteil der Hungernden und Unterernährten an der Weltbevölkerung bis 2015 um die Hälfte zu reduzieren. Heute muss jedoch festgestellt werden, dass die Zahl der an Hunger leidenden Menschen kaum verringert wurde.

Werden nicht genügend Lebensmittel produziert? Eindeutig nein, die heutige Getreideproduktion reicht aus, um 12 – 14 Milliarden Menschen zu ernähren, also weit mehr als die heute lebenden sieben Milliarden Menschen. Fakt ist, dass nur etwas mehr als 40 Prozent des Ertrags für menschliche Ernährung verwendet werden. Gut ein Drittel wird an Vieh verfüttert, der Rest wird verheizt oder zu Treibstoff und Industrieprodukten verarbeitet.[2] Hunger und Unterernährung sind also kein Problem mangelnder Produktion, sondern vielmehr eine Frage der Armut, der Gerechtigkeit und der Verteilung.

Wie ist es sonst zu erklären, dass die Hälfte der Hungernden und Mangelernährten Kleinbauern sind, 20 Prozent landlose Bauern und zehn Prozent viehhaltende Nomaden oder einfache Fischer? Die restlichen 20 Prozent leben in den Elendsvierteln der Städte. Die

Tatsache, dass die Mehrzahl der Hungernden und Mangelernährten auf dem Land lebt, ist ein Paradox und vielen nicht bekannt. Ebenfalls wenig bekannt ist, dass die Anzahl der Bauern und Bäuerinnen insgesamt um die 45 Prozent der Weltbevölkerung ausmachen. In China sind es fast 50, in Indien 60 und in Subsahara-Afrika sogar zwischen 60 und 80 Prozent der Bewohner.

Dabei bebauen Abermillionen kleinbäuerlicher Familien, die das Gros der hungernden Massen bilden, durchschnittlich gerade ein bis zwei Hektar oder noch weniger Boden – oft mit einer Hacke und einer Machete als einzige Werkzeuge. Dagegen verfügt ein Bauer in Westeuropa im Durchschnitt über 40 Hektar Land, die er mit immer leistungsstärkeren Traktoren und Maschinen und gewaltigen Mengen an Pflanzenschutzmitteln und Düngern bewirtschaftet.

Ohne die Auswirkungen staatlicher Misswirtschaft und Korruption zu verkennen, möchte ich in diesem Buch jedoch auch auf tieferliegende, strukturelle Ursachen für Hunger und Mangelernährung der Landbevölkerung eingehen. Viele Bedürftige sind Opfer einer Marginalisierung und Ausgrenzung von Seiten der politischen, wirtschaftlichen und finanziellen Eliten, die in den Städten wohnen.

Darüber hinaus sind in den 1980er-Jahren über hundert, vor allem afrikanische und lateinamerikanische Länder in die Schuldenfalle geraten und mussten bei der Weltbank und dem Internationalen Währungsfonds (IWF) Kredite aufnehmen. Diese wurden ihnen nur unter der Bedingung gewährt, Strukturanpassungsprogramme im Sinne des Washingtoner Consensus durchzuführen. Nach dessen Credo sollte sich der Staat aus wirtschaftlichen Aktivitäten sowie der Förderung der Landwirtschaft, des Gesundheitswesens und der Bildung möglichst weit zurückziehen. Die Ära des »freien« Marktes, der Privatisierung, Deregulierung und Liberalisierung war somit gekommen. Die Entwicklungsländer wurden aufgerufen, sich an den angeblichen Vorteilen im internationalen Wettbewerb zu orientieren und erneut die Exportwirtschaft anzukurbeln, um mit den Erlösen ihre Auslandsschulden bedienen zu können. Umgekehrt sollten die Verbraucher durch eine Öffnung der Märkte Zugang zu billigen

Importgütern bekommen. Im Zuge der auferlegten Liberalisierungs-programme wurde in diesen Ländern fast drei Jahrzehnte lang die Produktion von Nahrungsmitteln sträflich vernachlässigt. Zeitgleich sank der Anteil der öffentlichen Entwicklungshilfe für die auf dem Land lebende Bevölkerung. Die 2008 ausgebrochene Ernährungs-krise, die eine Vielzahl von Ländern auf der ganzen Welt betraf, machte schließlich deutlich, dass das Hungerproblem noch lange nicht gelöst war, und stellte das von Weltbank und IWF propagierte Entwicklungsmodell radikal in Frage.

Zwischen 1980 und 2004 sank der Anteil der öffentlichen Ent-wicklungshilfe für die Landwirtschaft von 18 auf vier Prozent, ob-schon drei Viertel der Ärmsten – der Hungernden und Mangeler-nährten – gerade im ländlichen Raum leben. Trotz vieler seither gemachten Erklärungen und Versprechen, gehen heute noch immer gerade knappe fünf Prozent der Entwicklungshilfe an die Landwirt-schaft. Durch die Maßnahmen zur Strukturanpassung verloren die Bauern nicht nur die Unterstützung ihrer Regierungen, sondern lit-ten zudem unter den verheerenden Folgen der neuen wirtschaftli-chen Rahmenbedingungen. Die Importe zu Dumpingpreisen brach-ten den Verbrauchern in den Städten zwar eine Zeit lang Vorteile, doch sie benachteiligten die nationalen Erzeuger, deren Produkte immer weniger Käufer fanden. Die rapide steigenden Einfuhren von Hühnerfleisch, Reis, Tomatenkonzentrat und Milchpulver drängten die lokale Produktion ins Abseits und zerstörten die Existenzen von Millionen Bauernfamilien.

Trotz dieser katastrophalen Bilanz wird die neoliberale Politik von Weltbank, IWF und Welthandelsorganisation (WTO) durch bilate-rale und regionale Handelsabkommen weiter ausgebaut. Ebenso de-struktiv wirkt sich die Gemeinsame Agrarpolitik (GAP) der Europä-ischen Union auf die Entwicklungsländer und insbesondere auf die kleinbäuerliche Landwirtschaft aus. Denn auch nach der Reform von 2013 bleibt die GAP weiter stark exportorientiert. Die Nahrungs-mittelexporte nach Westafrika etwa wurden durch aggressives Preis-dumping seitens der EU innerhalb der letzten 10 Jahre verdoppelt. Seither werden dort Lebensmittel zu Preisen verkauft, die unterhalb der Produktionskosten liegen, was den lokalen Kleinbauern jegliche wirtschaftliche Grundlage entzieht.

Gleichzeitig schützt die EU ihren Binnenmarkt durch hohe Importzölle auf Getreide-, Fleisch- und Milchprodukte. Südlichen Entwicklungsländern werden ähnliche Schutzmaßnahmen untersagt und sie wurden bereits genötigt, die Importzölle auf die genannten Produkte drastisch zu senken. Die Aushandlung von Wirtschaftspartnerschaftsabkommen (Economic Partnership Agreements – EPAs) droht, die afrikanischen Länder dazu zu verleiten, ihre bereits in zu hohem Maße liberalisierten Märkte noch weiter zu öffnen und somit jede wirkliche Entwicklungsperspektive zu zerstören.

Die EU ist also unmittelbar dafür verantwortlich, wenn jedes Jahr um die 50 Millionen Menschen in die Städte abwandern, um vor der Hoffnungslosigkeit auf dem Land zu fliehen. An der Grenze zu Europa riskieren immer mehr von ihnen ihr Leben, um nach Lampedusa zu gelangen.

In den Kapiteln fünf und sechs zeige ich die verheerenden Folgen einer solchen Politik in Ghana, Haiti und anderswo. Beide Länder konnten sich wie viele andere zu Beginn der 1970er-Jahre mit dem Grundnahrungsmittel Reis und Geflügelfleisch praktisch selbst versorgen. Im Zuge der verordneten Strukturanpassungen und Liberalisierung der Märkte werden dort heute etwa 90 Prozent des Bedarfs für diese Produkte durch hoch subventionierte Importe abgedeckt. Als Ergebnis ruinierten sie Hunderttausende von Kleinerzeugern und trieben sie zur Verzweiflung.

Seit den 1980er-Jahren erleben wir eine neue Phase des Kapitalismus, geprägt durch die Hegemonie der Finanzmärkte und der transnationalen Konzerne. Sie haben die Kontrolle über die Produktion der wichtigsten Agrarrohstoffe und des Welthandels gewonnen und bewirken tiefgreifende strukturelle Veränderungen in der landwirtschaftlichen Produktion. Die in diesem Zuge forcierte industrielle Landwirtschaft ist nicht nachhaltig und einer der Hauptverursacher des Klimawandels. Der breite Einsatz von chemischen Düngemitteln, von Pestiziden und fossiler Brennstoffe hat gravierende Folgen für Gesundheit, Umwelt, Biodiversität, Wasserqualität, Bodenerosion und vieles mehr. Die Fleischproduktion ist zunehmend abhängig von Kraftfuttermittelimporten aus Lateinamerika, wo zu diesem Zweck weiträumig Tropenwälder und Savannen gerodet werden. Der massive Anbau von Viehfutter, vor allem von Soja, ist somit für die Freisetzung enormer Mengen von Treibhausgasen verantwortlich und findet auf Kosten der einheimischen Lebensmittelkulturen, der Biodiversität und der lokalen ländlichen Bevölkerung statt. Millionen Bauern werden Opfer dieser exportorientierten industriellen Landwirtschaft und sind gezwungen, in die Vororte der Großstädte abzuwandern.

Nutznießer dieses globalisierten Systems sind transnationale Großkonzerne. Sie profitieren vom vereinfachten Zugang zu neuen Märkten, der ihnen durch die Handelsliberalisierung und das Regelwerk der WTO garantiert wird. Gleichzeitig werden ihre Produkte patentrechtlich geschützt und so spielen diese Unternehmen auch eine entscheidende Rolle bei der Lieferung von Saatgut, Pestiziden, Dünger und Maschinen sowie beim Kauf, Transport, bei Verarbeitung und Vermarktung der Agrarprodukte und der Lebensmittel. In den letzten 20 Jahren hat die Konzentration dieser Konzerne innerhalb der Nahrungsmittelindustrie sprunghaft zugenommen. Ein Teil ihrer riesigen Gewinne geht auf die niedrigen Preise zurück, die sie den Bauern für deren Produkte bezahlen. Darüber hinaus erlaubt es ihnen ihre marktbeherrschende Stellung, die Verkaufspreise in der Vermarktungskette der Agrarprodukte entscheidend zu beeinflussen.

Die Spekulation auf Grundnahrungsmittel und der Ausbau von Agrotreibstoffen zählen zu den Hauptursachen der Welternährungskrise von 2008. Doch diese Entwicklung wurde nach der Krise nicht gestoppt, im Gegenteil, sie wird weiter vorangetrieben. Noch immer führen Spekulationen zu willkürlichen Preisschwankungen, die das Überleben Millionen armer Menschen, die oft 50 bis 80 Prozent ihres Einkommens für Nahrungsmittel ausgeben müssen, zusätzlich erschweren. Und die zunehmende Einflussnahme der Finanzmärkte und des Agrobusiness auf die globalen Ernährungs- und Landwirtschaftssysteme und die von den Industrieländern geförderten öffentlich-privaten Partnerschaften begünstigen die industrielle Landwirtschaft und verschlimmern weiter die Lage der Kleinbauern in den Entwicklungsländern.

Die Produktion von Agrarkraftstoffen ist ebenso mit einer Reihe schwerwiegender Auswirkungen verbunden. Sie geschieht zu Lasten der Nahrungsproduktion der Landwirte im globalen Süden, verursacht Preisverzerrungen bei Lebensmitteln, Hunger, Vertreibung lokaler Gemeinschaften, Menschenrechtsverletzungen, eine negative Klimabilanz, Zerstörung der Biodiversität und weitere Umweltschäden.

Die durch die brutalen Preissteigerungen bei den Grundnahrungsmitteln ausgelöste Welternährungskrise von 2008 hat auch das sogenannte Land Grabbing, also die Aneignung von Ackerland in Entwicklungsländern, weiter verstärkt. In den vergangenen Jahren kam es zu einem regelrechten Ansturm des Finanzkapitals auf Grundnahrungsmittel und insbesondere in Afrika weiträumig zum Verkauf oder zur Verpachtung von landwirtschaftlich genutzten Flächen. Seit 2007 wechselten jährlich Zehntausende Millionen Hektar Ackerland den Besitzer und gingen von der öffentlichen Hand an internationale Investoren über, die das Land fortan für eine exportorientierte landwirtschaftliche Produktion nutzen. Daran beteiligte sich auch eine Reihe von Regierungen, etwa in den Golfstaaten, die ihre eigene Ernährungssicherheit bedroht sahen.

Gleichzeitig bauen multinationale Konzerne das Geschäft mit patentiertem transgenetischen Saatgut, verbunden mit dem Verkauf von Pestiziden, immer weiter aus. Seit Jahrhunderten hatten die Bauern freien Zugang zu Saatgut. Nun laufen sie Gefahr, die Unsicherheiten der Erträge dieses Saatguts und dessen Schädlichkeit für Mensch und Umwelt zu unterschätzen und sich in neue Abhängigkeiten zu stürzen. Besonders bedenklich ist die Monopolstellung von drei Konzernen – Monsanto, Dupont Pioneer und Syngenta –, die mittlerweile mehr als die Hälfte des Saatgutgeschäftes kontrollieren. Die Lobbymacht dieser Multis beeinträchtigt auch die Unabhängigkeit von Experten und Beratungsgremien, die über die Gesundheitsschädlichkeit der Gentechnik für Konsumenten zu befinden haben.

Soweit die Übersicht über die verschiedenen Aspekte der Hunger- und Ernährungsproblematik, die ich im ersten Teil dieses Buches eingehender beleuchten werde. Im zweiten Teil werde ich dann aufzeigen, welche Ansätze es gibt, um ein gerechteres Welternährungssystem zu ermöglichen. Ein System, das Landlosen aus der Armut heraushilft, Kleinbauern ein faires Einkommen sichert und ausreichend gesunde Nahrung für jeden auf den Tisch bringt. Welches landwirtschaftliche Modell kann die Nachhaltigkeit und die Produktion gesunder Nahrungsmittel gewährleisten? Müssen wir unsere Konsumgewohnheiten radikal überdenken? Und wie sind nationale und internationale Handelsspielregeln abzuändern, um eine solche Entwicklung zu begünstigen?

Im dritten Teil stelle ich verschiedene Hauptakteure vor – die Europäische Union, die USA, China, Indien und Brasilien –, um darzulegen, wie in diesen Regionen die Ernährung einer großen Bevölkerung gesichert wird, welche Art von Landwirtschaft dazu aufgebaut wurde und was die Auswirkungen für Ernährung und Landbevölkerung in den Entwicklungsländern sind. Und schließlich gehe ich der Frage nach, wie sich Zivilgesellschaften und Bauernbewegungen organisieren und welche Rolle sie bei der Neugestaltung des Welternährungssystems spielen können.

TEIL I
Die Gründe der Ernährungskrise

1 Der Hunger, die Mangelernährung und die Bauern

Über eine Milliarde Menschen haben nicht genug zu essen.[1] Somit hungert jeder siebte Mensch und 14 Prozent der Weltbevölkerung. 2 Milliarden sind von Nährstoffdefiziten betroffen. 1,4 Milliarden Erwachsene sind übergewichtig, 500 Millionen von ihnen sind fettleibig.[2] Diese Zahlen zeigen, dass wir es mit einem Welternährungssystem zu tun haben, welches den grundliegenden Ansprüchen der Menschheit keineswegs gerecht wird. Im Jahr 2000 einigten sich auf einem UN-Gipfel in New York die Staats- und Regierungschefs aus 189 Nationen auf acht Internationale Jahrtausendentwicklungsziele (Millennium Development Goals – MDGs). Ziel Nummer eins war es dabei, den Anteil der Hungernden an der Weltbevölkerung zwischen 1990 und 2015 um die Hälfte zu reduzieren. Dieses Ziel wird nicht erreicht. Laut Zahlen der Ernährungs- und Landwirtschaftsorganisation der UN (Food and Agriculture Organization – FAO) litten 1990 1 015 Millionen Menschen an Unterernährung. Insgesamt ist die Zahl der Hungernden im wesentlichen unverändert geblieben. Doch da seither die Weltbevölkerung um 2 Milliarden angestiegen ist, ist der Anteil dieser Bevölkerung, der unter Hunger leidet, etwas zurückgegangen.[3]

Man kann natürlich nach der Ethik einer Entwicklungsstrategie fragen, die von Anfang an die Hälfte der unter Hunger und Armut Leidenden dazu verurteilt, auch nach 2015 in diesem unwürdigen Zustand verharren zu müssen.

Jahrtausendentwicklungsziel eins:

»Wir beschließen, bis zum Jahr 2015 den Anteil der Weltbevölkerung, dessen Einkommen weniger als ein US-Dollar beträgt und der unter Hunger leidet, im Verhältnis zum Jahr 1990 um die Hälfte zu verringern.«

Bereits im Jahr 1974 wurde auf dem von der FAO ausgerichteten ersten Welternährungsgipfel das politische Ziel ausgegeben, dass »in zehn Jahren kein Mann, keine Frau und kein Kind mehr hungrig zu Bett gehen wird«.[4]

Im September 2015 wird am Sitz der UN in New York erneut ein Gipfel der Staats- und Regierungschefs stattfinden, um über eine neue nachhaltige Entwicklungsstrategie und die Zielsetzungen für die Zeit nach 2015 zu beraten. Am Ziel der Beseitigung des Hungers wird aller Voraussicht nach festgehalten werden. Entscheidend wird allerdings auch die Einführung einheitlicher Berechnungsmethoden und effektiver Kontrollmechanismen sein.

Wie hoch ist die Zahl der Hungernden?

Die Zahl der Hungernden, 842 Millionen, die die FAO für den Zeitraum zwischen 2011 und 2013 angibt, ist umstritten. Die FAO hat 2012 eine neue Berechnungsmethode eingeführt und die Zahl der Hungernden für 1990 nach oben und die der letzten Jahre nach unten revidiert (siehe Schaubild 1).

Der tägliche Energiebedarf eines Menschen gilt als wichtigste Grundlage zur Berechnung der Zahl der Hungernden. Die FAO legt für ihre Berechnung einen »bewegungsarmen Lebensstil« zugrunde, wie er bei Büroarbeit üblich ist. Dessen Kalorienbedarf gibt die FAO im globalen Schnitt mit 1 840 Kilokalorien pro Tag an. Experten halten aber einen »normalen Lebensstil« als sinnvollere Grundlage, hier wäre das Minimum 2 020 Kilokalorien und ließe die Zahl von 842 Millionen auf 1 297 Millionen hochschnellen.[5]

Diese Einschätzung wird auch von einer Gruppe von 24 amerikanischen und kanadischen Wissenschaftlern und Organisationsvertretern geteilt.[6] Laut ihren Berechnungen für das Jahr

2012 liegt die tatsächliche Zahl der Hungernden in der Spanne zwischen 868 Millionen und 1 330 Millionen Menschen.

Wenn die FAO globale Fortschritte bei der Hungerbekämpfung feststellt, so vergisst sie zudem hinzuzufügen, wie ungleich und regional begrenzt diese Fortschritte sind. Nur zwei Länder, China (~ 96 Millionen) und Vietnam (~ 24 Millionen), sind für über 90 Prozent der Verringerung der Hungernden seit 1992 verantwortlich. Zugleich ist die Zahl bei den 45 »am wenigsten entwickelten Ländern« um ganze 59 Millionen, also um umgerechnet 30 Prozent gestiegen.[7]

Auch für Olivier De Schutter, bis 2014 UN-Sonderberichterstatter für das Recht auf Nahrung, beruhen die Statistiken der FAO auf klaren Fehlberechnungen. Neben dem erhöhten Kalorienbedarf der Landbevölkerung trägt die FAO-Berechnungsweise weder dem saisonalen Hunger Rechnung, der zwischen zwei Ernten eintritt, noch der Tatsache, dass Frauen und Mädchen in Krisenzeiten weniger Zugang zu Nahrung haben. Für De Schutter liegt die tatsächliche Zahl der Notleidenden daher zwischen einer Milliarde und 1,2 Milliarden Menschen.[8]

Jeden Tag sterben 25 000 Menschen, darunter 18 000 Kinder, an Hunger oder seinen Folgen.[9]

»Der Hunger, oder besser noch die Mangelernährung, bleibt in seiner ganzen empörenden Banalität die wichtigste Todesursache auf unserem Planeten. Von den etwa 60 Millionen Menschen, die jedes Jahr den Tod finden, stirbt über die Hälfte an Hunger oder an Krankheiten, die durch Ernährungsmängel hervorgerufen werden. Der Kampf gegen den Hunger ist also heutzutage von entscheidender Bedeutung.«[10]

Für Jean Ziegler, der 2000 bis 2008 UN-Sonderberichterstatter für das Recht auf Nahrung war, ist das Massaker an Millionen Menschen durch Unterernährung und Hunger »der größte Skandal zu Beginn des dritten Jahrtausends. Eine Absurdität und Schande, die durch

Schaubild 1: Globale Hungerstatistik: biegsame Kurven, flexible Ziele.

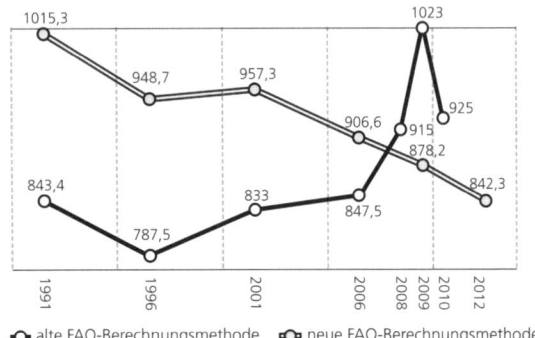

Zahl der unterernährten Menschen in Millionen

O— alte FAO-Berechnungsmethode   ◨O◨ neue FAO-Berechnungsmethode

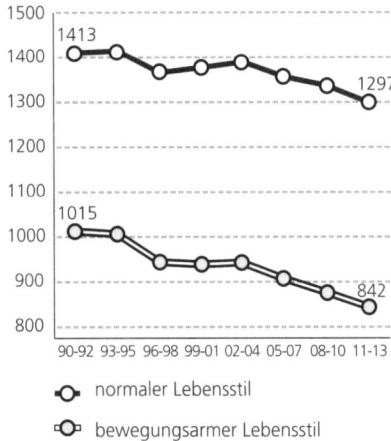

O— normaler Lebensstil

◨O◨ bewegungsarmer Lebensstil

Quelle: Zukunftsstiftung Landwirtschaft

keinen vernünftigen Grund gerechtfertigt und von keiner Politik legitimiert werden kann. Es handelt sich um ein immer wieder von neuem begangenes Verbrechen gegen die Menschheit.«[11]

In jedem Jahr werden in den Ländern des Südens fast 20 Millionen untergewichtige Kinder geboren. 7,6 Millionen von ihnen sterben, bevor sie das Alter von fünf Jahren erreicht haben.[12] Die anderen leiden unter körperlichen und geistigen Entwicklungsstörungen. Sie laufen ein weit größeres Risiko, im Erwachsenenalter an einer chronischen Krankheit zu leiden.[13]

Außerdem haben die Unterernährten und Armen oft keinen Zugang zur Gesundheitsversorgung, zu Bildungseinrichtungen und zu sauberem Trinkwasser. Millionen Frauen und Kinder gehen täglich lange, oft gefährliche Wege, um Wasser nach Hause zu schleppen. Aus diesem Grund herrscht auch ein enger Zusammenhang zwischen den einzelnen Jahrtausendentwicklungszielen. Dies gilt vor allem für das erste Teilziel: »Zugang zu sauberem Trinkwasser« und die mit der Gesundheitsversorgung verbundenen Zielmarken wie das Teilziel vier: »Senkung der Kindersterblichkeit« sowie für die Teilziele fünf und sechs: »Senkung der Müttersterblichkeitsrate« und »Bekämpfung von HIV/AIDS, Malaria und anderen Krankheiten«.

Die Geographie des Hungers

Dem FAO-Bericht zufolge lebt die Mehrheit der unterernährten Menschen immer noch in Südasien, gefolgt vom subsaharischen Afrika und Ostasien (siehe Schaubild 2).[14]

In Afrika ist der Hunger besonders verbreitet. Jeder vierte Mensch ist dort unterernährt. Vor allem der Subkontinent Subsahara-Afrika ist betroffen. Laut FAO gab es dort in den Jahren 1990 bis 1992 173 Millionen und in den Jahren 2011 bis 2013 223 Millionen unterernährte Menschen. Immerhin ging deren Anteil an der Bevölkerung, bedingt durch das starke Bevölkerungswachstum, von 27,3 auf 22,7 Prozent zurück. Am Hunger in der Region leiden insbesondere Kleinbauern und Hirten mit ihren Familien, die auf oft schlechten Böden in trockenen Gegenden um ihre Existenz und ein minimales Einkommen kämpfen.

In Asien, dem bevölkerungsreichsten Kontinent, ging die Zahl der Menschen, die an Hunger leidet, am stärksten zurück – von 743 Millionen auf 533 Millionen. Dennoch leben hier zwei Drittel aller Unterernährten der Welt. Die größten Fortschritte sind in Südostasien zu verzeichnen – von 31,1 auf 10,7 Prozent – gefolgt von Ostasien, wo besonders in China eine bemerkenswerte Entwicklung stattfand. In Südasien und besonders in Indien hingegen ist die Zahl der Unterernährten nur geringfügig zurückgegangen, von 314 Millionen auf 295 Millionen. Ein Drittel der Bevölkerung leidet hier an Hunger. Keine Fortschritte sind in Vorderasien und Nordafrika zu verzeichnen.

Schaubild 2: Die Geographie des Hungers im Wandel der Zeit

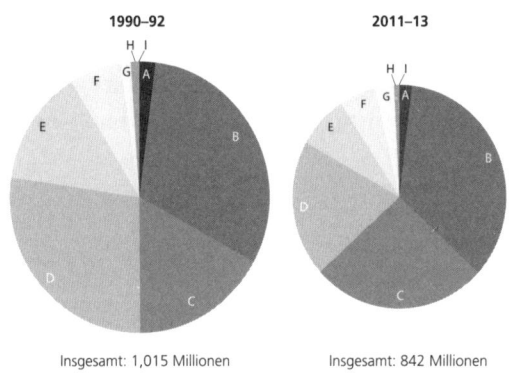

Zur Information: Die Teile des Kuchendigramms sind in proprotionaler Größe zur Anzahl der Hungernden dargestellt. Alle Zahlen sind gerundet. Quelle: FAO, 2013

		Anzahl (In Millionen)		Regionaler Anteil (in Prozent)	
		1990–92	2011-13	1990–92	2011-13
Ⓐ	Industriestaaten	20	16	2	2
Ⓑ	Südasien	314	295	31	35
Ⓒ	Subsahara-Afrika	173	223	17	26
Ⓓ	Ostasien	279	167	27	20
Ⓔ	Südostasien	140	65	14	8
F	Lateinamerika und Karibik	66	47	6	6
G	Vorderasien and Nordafrika	13	24	1	3
Ⓗ	Kaukasus und Zentralasien	10	6	1	1
Ⓘ	Ozeanien	1	1	0	0
	Insgesamt	**1 015**	**842**	**100**	**100**

In Lateinamerika und der Karibik, ging die Zahl der Hungernden von 66 Millionen auf 47 Millionen zurück (von 14,7 auf 8,7 Prozent). Überdurchschnittlich betroffen sind auch hier die Millionen von weitgehend rechtlosen Kleinbauern, Landlosen und indigene Gemeinschaften.[15]

Die Geographie des Hungers entspricht weitgehend der Landkarte der Armut. Gegenwärtig müssen weltweit etwa 1,2 Milliarden Menschen, 28 Prozent der Bevölkerung der Entwicklungsländer, von weniger als 1,25 US-Dollar am Tag leben. Das wären 700 Millionen weniger als noch im Jahr 1990, behauptet das Entwicklungsprogramm der Vereinten Nationen.[16] In Subsahara-Afrika leiden 48 Prozent (1990 noch 56 Prozent) und in Südasien 30 Prozent der Bevölkerung an extremer Armut (1990 noch 51 Prozent). Diese Menschen geben bis zu 85 Prozent ihrer Einkünfte für Nahrungsmittel aus – bei einem durchschnittlichen Haushalt in den Industrieländern sind es gerade einmal 15 bis 20 Prozent des Einkommens.[17]

Hunger, Mangelernährung und Hungersnöte

»Hunger und Unterernährung können in einer Gesellschaft verschiedene Formen annehmen. Die häufigsten Ausprägungen sind jedoch die Fehlernährung und die Hungersnot. Letztere stellt die heftigste und extremste Form des Nahrungsmangels dar. Die Fehlernährung ist eine quantitative oder qualitative Unausgewogenheit der Nahrungsaufnahme und schließt somit nicht nur die Unterernährung, sondern auch die Überernährung mit ein, die in einem Teil der Bevölkerung zur Fettleibigkeit führt.«[18]

Als eine Ausprägung der Mangelernährung lässt sich die Magerkeit oder Auszehrung definieren, die eine Person auszeichnet, deren Gewicht im Verhältnis zu ihrer Größe zu gering ist.[19]

»Die Mangelernährung ist eine Folge der Armut: Der Mangelernährte verfügt nicht über das Geld, um sich die nötige und geeignete Nahrung zu verschaffen, selbst wenn diese eigentlich in seiner unmittelbaren Umgebung zur Verfügung stehen würde. Die chronische

Mangelernährung ist also ein Verteilungs- und kein Verfügbarkeitsproblem.«[20]

Die Weltgesundheitsorganisation (WHO) ist der Meinung, dass ein Mensch pro Tag durchschnittlich 2 100 bis 2 200 Kilokalorien benötigt, damit er ein gesundes Leben führen kann. Das absolute Lebensminimum, der sogenannte Grundumsatz[21] oder Basalstoffwechsel, wird auf 1 200 bis 1 300 Kilokalorien geschätzt. In den westlichen Ländern wird die »normale« Kalorienzufuhr auf 2 400 für einen Erwachsenen, 2 900 für einen Jugendlichen und 1 830 für ein siebenjähriges Kind geschätzt. Sie kann in Afrika bis auf einen Durchschnittssatz von 1 700 Kilokalorien absinken. Die Unterernährung definiert sich als eine Nahrungsaufnahme, die dem Organismus nicht genug Kalorien zuführt, um dessen gewöhnlichen physiologischen Bedarf zu decken. Dieser »chronische Hunger« ist das tägliche Los von 92 Prozent der Unterernährten, die die FAO heute weltweit zählt. Die restlichen acht Prozent leiden im Rahmen einer Hungersnot unter »akutem Hunger«.[22]

Man spricht von Unterernährung, wenn die Kalorienzufuhr niedriger als die Mindestenergiezufuhr (Minimum Dietary Energy Requirement = MDER) ist.[23]

Die Hungersnot ist dagegen »ein absoluter Zusammenbruch der Lebensmittelversorgung der gesamten Bevölkerung, der beim einzelnen nach kurzer Zeit zum Tode führt, wenn man den Nahrungsentzug nicht auf geeignete Weise beendet«.[24]

»Sämtliche Hungersnöte des 20. Jahrhunderts ereigneten sich unter ganz bestimmten Umständen, bei denen der Eingriff des Menschen entscheidend war. Die modernen Hungersnöte sind somit eine Folge der Geopolitik. Ihre Auswirkungen sind spektakulär: Die Hungersnöte führen zu einer starken Abmagerung – die Mediziner sprechen von ›Auszehrung‹ – der vom Hunger betroffenen Risikogruppen, vor allem der Kinder. Die Hungersnot ist deswegen eine deutlich sichtbare Erscheinung, während die Mangelernährung einen schleichenden Prozess auslöst. Während Letztere in einer unterentwickelten Gesellschaft meist einen weit verbreiteten Dauerzustand darstellt, ist die akute Hungersnot immer in Raum und Zeit genau lokalisierbar. Es gibt keinen Ort, wo *andauernd* an Hunger gestorben wird. Es handelt sich dabei um ein kollektives Phänomen.«[25]

Größere Hungersnöte ereigneten sich in den letzten Jahrzehnten 1968–1970 in Nigeria (Biafra-Krieg), 1985–1987 in der Sahelzone, 1991 im Nordirak (Krieg gegen die Kurden), 1992 in Somalia, 1996 in der Demokratischen Republik Kongo (Angriffe gegen die Flüchtlinge aus Ruanda im Osten des Landes), 1996–1998 in Nordkorea und 2000 in Äthiopien. Die Hungersnot in Darfur im Westen des Sudan stand in der ersten Dekade dieses Jahrhunderts im Mittelpunkt des Interesses der UN, 2011 diejenige am Horn von Afrika.[26]

Zwei Milliarden leiden an Mikronährstoffmangel

Hunger und Unterernährung sind jedoch nicht nur eine Frage der Menge an Nahrungsmitteln, die ein Mensch täglich zu sich nimmt und in Kalorien umsetzt. Sie sind auch und gerade eine Frage der Qualität der aufgenommenen Nährstoffe.[27]

Laut FAO und WHO leiden mehr als zwei Milliarden Menschen an Mikronährstoffmangel, der durch einen Mangel an Vitaminen und Mineralstoffen in der täglichen Nahrung verursacht wird. Die Bedeutung dieser Mangelerscheinungen für die öffentliche Gesundheit liegt an ihrer weiten Verbreitung und ihren gesundheitlichen Folgen. Dies gilt vor allem für schwangere Frauen und Kleinkinder, da Mikronährstoffmangel das Fötus- und Kinderwachstum, die kognitive Entwicklung und die Widerstandsfähigkeit gegen Infektionen ungünstig beeinflusst. Am akutesten und verbreitetsten sind diese Probleme normalerweise bei den Armen, denjenigen, die unter einer unsicheren Ernährung leiden, und bei den verwundbarsten Schichten in den Entwicklungsländern.[28]

»Das plötzliche Nahrungsdefizit bei einer Ernährungskrise (schlechte Ernten, Kampfhandlungen und so weiter) trifft Menschen, die bereits seit ihrer Kindheit an *chronischer* Mangelernährung leiden, die oft bereits im Bauch ihrer Mutter begonnen hat. Zu diesen Ernährungsmängeln kommt dann noch eine abrupte drastische Verminderung der täglichen Nahrungsration hinzu, die bei einem geschwächten Organismus endgültig eine *akute* Mangelernährung hervorruft. Anzeichen für eine solche Hungerspirale sind Wachstums- und Entwicklungsstörungen, Symptome wie die Rachitis sowie körperliche und geistige Dauerbehinderungen. Logischerweise bietet sich auch allen möglichen Krankheiten unter diesen Umständen ein fruchtbarer Nährboden. Ein Mensch mit einer durch Unterernährung geschwächten Immunabwehr wird sich dem Angriff der Mikroben und Bakterien nur noch schwer widersetzen können und ist deshalb weit anfälliger für Krankheiten und Epidemien. Zu den direkt von der Mangelernährung hervorgerufenen Symptomen wie den Durchfallkrankheiten tritt noch die Gefahr von Infektionskrankheiten wie den Masern, der Tuberkulose und dem Sumpffieber hinzu.«[29]

Das Kinderhilfswerk der Vereinten Nationen, UNICEF, und die Weltbank haben eine Liste der häufigsten und verbreitetsten Krankheiten aufgestellt, die von diesem Mikronährstoffmangel verursacht werden. Dazu zählen die in Schwarzafrika häufige Eiweißmangelkrankheit Kwashiorkor, die Anämie und die Rachitis. Die erwachsenen Opfer der Kwashiorkor-Krankheit haben einen aufgeschwemmten Wasserbauch, ihre Haare färben sich rot und ihre Haut gelblich. Außerdem verlieren sie ihre Zähne. Wer auf Dauer zu wenig Vitamin A zu sich nimmt, wird blind. Die Rachitis verhindert das normale Knochenwachstum des Kindes. Die Anämie greift das Blutsystem an. Die unter dieser Blutarmut Leidenden werden kraft- und antriebslos und verlieren jegliche Konzentrationsfähigkeit.[30]

Die WHO zählt den Mangel an Eisen, an Vitamin A und an Zink zu den zehn wichtigsten Todesursachen in den Ländern des Südens. Auch hier sind die Kinder wieder am meisten betroffen.[31]

Der *Eisenmangel* bleibt die häufigste Mangelerscheinung, von der mehr als eineinhalb Milliarden Menschen betroffen sind. Er verzögert die Entwicklung des Gehirns und führt in der Hälfte der Fälle zu Anämie. Diese zeichnet sich durch einen Rückgang der Produktion des Sauerstofftransportproteins Hämoglobin aus, der wiederum zu Atemnot, schwerer Müdigkeit, Schwindelanfällen und Kopfweh führt.

Der *Jodmangel*, unter dem weltweit 780 Millionen Menschen leiden, verzögert ebenfalls die Gehirnentwicklung: 20 Millionen Menschen werden mit einem geistigen Defekt geboren, weil ihre Mütter unter Jodmangel litten. Das häufigste Symptom ist der Kropf, der durch eine starke Vergrößerung der Schilddrüse verursacht wird.

Der *Mangel an Vitamin A*, von dem 140 Millionen Kinder betroffen sind, schwächt das Immunsystem und erhöht das Risiko, an Krankheiten wie den Masern oder der Malaria zu sterben. Der *Mangel an Vitamin D* führt zur Rachitis. Alle diese Ernährungsungleichgewichte lösen einen Zyklus »Mangelernährung/ Infektion« aus, der am Ende sogar zum Tod führen kann.[32]

Wie reagieren nun aber diese Menschen, die unter Hunger oder Unterernährung leiden? Um den Belastungen durch die immer wieder auftretenden Nahrungs- und Wirtschaftskrisen begegnen zu können, reduzieren die Armen laut eines Berichts der FAO ihre Nahrungsvielfalt und schrauben die Ausgaben für solche essentiellen Notwendigkeiten wie die Erziehung ihrer Kinder und die Gesundheitsversorgung zurück. Die Armen werden jetzt noch mehr gezwungen sein, sich auf ihre eigene magere Habe zu stützen. Damit lösen sie einen Teufelskreis der Armut aus, der langfristig äußerst negative Auswirkungen auf die Ernährungssicherheit haben wird. Außerdem wird die Kindersterblichkeit zunehmen, von der die Mädchen mehr betroffen sein werden als die Jungen.[33]

Fehlernährung und krankhafte Überernährung

Weltweit waren schon 2008 gut 1,4 Milliarden Erwachsene überge-wichtig, davon 500 Millionen krankhaft fettleibig. Diese »globale Epidemie«, deren Ursachen eine zu kalorienreiche und mangelnde Ernährung sind, breitet sich laut WHO rasant aus. 1980 war ein Vier-tel aller Erwachsenen betroffen, 2008 bereits mehr als ein Drittel, zunehmend auch in armen Ländern. Übergewicht gilt mittlerweile als wichtigste Ursache für Diabetes, Bluthochdruck, Schlaganfälle und bestimmte Krebsarten.

»Wissenschaft und Forschung haben sich darauf konzentriert, Grundnahrungsmittel finanziell einträglicher zu machen (z.B. Kar-toffeln in eine Reihe von Snacks zu verarbeiten). Das Ergebnis sind billige, verarbeitete Lebensmittel niedriger Ernährungsdichte (viel Fett, raffinierte Zucker und Salz) und langer Haltbarkeit. Der stei-gende Konsum solcher Produkte, die vielfältigere, traditionelle Er-nährungsgewohnheiten ersetzen, trägt zu weltweit steigender Fett-leibigkeit und ernährungsbedingten chronischen Krankheiten bei.«[34]

Der Antibiotikaeinsatz in der Massentierhaltung ist eine ernste Bedrohung für die menschliche Gesundheit geworden. 1 619 Tonnen Antibiotika, doppelt so viel wie in der Humanmedizin, wurden 2012 in Deutschlands Mastanlagen eingesetzt.

Der 2013 erschienene Weltagrarbericht sieht die gemeinsame Ur-sache bei Unter-, Über- und Fehlernährung in der Entkoppelung, Trennung und Entfremdung von Lebensmittelerzeugung und -ver-brauch und fordert, diese Zusammenhänge auf allen Ebenen wie-derherzustellen. Ungesunde Produkte müssten besteuert, salz-, zu-cker- und fettreiche Lebensmittel reguliert, Werbung für Junkfood eingeschränkt und Agrarsubventionen abgeschafft werden, die un-gesunde Zutaten verbilligen, so der Vorschlag von Olivier De Schut-ter. Stattdessen sollte die lokale Nahrungsmittelproduktion geför-dert werden, um allen Menschen Zugang zu gesunden, frischen und nahrhaften Lebensmitteln zu garantieren.[35]

Der Hunger betrifft im wesentlichen die ländliche Bevölkerung

80 Prozent der Unterernährten leben auf dem Land. Laut der UN-Taskforce zur Welthungerkrise sind etwa 50 Prozent der Hungernden Kleinbauern, 20 Prozent landlose Bauern und zehn Prozent Hirtennomaden, Fischer und Waldnutzer. Die restlichen 20 Prozent leben in den Slums der Großstädte.[36]

Eine kleine Minderheit sieht sich akuten Hungersnöten ausgesetzt, die auf bewaffnete Konflikte, außergewöhnliche Klimaereignisse wie Dürren und Überschwemmungen oder heftige wirtschaftliche Umschwünge zurückgehen.[37]

Die große Mehrheit der Bauern in den Entwicklungsländern sind Kleinerzeuger. Nach gängigen Schätzungen bebauen 85 Prozent von ihnen Flächen, die kleiner sind als zwei Hektar. Der Bevölkerungsdruck, der ungleiche Bodenbesitz und die Erbschaftsregeln begünstigen die Fragmentierung, die in zahlreichen Regionen Asiens und Afrikas zu einer schnellen Abnahme der Fläche der einzelnen landwirtschaftlichen Anwesen führt.[38]

Das Kleinbauerntum mit seiner Familienwirtschaft, seinen geringen Anbauflächen und seinen wenigen Lohnarbeitern stellt selbst in den Industrieländern weiterhin die gebräuchlichste landwirtschaftliche Organisationsform dar. Auch die historischen Quellen bestätigen die Überlegenheit der Organisationsform des kleinen Landwirtschaftsbetriebs.[39]

Während die Bauern in der Europäischen Union weniger als fünf Prozent der Gesamtbevölkerung ausmachen, ist die Zahl der in der Landwirtschaft Tätigen weltweit immer noch sehr hoch: Mehr als die Hälfte der Bevölkerung in Entwicklungsländern – 3,1 Milliarden Menschen oder 45 Prozent der Weltbevölkerung – wohnen in ländlichen Gebieten. Knapp 2,5 Milliarden Menschen in den Entwicklungsländern und 2,6 Milliarden Menschen weltweit leben vorwiegend von der Landwirtschaft.[40] Die Landwirtschaft stellt die Lebensgrundlage für 62 Prozent aller Menschen in Afrika südlich der Sahara dar. In Südasien ist die Hälfte der Bevölkerung in der Landwirtschaft tätig.[41]

75 Prozent der ärmsten Menschen gehören zur Landbevölkerung. Vor allem Frauen leiden unter dieser Situation, obwohl gerade sie zwischen 60 und 80 Prozent der landwirtschaftlichen Produktion zu erledigen haben. Etwa die Hälfte der Einwohner Indiens und Chinas und zwischen 60 und 80 Prozent der Menschen in Schwarzafrika sind Bauern.

Die Benachteiligung der Frauen

In den Entwicklungsländern müssen die Frauen einen Großteil der Arbeiten in der Nahrungserzeugung übernehmen. Sie verbringen lange Stunden auf den Feldern, versorgen das Vieh, sammeln Brennholz, schöpfen Wasser, bereiten die Mahlzeiten zu, kümmern sich um die Kinder und verwalten das Haushaltsgeld.

»Die Belastung der Frauen auf dem Lande wächst, wo der Bevölkerungsdruck die Entwicklung überholt und immer mehr Männer ihre Höfe auf der Suche nach Arbeit in den Städten verlassen.«[42]

Noch immer sind Frauen und Mädchen deutlich stärker als Männer von Armut, Hunger und Krankheit betroffen. In den Familien müssen sie mit kleineren Essensrationen auskommen als die Männer und auf dem Arbeitsmarkt werden ihnen deutlich kleinere Gehälter bezahlt – Hungerlöhne im wahrsten Sinne des Wortes. Mütter leiden am meisten unter dem Mangel an ausgewogener Ernährung und medizinischer Grundversorgung und die Verantwortung für das Überleben der Kinder verlangt von ihnen noch oft zusätzlichen Verzicht. Frauen haben auch sehr viel geringere Kontrolle über die Produktionsmittel und schlechteren Zugang zu Ausbildung, Beratung und Krediten.[43]

Zwei unterschiedliche Typen von Landwirtschaft

Die weltweite Landwirtschaft wird heute von zwei ganz unterschiedlichen Typen charakterisiert:
- Eine hochproduktive und schnell wachsende Landwirtschaft in

den Industrieländern des Nordens sowie einigen Entwicklungs- oder Schwellenländern wie Brasilien, Argentinien, Chile und Thailand.

▪ Eine wenig produktive und stagnierende bäuerliche Familienwirtschaft in einem Großteil der Entwicklungsländer, vor allem auf dem afrikanischen Kontinent. Von den 1,3 Milliarden Bauern in der Welt verfügen nur 28 Millionen, das heißt zwei Prozent, über einen Traktor und nur 250 Millionen, also 19,2 Prozent, über Arbeitstiere. Etwa eine Milliarde Bauern arbeiten also nur mit Handwerkzeugen wie Hacken, Spaten, Sicheln oder Macheten.[44]

Besonders in Bezug auf die Ausrüstung und bei der Nutzung von Düngemitteln werden diese Unterschiede deutlich: In Nordamerika und Westeuropa kommt auf jeden Landwirt im Durchschnitt ein Traktor. In Lateinamerika und Asien liegt dieser Anteil gerade noch bei einem bis zehn Prozent. In vielen Ländern Afrikas hingegen kommt im Schnitt nur ein Traktor auf 1 000 Landarbeiter. Beim Einsatz von chemischen Düngemitteln zeichnet sich ein ähnliches Bild ab: Im Schnitt werden pro Hektar Nutzfläche in China und Westeuropa zwischen 200 und 400 Kilogramm Dünger verwendet, zwischen 100 und 200 in den USA und Indien und weniger als 10 Kilogramm in vielen Teilen Afrikas.[45]

Dies hat zur Folge, dass das Produktivitätsverhältnis zwischen den Landwirtschaften der Industrie- und Schwellenländer wie Brasilien auf der einen Seite und denen eines Großteils der Entwicklungsländer auf der anderen Seite heute in der Größenordnung von 1 000 zu 1 oder sogar mehr liegt – am Anfang des 20. Jahrhunderts lag dieses Verhältnis noch bei 10 zu 1.[46]

Professor Marcel Mazoyer weist darauf hin, dass »zwischen den verschiedenen Landwirtschaften der Welt eine große Ungleichheit der Ausrüstung, der Produktivität und des Einkommens herrscht: Einerseits verfügen einige Millionen Landwirte über leistungsfähige Traktoren und Maschinen im Wert von mehreren hunderttausend Euro und nutzen die wirksamsten Bodeneinträge (Saaten und Düngemittel), wodurch sie pro Arbeitskraft und Jahr mehr als 1 000 Tonnen Getreide oder Getreideäquivalente produzieren können. Auf der anderen Seite besitzen Hunderte von Millionen Bauern nur Handwerkzeuge im Wert von nicht einmal 100 Euro und können sich auch keine so guten Bodeneinträge leisten. Aus diesem Grund können sie pro Arbeitskraft und Jahr auch nicht mehr als eine Tonne Getreide oder Getreideäquivalente produzieren.«[47]

»In den Entwicklungsländern gibt es heute Hunderte von Millionen Bauern, die weniger als eine Tonne Getreide produzieren, wobei ihnen eine Tonne etwa 100 Euro einbringt, und eine ähnlich hohe Zahl von Landarbeitern, die weniger als zwei Euro am Tag verdienen. Es ist deswegen auch nicht weiter erstaunlich, dass in den ländlichen Gebieten der Erde Armut und Unterernährung weit verbreitet sind.«[48]

2 Die Nahrungskrise

Die Nahrungskrise des Jahres 2008

»Die Haitianer müssen Schlammkekse essen«, titelte die Schweizer Zeitung *Le Temps* am 17. Februar 2008. Es handelte sich dabei um Kekse, die aus Wasser, Öl, Salz und Lehmerde hergestellt wurden. Dies war auf dem Höhepunkt der weltweiten Ernährungskrise, die Anfang des Jahres 2008 begann. Vom März 2007 bis zum März des Jahres 2008 stiegen die Weltmarktpreise der wichtigsten Getreidesorten stark an. Weizen wurde um 130 Prozent, Soja um 87 Prozent, Reis um 75 Prozent und Mais um 31 Prozent teurer. Dieser Höhenflug der Nahrungsmittelpreise traf besonders die schwächeren Schichten in den Städten der Entwicklungsländer hart, die einen Großteil ihrer Einkünfte für ihre Ernährung ausgeben müssen.

Von Abidjan bis Port-au-Prince, von Kairo bis Dakar brachen überall auf der Welt Aufstände aus. Es gab Demonstrationen, die manchmal gewaltsam aufgelöst und unterdrückt wurden. Vor den Präsidentenpalästen strömten die Menschen zusammen, etwa in Haiti, wo der Präsident sogar zum Rücktritt gezwungen wurde. Die Ernährungskrise löste politische Krisen aus, die die gesamte internationale Gemeinschaft erschütterten. In Bangladesch gingen etwa 20 000 Textilarbeiter auf die Straße, um gegen den schwindelerregenden Anstieg der Lebensmittelpreise zu protestieren und höhere Löhne zu fordern. Darüber hinaus fanden in Bolivien, Peru, Mexiko, Indonesien, Äthiopien, Pakistan, Usbekistan, Thailand, dem Jemen und auf den Philippinen Demonstrationen und Streiks statt, die die jeweilige politische Führung dieser Länder immer mehr beunruhigten. Die weltweite öffentliche Meinung war überrascht und alarmiert.

Wie ist es zu erklären, dass am Anfang des 21. Jahrhunderts der Hunger zurückgekehrt war?

Konjunkturelle oder kurzfristige Gründe

Zunächst muss man zwischen den konjunkturellen oder kurzfristigen Gründen und den strukturellen oder langfristigen Gründen unterscheiden. Zur ersten Kategorie gehören die Klimastörungen des Jahres 2007 wie etwa die Dürre in Australien, die Börsenspekulation, die Reisausfuhrverbote und der Rückgang der Lagerbestände. Zur zweiten zählen die Vernachlässigung des Nahrungsmittelsektors und vor allem die falschen Strategien, die in den Kapiteln 3 und 4 behandelt werden. Neben diesen beiden Kategorien war der starke Anstieg des Ölpreises ein weiterer bedeutender Grund für den allgemeinen Preisanstieg, da Öl einen wichtigen Kostenfaktor für Landmaschinen und Bodeneinträge wie Düngemittel und Pestizide darstellt.

Die Börsenspekulation

Alle Analysten dieses Problems sind übereinstimmend der Meinung, dass die Spekulation bei der plötzlichen Erhöhung der Lebensmittelpreise im Jahr 2008 eine äußerst wichtige Rolle spielte. Auch hier begegnen wir dem Phänomen der Spekulationsblase an den Börsen- und Immobilienmärkten, das kaum ein Jahr später die allgemeine Finanz- und Wirtschaftskrise auslösen sollte.

Laut der *New York Times* vom 22. April 2008 führte der Anstieg der Grundnahrungsmittelpreise unmittelbar zu einem Boom, der eine »Flut neuer Wall-Street-Investitionen in Gang setzte, die auf mindestens 300 Milliarden Dollar geschätzt werden«.

Für den kanadischen Professor für Wirtschaftswissenschaften an der Universität Ottawa, Michel Chossudovsky, Direktor des »Centre for Research on Globalization«, ist die Eskalation der Nahrungsmittelpreise zum großen Teil das Ergebnis von Marktmanipulationen und Börsenspekulationen auf den Rohstoffmärkten. Spekulative Weizen-,

Reis- oder Maisgeschäfte werden ohne jeden realen Hintergrund abgewickelt, was wiederum zu einer starken Preisvolatilität führt.[49]

Für die FAO und die UNCTAD (United Nations Conference on Trade and Development/Konferenz der Vereinten Nationen für Handel und Entwicklung) verursachen die Finanzinvestitionen in diese Grundnahrungsmittel auf den Märkten starke Preisschwankungen.

Die Agrotreibstoffe

Angesichts des Problems der hohen Rohölpreise und der Verfügbarkeit der fossilen Brennstoffe fördern die USA und die EU, aber auch Länder wie Brasilien aktiv die Produktion von flüssigen Agrotreibstoffen. Die Auswirkungen dieser Agrotreibstoffe auf Wirtschaft, Gesellschaft und Umwelt sind Gegenstand einer heftigen, breit angelegten Debatte. Für die Weltbank stellen diese Umweltrisiken und der Erhöhungsdruck auf die Nahrungsmittelpreise die Kehrseite der Medaille dieser Energiepolitik dar[50] (siehe Kapitel 10).

In den USA nahm die für die Produktion von Ethanol reservierte Anbaufläche in den letzten Jahren sprunghaft zu. 2007/2008 waren 23,7 Prozent des angebauten Mais für die Ethanolherstellung bestimmt. 2005/2006 waren es erst 14,4 Prozent gewesen. Die Ethanolproduktion stieg deshalb von 3,785 Milliarden Litern im Jahr 2005 bis 2006 um das Fünffache auf 18,925 Milliarden Liter, um schließlich im Jahr 2007 mit über 35 Milliarden Litern auf das Neunfache anzuwachsen.[51]

Für den Wirtschaftswissenschaftler Professor Jacques Berthelot tragen die USA wegen ihrer überhöhten Produktionsziele für Agrotreibstoffe für den sprunghaften Anstieg der Landwirtschaftspreise und die Hungeraufstände zweifellos die größte Verantwortung, da sich die anderen Getreideexporteure nach den Kornpreisen in den USA richteten.

Die starke Zunahme des Maispreises in den Jahren 2006–2007 führte zu einer ebenso starken Ausdehnung der Maisanbauflächen und 2007 zu einer Rekordernte. Im Gegenzug nahmen die Anbauflächen für Weizen und Soja ab, woraufhin deren Preis noch mehr als der des Maises in die Höhe stieg.

Die meisten Analysten sind sich einig, dass die Zunahme der Ethanolproduktion seit 2005 ein wesentlicher Grund für die Erhöhung zunächst der Mais-, danach aber auch der Weizen- und Reispreise war. Laut FAO hat das Mais-Ethanol der USA ein Drittel der Zunahme des Maispreises verursacht. Diese Verantwortlichkeit des Mais-Ethanols für die Explosion der Weltmarktpreise wird umso deutlicher, wenn man den zweitgrößten Ethanolproduzenten und -exporteur, Brasilien, betrachtet, der dieses Produkt nicht aus Mais, sondern aus Zuckerrohr herstellt. Trotzdem blieb der Weltzuckerpreis im Jahr 2007 sehr niedrig und lag im Februar 2008 sogar noch unter seinem Niveau von 2006.[52]

Die Reisausfuhrverbote

Auf dem Höhepunkt der Krise schränkten etwa 15 Länder, darunter China, Indien und Russland, aber auch Argentinien, Vietnam, Pakistan, Ägypten und Bangladesch die Ausfuhr landwirtschaftlicher Grunderzeugnisse ein.[53] Im März 2008 verboten die wichtigsten Reisexporteure (Thailand, China und Indien) auf einen Schlag sämtliche Reisausfuhren, angeblich, um die Nahrungsversorgung auf nationaler Ebene zu sichern und die Inflation zu bekämpfen. Diese Maßnahme löste eine massive Erhöhung des Weltreispreises aus, der durch Börsenspekulationen danach noch weiter in die Höhe getrieben wurde. Dies war ein harter Schlag für solche Reiseinfuhrländer wie Ägypten, Bangladesch, die Philippinen und zahlreiche arme afrikanische Staaten.

Zwar widersprachen diese Maßnahmen nach Ansicht der UNCTAD nicht den Regeln der WTO (World Trade Organization/Welthandelsorganisation),[54] trotzdem brachte Japan in die Verhandlungen der von der WTO durchgeführten Doha-Runde einen von der Schweiz unterstützten Vorschlag ein, der ein Verbot solcher Maßnahmen ohne vorherige Konsultationen vorsah. Tatsächlich hatte diese Destabilisierung der internationalen Agrarmärkte starke Auswirkungen auf die Ernährungssicherheitspolitik zahlreicher Staaten.

Die Lagerbestände

Die Menge der weltweiten Getreidevorräte fiel von 70,1 Verbrauchstagen in den Jahren 2005–2006 auf 59,8 Verbrauchstage in den Jahren 2007–2008. Dieser historisch niedrige Lagerbestand spielte eine wichtige Strukturrolle.

Der Agronomieprofessor Marcel Mazoyer ist der Meinung, dass »die Preissenkungen der vorherigen 25 Jahre diese Abnahme der Lagerbestände verursacht haben. Dies geschieht seit 200 Jahren alle 25 oder 30 Jahre. Von 1975 bis 2005–2006 sanken die Preise der landwirtschaftlichen Rohstoffe auf den internationalen Märkten auf ein Sechstel. Gleichzeitig leerten sich allmählich die Vorratslager. Die Getreidevorräte sanken weltweit auf weniger als 16 Prozent der Produktion und des Verbrauchs. Auf diesem Niveau angelangt, führt bereits der kleinste Anlass zu einer Preisexplosion«. Tatsächlich hatte der Vorratsmangel bereits bei der Ernährungskrise von 1974 eine wichtige Rolle gespielt. Susan George schrieb zwei Jahre später, dass die unter 96 Millionen Tonnen gefallenen Lagerbestände nur 26 Verbrauchstage abdecken würden. Zugleich stellte sie schon damals fest, dass »die Getreidehandelsfirmen sich bei diesem Stand der Dinge krampfhaft jedwedem Reservesystem widersetzen würden«.[55]

Die FAO schlägt schon seit langem »die Errichtung international verwalteter Weltgetreidebestände vor und hat den ›Sicherheits‹-Bestand auf 230 Millionen Tonnen festgesetzt: 160 Millionen als Arbeitsbestand und die übrigen 70 Millionen als Reserve gegen Hungersnöte bei Ernteausfällen«.[56] Die Krise der Jahre 2007–2008 hat gezeigt, dass das Problem einer geeigneten Verwaltung dieser Lagerbestände immer noch völlig ungelöst ist.

Das Problem der steigenden Nachfrage in China und Indien

Der ehemalige Generaldirektor der FAO, Jacques Diouf, Staats- und Regierungschefs wie George W. Bush oder Angela Merkel sowie westliche Medien betonten mehrfach die wichtige Rolle, die der stark wachsende Nahrungsmittelkonsum, vor allem der Anstieg des Fleischverbrauchs der schnell wachsenden Wirtschaftsmächte China und Indien, bei der Entstehung der Krise gespielt hätten.

Jacques Berthelot relativiert diese Behauptungen mit dem Hinweis, dass diese beiden Länder immer noch einen Agrarhandelsüberschuss aufwiesen und wichtige Getreideexporteure seien, obwohl sie inzwischen große Menge Ölsaaten einführten. Weder China noch Indien können also für den Anstieg der Agrarpreise verantwortlich gemacht werden. Dabei wäre nicht zu vergessen, dass die EU nicht nur weiterhin der weltgrößte Ölsaatenimporteur bleibt, sondern mit 12,4 Millionen Tonnen nach Japan und Mexiko, aber noch vor Südkorea und Ägypten der drittgrößte Getreideimporteur ist.[57]

Der Agrarpreisanstieg folgt einer langen Baisseperiode[58]

Eine Betrachtung der Langzeitentwicklungen wird jedoch auch den starken Preisanstieg der landwirtschaftlichen Erzeugnisse in den Jahren 2007/2008 relativieren. In den 30 Jahren von 1976 bis 2006 gingen die Nahrungsmittelpreise durchschnittlich um zwei bis drei Prozent pro Jahr zurück. Seitdem stiegen sie zwar wieder an, blieben aber auf einem historischen Tiefstand.[59] So betrug etwa der Realpreis des Weizens auf dem Warenterminmarkt von Chicago im Jahr 1949 400 Dollar pro Tonne. Im Jahr 1997 war er auf etwa 100 Dollar gesunken. Die einzige Ausnahme in dieser fast 40-jährigen Periode stellte die Nahrungskrise des Jahres 1974 dar. Obgleich die Rohstoffpreise wieder angestiegen sind, sind sie immer noch weit von den Rekordpreisen der 1970er-Jahre entfernt. Im Januar 1971 kostete die Tonne Reis 129 Dollar. Im April 1974 kletterte der Reispreis auf den absoluten historischen Höchstwert von 630 Dollar.[60]

Daraus lässt sich schließen, dass die gegenwärtigen hohen Preise nichts Außergewöhnliches sind. Vielmehr erscheint die mehr als ein Vierteljahrhundert andauernde Baisse auf mittlere Sicht als atypisch. Wenn dies so ist, müssten die Preise weiterhin hoch bleiben. Es handelt sich also nicht um eine kurzfristige Krise, auf deren Ende wir nur noch ein wenig warten müssen, sondern um die Herausbildung eines neuen Preisgleichgewichts. Seit 2008 verbleiben die Lebensmittelpreise auf einem höheren Stand als vor der Krise. Zugleich sind sie großen Schwankungen unterworfen, die in manchen Ländern zu erneuten Spannungen führten. Im Jahr 2011 erlebte die Welt sogar einen zweiten globalen Agrar-Preisschock.[61]

Laut einer Untersuchung der Universität von Tennessee sanken in den USA die Preise der wichtigsten landwirtschaftlichen Exportgüter – Mais, Soja, Baumwolle und Reis – zwischen 1996 und 2004 um mehr als 40 Prozent. Diese Baisse dehnte sich auf die ganze Welt aus. Ein ähnliches Phänomen war bei den wichtigsten agrarischen Exportprodukten der am wenigsten fortgeschrittenen Entwicklungsländer zu beobachten: So fielen in 20 Jahren die Preise für Kaffee, Kakao, Zucker und Palmöl um mehr als 60 Prozent.[62]

Die Krise vor der gegenwärtigen Ernährungskrise

Darüber hinaus kam diese Untersuchung zu dem Schluss, dass die amerikanischen Farmer auch weiterhin gezwungen sein würden, ihr Land zu verlassen. Auch die hohen Regierungssubventionen, die die Niedrigpreise ausgleichen sollten, würden daran nichts ändern können. Die Auswirkung auf die Bauern in anderen Ländern war sogar noch weit verheerender. Von Haiti bis Burkina Faso und von den Philippinen bis Peru zerstörten diese Niedrigpreise bäuerliche Existenzen und führten zu Verzweiflung, Hunger und Landflucht.

Der weltweite Agrarpreisindex, der sich im Jahr 1977 auf 155 belief, sank bis 2002 auf 94. Die »Terms of Trade«[63], die realen Austauschverhältnisse, wurden Jahr für Jahr schlechter. Die Kaufkraft, die die Agrarprodukte der Entwicklungsländer erzielten, ging in 30 Jahren auf ein Drittel zurück. Dieser Preissturz trug beträchtlich zur Verschärfung der Probleme zahlreicher Länder des Südens bei, deren Verschuldung nicht zuletzt deshalb immer weiter anstieg. Im

Norden konnten sich die Bauern an ihre Regierungen wenden, um Kompensationen oder Subventionen zu erlangen. Die Länder des Südens sahen sich dagegen nicht imstande, solche Hilfen zu bezahlen. Wo es sie trotzdem gab, mussten sie im Rahmen der strukturellen Anpassungspolitik abgeschafft werden, die die Bretton-Woods-Institutionen ihnen aufzwangen (siehe Kapitel 4).

Marcel Mazoyer schrieb im Jahr 2003, dass die internationalen Agrarpreise weit unterhalb der Selbstkostenpreise der überwiegenden Mehrheit der weltweiten Bauernschaft lägen. Sie seien auch weit geringer als der Preis, der es diesen Bauern erlauben würde, von ihrer Arbeit würdig zu leben, zu investieren und sich weiterzuentwickeln. Die ärmsten unter ihnen könnten auf der Grundlage dieser Preise nicht einmal mehr ihren Hunger stillen.[64]

»Die schlecht ausgerüsteten, ungünstig gelegenen und wenig produktiven Bauern, die in den Entwicklungsländern mit diesen Niedrigpreisen fertig werden mussten, merkten, dass ihre Kaufkraft immer mehr zurückging. Die Mehrheit von ihnen konnte sich keine besseren Werkzeuge mehr leisten. Auch das im Rahmen der Grünen Revolution[65] entwickelte effizientere Saatgut war für sie unerschwinglich. Ihre Entwicklung war somit blockiert. Als die Preise noch weiter zurückgingen, reichte ihr Auskommen nicht mehr aus, um gleichzeitig Gerätschaften zu reparieren oder zu erneuern und einige unverzichtbare Konsumgüter zu kaufen. Sie mussten deshalb alle möglichen Opfer erbringen, indem sie ihr Kleinvieh veräußerten, ihre Einkäufe minderten und so weiter. Außerdem mussten sie die Anbaufläche ihrer zum Verkauf bestimmten Kulturen so weit wie möglich steigern. Dies bedingte natürlich eine Reduzierung der Anbauflächen, die für die Ernährung ihrer eigenen Familien bestimmt waren, da sie mit ihren primitiven Werkzeugen keine größeren Flächen bestellen konnten. Das Überleben eines bäuerlichen Betriebs, dessen Einkommen unter die wirtschaftliche

Erneuerungsschwelle fällt, ist nur noch auf Kosten einer bedeutenden Dekapitalisierung (Verkauf von Viehbeständen, Abbau und mangelnde Wartung der Werkzeuge und Gerätschaften) und einer Mangelernährung der Bauernfamilie möglich.«[66]

Es liegt auf der Hand, dass das Niveau der Preise, die die Bauern für ihre Erzeugnisse erzielen, für ihr Einkommen und somit auch für ihre Fähigkeit, sich zu ernähren und zu überleben, entscheidend ist. Trotzdem gibt es kaum Veröffentlichungen der internationalen Organisationen, die diese entscheidende Frage untersuchen und analysieren. Einer der wichtigsten strukturellen Gründe für das Problem der Armut, des Hungers und der Unterernährung bleibt deswegen weiterhin größtenteils unbekannt.

Man vergisst leicht, dass das Hunger- und Unterernährungsproblem keineswegs neu ist. Bereits vor der Ernährungskrise litten 850 Millionen Menschen, vor allem Kinder, unter Hunger und Mangelernährung. Seit geraumer Zeit untersucht der UN-Menschenrechtsrat Jahr für Jahr die Lage dieser Hungernden, deren Recht auf Nahrung verletzt wird. Im Jahr 2008 verschlimmerte sich also plötzlich und brutal eine seit langem schwelende Nahrungskrise.

Es stellt sich natürlich die Frage, warum die internationale Gemeinschaft auf die akute Ernährungskrise mit solch großer Besorgnis reagierte, während sie sich davor im allgemeinen für das bereits bestehende Problem nicht allzu sehr zu interessieren schien. Die Antwort liegt in der Tatsache, dass dieses Mal vor allem die schwächsten Konsumenten in den Städten der Entwicklungsländer betroffen sind. Diese nehmen dies nicht so einfach hin, sie protestieren, organisieren Demonstrationen, prügeln sich mit der Polizei, versammeln sich und verlangen politische Änderungen, wenn nicht sogar den Rücktritt der politischen Führung.

Dagegen lebt die Mehrzahl der 850 Millionen Menschen, die vor der Krise von 2008 unter Hunger litten, weit entfernt von den Städten auf dem Land. Diese Menschen, oft sehr arme Kleinbauern,

Landlose oder Landarbeiter, sind wenig gebildet, schlecht infor-
miert, kaum organisiert und nur schwer mobilisierbar. Da sie von
diesen Opfern des Hungers und der Unterernährung kaum bedroht
waren, fühlten sich weder die Regierungen der betroffenen Länder
noch die internationale Gemeinschaft verpflichtet, auf ihr Los zu reagieren. Dies erklärt auch, warum die ländlichen Gebiete und die
Landwirtschaft überhaupt von den Regierungen ihrer Länder und
den internationalen Kapitalgebern so sehr vernachlässigt wurden.

Man sollte sich also bei einer Untersuchung der Nahrungskrise
immer daran erinnern, dass es sich dabei nicht um eine neue, sondern um die Verschärfung einer bereits zuvor existierenden Krise
handelt. Andernfalls vergisst man die vielen Menschen, deren unan-
nehmbares Leiden bereits seit Jahren andauert.

3 Die Landwirtschaft, ein vernachlässigter Sektor

Der langfristige Rückgang der öffentlichen Landwirtschaftshilfe

Finanzielle Unterstützung der Landwirtschaft ist eine der wirksamsten Strategien, um Armut und Hunger zu reduzieren und Nachhaltigkeit zu fördern. Derzeit schultern die Bauern den weitaus größten Teil der notwendigen Investitionen selbst, oft unter extrem schwierigen Bedingungen.[67] Dabei könnten die ausländischen staatlichen Geldgeber eine wichtige Rolle bei der Verbesserung der Lebensgrundlagen der Landbevölkerung und insbesondere der Kleinbauern in den Entwicklungsländern spielen.

Der für die Landwirtschaft bestimmte Teil der öffentlichen Entwicklungshilfe (ODA/Official Development Assistance) ist jedoch in knapp 25 Jahren von 19 Prozent im Jahr 1980 auf nur noch 3,8 Prozent im Jahr 2004 gesunken, um dann bis 2010 wieder minimal auf etwa sechs Prozent anzusteigen (siehe Schaubild 3).

Auch in absoluten Zahlen ging sie von acht Milliarden Dollar im Jahr 1984 auf 3,4 Milliarden im Jahr 2004 zurück. Am stärksten sank dabei der Beitrag der multilateralen Finanzinstitutionen, vor allem der Weltbank. Der Umfang der von der Weltbank für die Landwirtschaft bestimmten Finanzmittel fiel von 32 Prozent 1977–1979 auf neun Prozent in den Jahren 1999–2000.

Die gesamte öffentliche Entwicklungshilfe für die afrikanische Landwirtschaft stieg in den 1980er-Jahren etwas an, ist jedoch mit 1,2 Milliarden Dollar auf ihr Niveau von 1975 zurückgefallen. Dieses mangelnde Interesse für die Landwirtschaft erstaunt umso mehr, als gleichzeitig ein Wachstum der ländlichen Armut zu beobachten war.[68]

Schaubild 3: Rückgang der Landwirtschaftshilfe

Anteil der öffentlichen Entwicklungshilfe für die Landwirtschaft (in Prozent)

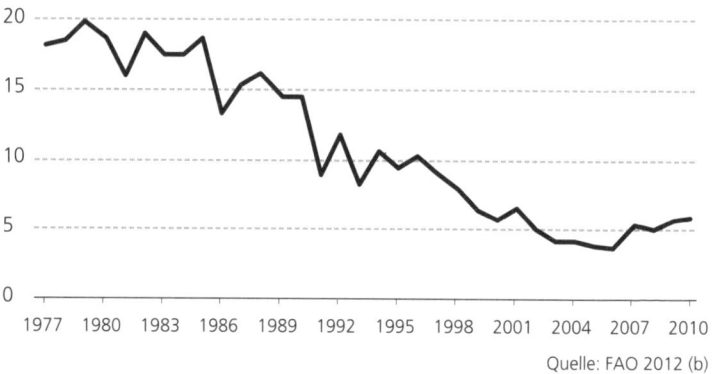

Quelle: FAO 2012 (b)

Für Olivier De Schutter haben sowohl die Weltbank als auch der IWF die Notwendigkeit, in die Landwirtschaft zu investieren, ernsthaft unterschätzt.[69]

Die Weltbank gab im Jahr 2008 selbst zu, dass die Landwirtschaft in den allgemeinen Entwicklungsbemühungen vernachlässigt worden sei. Dabei habe sie zahlreichen Ländern als Wachstumsgrundlage gedient und die Armut verringert. Allerdings könnten noch viel mehr Länder aus dem Agrarsektor Nutzen ziehen, wenn die staatlichen Behörden und die Geldgeber dessen jahrzehntelange politische Vernachlässigung beenden und mehr und zielgerichteter in die Landwirtschaft investieren würden.[70] Darüber hinaus hielt es die Weltbank selbst für bemerkenswert, dass ihr letzter Landwirtschaftsbericht bereits im Jahr 1982 erschienen war. Damit gab sie indirekt zu, dass sie diesem Sektor nicht die nötige Aufmerksamkeit geschenkt hatte.[74] Einen ähnlichen Vorwurf könnte man jedoch auch anderen UN-Organisationen wie etwa dem UNDP (United Nations Development Programme/Entwicklungsprogramm der Vereinten Nationen) machen. Seit Anfang der 1990er-Jahre war kein einziger seiner »Weltentwicklungsberichte« der Landwirtschaft und der Armut in den ländlichen Gebieten gewidmet.

Allerdings fällt auch die Bilanz anderer wichtiger Organisationen wie etwa der EU kaum glänzender aus. So fiel der Anteil der von der EU zugesagten Leistungen für Landwirtschaft und ländlichen Raum von 24 Prozent in den Jahren 1986 – 1990 auf 2,2 Prozent in den Jahren 1996 – 1998.[72]

Dieser Rückgang der Mittel für die Landwirtschaft in den entwickelten Ländern wurde von den Entwicklungsländern nachvollzogen. Dort beträgt deren Anteil an den Gesamtausgaben oft weniger als fünf Prozent. Diese Entwicklung machte sich vor allem in Schwarzafrika bemerkbar.[73] Tatsächlich war der Anteil der für die Landwirtschaft bestimmten öffentlichen Ausgaben in den ärmsten Ländern, vor allem im subsaharischen Afrika, nie sehr hoch. Von 6,9 Prozent im Jahr 1980 ging er auf vier Prozent im Jahr 2004 zurück. Gerade die afrikanischen Staaten gaben für diesen Sektor weit weniger aus als die anderen Länder.[74] In Asien und Lateinamerika spiegelte der Rückgang der staatlichen Landwirtschaftsausgaben dagegen wenigstens teilweise die sinkende Bedeutung des Agrarsektors für die Gesamtwirtschaft wider.[75]

Seit 2005 sind die Mittel der Entwicklungshilfe für Landwirtschaft und ländliche Entwicklung wieder etwas gestiegen. So gaben die industrialisierten Staaten für diese Sektoren in den Jahren 2009 und 2010 6,6 Milliarden US-Dollar aus, 2,2 Milliarden mehr als in den Jahren 2005 und 2006. Im Vergleich zu den Gesamtausgaben für Entwicklungshilfe im Jahr 2010 – 128,7 Milliarden – stellt dies jedoch lediglich fünf Prozent dar.

Auch die staatlichen Hilfsgelder für die landwirtschaftliche Forschung wurden stark reduziert. Zwischen 1980 und 2006 nahmen sie um mehr als die Hälfte von 6 Milliarden auf 2,8 Milliarden Dollar jährlich ab. Allein die USA senkten ihre Beihilfen für die Agrarforschung von 2,3 Milliarden auf 624 Millionen Dollar.[76]

Eine Folge der Vernachlässigung: die wilde Urbanisierung

Jedes Jahr verlassen etwa 50 Millionen Bauern die ländlichen Gebiete, um in den Elendsvierteln der Städte eine neue Lebensgrundlage zu finden. Oft sind es die Männer und die Jugendlichen, die diesen Schritt unternehmen. Die Frauen bleiben in der Regel zurück, um sich weiter um den Hof, die Bestellung der Felder und das Vieh zu kümmern.

Die wilde Urbanisierung in den Entwicklungsländern ist in hohem Maße auf die Vernachlässigung der ländlichen Gebiete und der Bauernschaft zurückzuführen. Die Landflucht ist vor allem ein Ausdruck der Armut und Verzweiflung dieser bäuerlichen Schichten. Die Abwanderung in die Städte nimmt besonders in Afrika noch weiter zu, dessen »Urbanisierungsraten diejenigen der asiatischen Entwicklungsländer bei weitem« übersteigen.[77]

Der Traum von einem besseren Leben in der Stadt erweist sich für viele Landflüchtlinge als eine Illusion. Denn die Lebensbedingungen hier sind oft katastrophal und gut bezahlte Arbeitsplätze sehr schwer zu finden.

»Diese Diskrepanz zeigt, dass die große Mehrheit der Stadtzuwanderer in den subsaharischen Ländern in eine Armutsexistenz hineingerät.« Andererseits »liegt in dieser Diskrepanz aber auch ein starkes Indiz für bedrückende Armut, die relative Unterversorgung mit sozialen Dienstleistungen sowie eine allgemeine, von den Menschen heute stark empfundene Perspektivlosigkeit auf dem Lande«.[78]

»Eine wesentliche Ursache dieses Ungleichgewichts liegt in der Vernachlässigung der Agrarpolitik. Die Hauptantriebskräfte der Landflucht sind erstens landwirtschaftliche Perspektivlosigkeit, zweitens die importgestützte Politik des billigen Brots in den Städten und drittens die Konzentration der Entwicklungszusammenarbeit auf die Städte.«[79]

Wenn die Verzweiflung nach Lampedusa führt

Die Not, die Armut, die Perspektivlosigkeit, die Gewalt und der Krieg zuhause bringen immer mehr Männer, Frauen und Kinder in den Entwicklungsländern dazu, ihr Heil anderswo zu suchen. Sie verlassen ihre Heimat in Mexiko, in Zentralamerika, in Afrika und in Asien. Sie machen sich auf den langen, unsicheren Weg nach Nordamerika, Europa oder Südafrika. Oft bringt ihre Familie die letzten Ersparnisse zusammen, um die teure Überfahrt nach Italien, Spanien oder Griechenland an skrupellose Schlepper zu bezahlen. Sie nehmen ungeheure Risiken und Entbehrungen auf sich, um dorthin zu gelangen. Über Lampedusa, über Ceuta und Melilla. Die Zahl der Asylanträge steigt unaufhaltsam.

23 000 Menschen sind so in den letzten 15 Jahren an den Grenzen der Festung Europas ums Leben gekommen, klagt Amnesty International. Allein Anfang Oktober 2013, ertranken etwa 400 unweit der Küste Lampedusas. Papst Fanziskus stattete dieser Insel im Juli 2013 einen Besuch ab und nahm Stellung zur »Globalisierung der Gleichgültigkeit«: »Es ist eine Schande«, rief er aus. Europas Politiker fordern eine andere, besser koordinierte Asylpolitik, eine Verstärkung des Frontex-Systems, das mit Patrouillenbooten die Grenzen im Mittelmeer absichern soll. Sie behandeln die Symptome des Problems, nicht aber die tieferen Ursachen. Nur wenn Europa es den südlichen Ländern ermöglicht, ihre Wirtschaft – insbesondere ihre Landwirtschaft – nachhaltig aufzubauen und damit Arbeitsplätze zu schaffen, kann das Flüchtlingsproblem gelöst werden.

Der Kompetenzabbau

Eine weitere dramatische Folge dieser Vernachlässigung für die Entwicklung eines Landes ist laut Hartmut Brandt und Uwe Otzen vom Deutschen Institut für Entwicklungspolitik der gravierende Kompetenzverlust. Sie fragen sich, wo man denn heute noch in der Entwicklungszusammenarbeit »gelernte Landwirte« finden könne.[80]

Dies gilt einmal für die Landwirtschaftsministerien der Entwicklungsländer, die kaum noch über die nötigen Agronomen, Wirtschaftswissenschaftler und anderen landwirtschaftlichen Fachleute verfügen. Dies gilt jedoch auch für die Ministerien für wirtschaftliche Zusammenarbeit der Geberländer sowie die internationalen Organisationen. Mit den Jahren hat sich eine riesige Generationenlücke gebildet, die nur schwer aufzufüllen sein wird. Das IFRI (Institut français des relations internationales/Französisches Institut für internationale Beziehungen) stellte fest, dass das Durchschnittsalter der Beschäftigten des senegalesischen Landwirtschaftsministeriums ungefähr 55 Jahre beträgt, einige Stellen überhaupt nicht besetzt sind und ganze Karrieren in der Sackgasse gelandet waren. Dies alles war eine Folge der Strukturanpassungsprogramme des IWF und der Weltbank, die dazu führten, dass die fähigsten Mitarbeiter in den Privatsektor hinüberwechselten.[81]

Bereits vor dem Ausbruch der Nahrungskrise 2008 hielten Hartmut Brandt und Uwe Otzen die Verteilung der Finanzmittel angesichts der räumlichen Verteilung der Armut für völlig unzureichend und unausgewogen. Beide Autoren zweifeln zunehmend an der gegenwärtigen »Hilfeallokation auf Nehmer- wie auf Geberseite«, wenn man bedenke, dass das wichtigste bi- und multilaterale Entwicklungsziel weiterhin die Verminderung der Armut bleibe. Immerhin lebten ja zwischen 75 und 85 Prozent dieser Armen auf dem Lande. Die Entwicklung der Landwirtschaft und des ländlichen Raumes sei also der einzige Weg, sich dem Ziel zu nähern, bis 2015 die Armut in der Welt um die Hälfte zu verringern.[82]

Das »Urban Bias«

Ein Grund für diese Situation ist für Hartmut Brandt und Uwe Otzen das konzeptionelle Bild, das die technokratischen und politischen Eliten in den Geber- und Empfängerländern vom Entwicklungsprozess haben. Dieses Bild sei von einem mentalen »Urban Bias«, einem »städtischen Vorurteil« bestimmt, das zu einer Vernachlässigung der

Landwirtschaft und des ländlichen Raumes führe. Hinzu kämen noch das Risiko eines Scheiterns dieser Projekte und die höheren Kosten der landwirtschaftlichen und ländlichen Entwicklungsprojekte.[83] Die städtische Intelligenz einschließlich der dort lebenden Entwicklungsfachleute und die ebenfalls in den Städten verankerten politischen Systeme hegten ein gemeinsames intellektuelles Vorurteil, das zu dem politischen Druck führe, einen Großteil der Finanzmittel in den urbanen Sektor zu leiten.[84]

Der Agraringenieur und Soziologe René Dumont meinte bereits in den 1970er-Jahren, dass ein Grund für die geringe Priorität der Landwirtschaft und besonders der Kleinbauern in so vielen unterentwickelten Ländern im herrschenden Bildungssystem zu finden sei: »Das Bildungswesen der Dritten Welt, das unter völlig anderen Umständen sklavisch dem unseren nachgestaltet wurde, bremst die landwirtschaftliche Entwicklung und regt die jungen Generationen dazu an, die Landwirtschaft zu verlassen. Landflucht und Ausbreitung der Elendsviertel werden durch die Kluft zwischen der ausbeutenden Stadt und dem ausgebeuteten Land noch verstärkt. Die Landwirtschaft findet nirgendwo die geschulten Arbeitskräfte, die für ihre Modernisierung notwendig sind. Die meisten Entwicklungshelfer, die vom Lande herkommen, sind bisweilen in Europa ausgebildet worden, haben sich an das Stadtleben gewöhnt und können sich der ländlichen Welt nicht mehr anpassen.«[85]

Für den Agrar- und Wirtschaftswissenschaftler Michel Griffon ist eine der beiden wichtigsten Ursachen des Hungers und der Unterernährung die Entwertung und Unterdrückung der bäuerlichen Welt. Niemand vertrete deren politische Interessen. Selbst im Rahmen der Demokratie, so sie denn überhaupt existiere, sei sie absolut unterrepräsentiert.[86] Auch der Agraringenieur Marc Dufumier zeigte sich über die Verachtung und Unkenntnis zahlreicher maghrebinischer Behörden und Autoritätspersonen bezüglich ihrer Bauernschaft zutiefst besorgt.[87]

Im Jahr 2010 führte das IFRI im Senegal eine Untersuchung über die strukturellen Gründe der Ernährungskrise durch, die das Land in den Jahren 2007/2008 erschüttert hatte. Laut den Erkenntnissen dieser Studie über die »Hungerunruhen im Senegal« lassen sich deren Ursachen nicht auf den wirtschaftlichen Bereich beschränken. Sehr schnell wurden die Unzulänglichkeiten der senegalesischen Regierungsführung mit all ihren Widersprüchen deutlich, unter anderem die Abhängigkeit von Importen und die Importmonopole für einzelne Produkte. Jahrzehntelang musste die Landbevölkerung Opfer bringen, um die Preise für die städtischen Verbraucher niedrig zu halten, vor denen sich die Staatsmacht schon immer weit mehr fürchtete als vor der Bauernschaft. Im Senegal, der immerhin 50 Prozent seines Reises einführen muss, beschäftigte sich der Staat laut IFRI seit den 1980er-Jahren immer weniger mit den ländlichen Problemen. Für den Agrarsoziologen Jacques Faye, einen der besten Kenner der landwirtschaftlichen Probleme dieses Landes, »gilt diese Verachtung der Landwirtschaft und der ländlichen Welt für die gesamte politische Klasse und im weiteren Sinne auch für die Eliten dieses Landes«.[88] Grund für das Versagen vieler Regierungen im Kampf gegen den Hunger, so der Weltagrarbericht, sind neben Korruption, Inkompetenz, Krieg und interner Gewalt auch die Arroganz und Ignoranz der städtischen Eliten gegenüber der Entwicklung auf dem Land.[89]

Eine andere, wichtige Erklärung für die Vernachlässigung der Landwirtschaft ist in den falschen Strategien zu suchen, die im folgenden Kapitel behandelt werden.

4 Falsche Strategien

Die Schuldenfalle

Infolge der Grünen Revolution der 1960er- und 1970er-Jahre entstand in zahlreichen Entwicklungsländern ein umfassendes staatliches Agrarwirtschaftssystem. Neben den staatlichen Entwicklungsgesellschaften, den Versorgungsämtern und Beratungsbüros wurden staatliche Getreidevermarktungsorganisationen gegründet, die den Produzenten bereits vor der Ernte ihre Erzeugnisse zu einem Festpreis abkauften und manchmal auch die Versorgung der Bauern mit Düngemitteln und anderen notwendigen Produkten organisierten. Daneben wurden noch Stabilisierungskassen und »Marketing Boards«, staatliche Verarbeitungs- und Vermarktungsunternehmen, gegründet, die Exportgüter wie Kaffee, Baumwolle oder Kakao zu stabilisierten Preisen aufkauften und vermarkteten. Diese allmähliche Herausbildung eines breit angelegten paralandwirtschaftlichen Sektors fand vor allem im subsaharischen Afrika statt, ließ sich aber auch in Asien, im Maghreb und im Nahen und Mittleren Osten, weniger jedoch in Lateinamerika beobachten.

Eine derartige staatliche Agrarwirtschaft verursachte immer höhere Kosten und wurde für die Volkswirtschaften dieser Länder zu einer schweren Belastung. Das galt vor allem für Afrika, wo der Staat historisch noch nicht lange existierte und wo es keine oder nur sehr wenige Unternehmer oder privates Kapital gab, die die Gründung der notwendigen Dienstleistungsunternehmen ermöglicht hätten. Es mussten also zahlreiche staatliche Stellen geschaffen werden, von denen ein Teil durch ausländische Kredite finanziert wurden. Die Gehälter der Beamten aller Ebenen machten schließlich einen großen Teil des Staatshaushalts aus. Sie gingen zu Lasten der notwendigen Investitionen, die wiederum nur durch internationale Hilfsgelder gesichert werden konnten. Diese Wirtschaft konnte auf Dauer nur bei einem beträchtlichen Wachstum ihrer Produktion und Produktivität funktionieren. Dies war in Asien, viel weniger im Maghreb und im Nahen und Mittleren Osten und kaum im Afrika südlich der Sahara der Fall. Innerhalb der staatlichen Dienste wurden bedeutende Geldsummen an die Regierenden abgezweigt. Allerdings versuchte auf allen gesellschaftlichen Ebenen jeder, auf die eine oder andere Weise von diesem System zu profitieren.[90]

Die Verschuldung der Entwicklungsländer hatte jedoch auch noch zwei weitere Ursachen, die völlig außerhalb ihrer Kontrolle lagen. Die erste war die Geldpolitik der Vereinigten Staaten unter Präsident Reagan in den 1980er-Jahren, die die Zinssätze beträchtlich nach oben trieb, was zu einer starken Erhöhung der auf Dollar ausgestellten Kreditraten führte. Zweitens sanken zur gleichen Zeit die Preise der Basisprodukte auf dramatische Weise, was zu einer Verschlechterung der Terms of Trade führte. Als Antwort auf die ernste Finanzkrise, die daraufhin Anfang der 1980er-Jahre in einem Großteil der Entwicklungsländer ausbrach, entwickelten IWF und Weltbank die Politik der sogenannten strukturellen Anpassungsprogramme. Laut Oxfam zerstörten der Abschwung der Weltwirtschaft und die tödliche Wechselwirkung der sinkenden Rohstoffpreise und der von der amerikanischen Politik ausgelösten Zinserhöhungen in den Entwicklungsländern eine Wirtschaft nach der anderen. Während die Einkünfte zurückgingen, stiegen die Schuldverpflichtungen immer weiter an. Dies führte einen großen Teil Afrikas und Lateinamerikas in den Bankrott.[91]

Die strukturellen Anpassungsprogramme[92]

Angesichts ihrer Lage waren diese Länder gezwungen, Mitte der 1980er-Jahre den IWF und die Weltbank um Kredite zu bitten. Diese Darlehen wurden allerdings nur unter der Bedingung gewährt, dass die betroffenen Länder bedeutende Reformen durchführten. Um diese Reformhilfskredite von den Bretton-Woods-Finanzinstitutionen zu erhalten, mussten sich also die Regierungen der Schuldnerländer zu einem »wirtschaftlichen Stabilisierungsprogramm« und zu tiefgreifenden Strukturreformen verpflichten. Der Begriff »strukturelle Anpassung« umfasste eine breite Palette von politischen Reformen.

An vorderster Stelle stand hierbei das sogenannte Stabilisierungsprogramm des IWF, das auf den Abbau der Haushaltsdefizite abzielte und die Wiederherstellung des Zahlungsgleichgewichts auf einem praktikablen Niveau bewirken sollte. Dabei ging der IWF von der Ansicht aus, dass die Defizite durch eine übermäßige Nachfrage entstanden seien, die zu einem Inflationsdruck geführt habe. Die Stabilisierungsprogramme sollten also fast immer die Nachfrage drosseln, indem sie die Regierungsausgaben reduzierten, das Geldangebot kontrollierten und die Zinssätze erhöhten. Die Abwertung der überbewerteten Landeswährungen, Einfuhrbeschränkungen und die Förderung der Ausfuhr waren fast immer weitere Bestandteile dieser IWF-Programme.[93]

Oxfam weist darauf hin, dass die Programme der Weltbank dagegen weit umfassender waren, da sie die Grundlagen für einen langfristigen Wiederaufschwung legen sollten. Am wichtigsten war hier die Liberalisierung der Einfuhren, die die heimische Wirtschaft der ausländischen Konkurrenz aussetzen sollte. Alles, was die Weltbank für »Marktverzerrungen« hielt, sollte rigoros abgeschafft werden. Dazu zählten unter anderem die sozialen Sicherungssysteme, die geregelte Lebensmittelversorgung und die staatliche Kontrolle des Agrarhandels.[94]

Auch der kanadische Professor für Wirtschaftswissenschaften an der Universität Ottawa, Michel Chossudovsky, weist auf die » klare Arbeitsteilung zwischen den Schwesterorganisationen« IWF und Weltbank hin:

- Der IWF wickelte die entscheidenden politischen Verhandlungen im Hinblick auf den Wechselkurs und das Budgetdefizit ab, in denen er eine Abwertung der Währung, eine Preisliberalisierung und eine strenge Haushaltspolitik durchzusetzen versuchte.

- Die Weltbank kümmerte sich dagegen über ihre Vertretung im jeweiligen Land und ihre zahlreichen Expertendelegationen weit stärker um die strukturellen Reformprozesse. Darüber hinaus war die Weltbank in den wichtigsten Ministerien der kreditnehmenden Länder präsent, um die Einrichtung eines sektorspezifischen Rahmens der Strukturanpassung zu gewährleisten. Die Reformen auf den Gebieten Gesundheit, Bildung, Landwirtschaft, Verkehr und so weiter wurden von der Weltbank überwacht.[95]

Ende der 1990er-Jahre hatten sich bereits 80 Entwicklungsländer an solchen Programmen beteiligt oder waren dabei, es zu tun.[96]

Diese Programme des IWF und der Weltbank hatten bedeutende Auswirkungen auf die Handelspolitik der Entwicklungsländer, indem sie diese dazu bewegten, ihre Zollschranken auf drastische Weise abzubauen. Auf diesem Gebiet war ihr Einfluss sogar weit stärker als der der WTO, obwohl das Schlussabkommen der Uruguay-Runde (siehe Kapitel 18) die landwirtschaftlichen Liberalisierungsprozesse maßgeblich beförderte. Während eines Seminars über Ernährungssicherheit, das im März 2005 in Luxemburg stattfand, bestätigte der ehemalige Generaldirektor der WTO, Pascal Lamy, dass zwischen 80 und 90 Prozent des Abbaus der tarifären und nicht-tarifären Handelshindernisse[97] durch die Entwicklungsländer nicht von der WTO, sondern vom IWF und der Weltbank durchgesetzt worden seien.

Der Washington Consensus

Joseph Stiglitz, Nobelpreisträger für Wirtschaftswissenschaften 2001, erinnert daran, dass die keynesianische Einstellung des IWF bei seiner Gründung im Jahr 1944 noch die Unzulänglichkeit des Marktes und die Rolle des Staates bei der Schaffung von Arbeitsplätzen betont hatte. Diese Auffassung wurde »in den achtziger Jahren durch das Mantra der freien Marktwirtschaft« als Teil des neuen Washington Consensus ersetzt. Dieser Konsens zwischen dem IWF, der Weltbank und dem US-amerikanischen Finanzministerium über die angeblich für die Entwicklungsländer am besten geeignete Wirtschaftspolitik »signalisierte eine völlig neue Herangehensweise an Fragen der wirschaftlichen Entwicklung und Stabilisierung«.[98]

Joseph Stiglitz, der selbst von 1997 bis 2000 drei Jahre lang Vizepräsident und Chefökonom der Weltbank war, geht vor allem mit dem Währungsfonds schwer ins Gericht. Gegenwärtig hätten im IWF »die Marktideologen das Sagen. Ihrer Auffassung nach funktionieren die Märkte im großen und ganzen gut, während Staaten mehr oder weniger schlecht funktionieren. Wir haben also offensichtlich ein Problem: Eine Institution, die zu dem Zweck gegründet wurde, gewisse Marktmängel zu beheben, wird heute von Volkswirten geleitet«, die in hohem Maße den Märkten und nur äußerst wenig den öffentlichen Institutionen vertrauen.[99]

Die Auswirkungen der Strukturanpassungsprogramme

Die Strukturanpassungspolitik des IWF führte laut Stiglitz »in vielen Ländern zu Hunger und Ausschreitungen; und selbst wenn die Folgen nicht so dramatisch waren, selbst wenn sich die Länder ein bescheidenes Wachstum abtrotzten, kamen die Früchte dieser Mühen überproportional den Begüterten in den Entwicklungsländern zugute, während es den Bedürftigen manchmal noch schlechter ging«.[100]

Für Michel Chossudovsky stellen die vom IWF in die Wege geleiteten Programme zur »makroökonomischen Stabilisierung« und »Strukturanpassung« ein mächtiges Veränderungsinstrument dar, das das Leben Hunderter Millionen Menschen verwandelt habe. Die strukturelle Anpassung habe dadurch einen wichtigen Beitrag zur Globalisierung der Armut geleistet.[101] »Natürlich gehören zur Liberalisierung des Handels immer auch die Beseitigung von Importquoten und die Senkung und Vereinheitlichung von Zöllen.« Diese Maßnahmen sollen die heimische Industrie »wettbewerbsfähiger«

machen. »Stattdessen führt die Liberalisierung des Handels unweigerlich zum Zusammenbruch des heimischen, für den Binnenmarkt produzierenden Fertigungssektors«, ohne gleichzeitig eine Belebung der Exporte zu bewirken.[102]

Als Ergebnis, stellte Stiglitz seinerseits fest, »nahm die Armut zu«. Viele Länder stürzten in soziales und politisches Chaos. Der IWF machte auf allen Feldern, in die er eingriff, Fehler: bei der Entwicklung, der Krisenbewältigung und dem Übergang vom Kommunismus zum Kapitalismus. Die strukturellen Anpassungsprogramme führten keinesfalls zu einem starken Wachstum, und dies nicht einmal in Ländern wie Bolivien, die sie mit aller Schärfe angewandt hatten. In zahlreichen Ländern würgten die Sparmaßnahmen das Wachstum sogar ganz ab.[103]

Auch Chossudovsky wirft der Politik der Anpassungsprogramme vor, die »Struktur der heimischen Ökonomie« zu zerstören. »Das Reformpaket von IWF und Weltbank« stelle ein »in sich stimmiges Programm für den wirtschaftlichen und sozialen Zusammenbruch der Schuldnerländer dar«. Die Sparmaßnahmen führten »zur Schwächung staatlicher Institutionen«. Die Produktion für den Binnenmarkt leide unter der sinkenden Kaufkraft der Einheimischen.[104]

Die ECA (Economic Commission for Africa/Wirtschaftskommission für Afrika) der UN kommt zu folgendem Fazit: »Die SAP trugen nicht zu einer Lösung der echten Probleme bei. In zahlreichen Fällen gingen sie oft nicht einmal die wirklichen Ursachen der afrikanischen Krise an. Darüber hinaus berücksichtigten diese Programme im allgemeinen nicht die politischen, sozialen, kulturellen und wirtschaftlichen Realitäten der afrikanischen Länder.« Die starken Haushaltskürzungen »untergraben die allgemeinen Lebensverhältnisse und Entwicklungsperspektiven«.[105]

In ihrem Bericht über die am wenigsten entwickelten Länder (LDC/Least Developed Countries) aus dem Jahr 2009 untersuchte die UNCTAD die Ergebnisse der Industriepolitik dieser Staaten. Die Bilanz fiel dabei weitgehend negativ aus. Sie kritisierte in diesem Zusammenhang auch die Politik des IWF und der Weltbank. Der Bericht kommt zu dem Schluss, dass der Nutzen, den diese sich von der

Liberalisierungs-, Privatisierungs- und Deregulierungspolitik der letzten 30 Jahre versprochen hatten, keineswegs eingetreten sei. »Was die Vorstellungen über seine wirtschaftliche Entwicklung betraf, erlebte Afrika einen größeren Wandel als jeder andere Kontinent, wobei rigide Staatswirtschaftsmodelle von einem krassen Marktfundamentalismus abgelöst wurden.«[106]

Der Rückgang der Staatseinnahmen

Eine weitere Folge der Senkung der Zollsätze war der Rückgang der Staatseinnahmen. Laut UNCTAD konnte der Einnahmeausfall auf Grund der sinkenden Handelssteuern nur teilweise – durchschnittlich nur um 30 Prozent – von der Mehrwertsteuer kompensiert werden. Der Anteil der Handelssteuern an den Gesamteinnahmen ging von 38,6 Prozent Anfang der 1990er-Jahre auf 31,1 Prozent in der Periode von 2000 bis 2006 zurück. Während dieser Zeit stiegen die Einfuhren beträchtlich an, was ebenfalls auf den Rückgang der Handelszölle zurückzuführen war.[107] Die UNCTAD warnt die betroffenen Staaten vor dem Abschluss neuer multilateraler oder bilateraler Liberalisierungsabkommen, die zu weiteren staatlichen Einnahmeverlusten führen könnten. Diese Warnung wurde kaum wahrgenommen. Die Tendenz der weiteren Marktliberalisierung ist in den letzten Jahren durch den Abschluss einer Reihe bilateraler und regionaler Handelsabkommen noch verstärkt worden.

Die Auswirkung auf die Gesundheitssysteme

Dieser Einnahmerückgang hatte auch starke Auswirkungen auf die Gesundheitsversorgung. Im März 2008 legte der UN-Sonderberichterstatter für das Recht auf Gesundheit, Paul Hunt, dem Menschenrechtsrat einen Bericht vor, der sich mit den Gesundheitssystemen in den Entwicklungsländern befasste. Für die WHO ist die Einrichtung solcher Systeme eine notwendige Bedingung, wenn man die mit der

Gesundheit verbundenen Jahrtausendentwicklungsziele auf dauerhafte Weise erreichen möchte.

Diesbezüglich schreibt Paul Hunt in seinem Bericht: »Die im Gefolge des Neoliberalismus entstandenen strukturellen Anpassungsprogramme führten zu einer Senkung der Gesundheitshaushalte und zur Einführung kostenpflichtiger Gesundheitsdienste. Wie die WHO bereits vor kurzem feststellte, waren die Folgen absehbar. Die Armen ließen sich nicht mehr behandeln, und die von den Nutzern entrichteten Gebühren erbrachten nur beschränkte Einnahmen. Darüber hinaus bürdete der Zwang, ein Netz von – wenn auch schlecht ausgerüsteten – Krankenhäusern und Ambulanzen aufrechtzuerhalten, während die verfügbaren menschlichen und finanziellen Ressourcen zunehmend selektiven Programmen zugute kamen, den Gesundheitssystemen immer schwerere Lasten auf, die sie an den Rand des Bankrotts brachten.«[108]

Diese erstaunlichen Beobachtungen der WHO seien ein Grund zur Scham, fügte Paul Hunt dann noch hinzu.

Jedes Jahr sterben fast zwei Millionen Menschen an AIDS/HIV, eine Million an Malaria und mehr als 500 000 Frauen während und nach der Niederkunft.

Es ist durchaus verständlich, dass der IWF und die Weltbank Änderungen durchzusetzen versuchen, die die Finanzen der einzelnen Staaten wieder ins Gleichgewicht bringen. Auch die UNCTAD räumt ein, dass die Strukturanpassungsprogramme (SAP) zu einer größeren makroökonomischen Stabilität geführt hätten.[109] Und selbst eine globalisierungskritische Organisation wie ATTAC (Association pour la taxation des transactions financières et pour l'action citoyenne/ Vereinigung für eine Besteuerung von Finanztransaktionen zum Nutzen der Bürger) kritisiert die SAP nicht wegen ihrer Absichten, zu einem wirtschaftlichen Gleichgewicht zurückzukehren, sondern wegen der Wege, die man für diese Rückkehr gewählt habe.[110]

Die Auswirkungen der Liberalisierung auf die Landwirtschaft und die Bauern

Marcel Mazoyer beschreibt, wie die Staaten im Zuge dieser Liberalisierung die öffentlichen oder genossenschaftlichen landwirtschaftlichen Produktions-, Versorgungs-, Verarbeitungs- und Absatzunternehmen, an denen sie beteiligt waren, privatisierten. Gleichzeitig schraubten sie die staatlichen Eingriffe zurück, die die Entwicklung der bäuerlichen Landwirtschaft zuvor zumindest ein wenig befördert hatten. Dazu gehörten die Agrarreform, die Stabilisierung der Agrarpreise, die Kreditbeschaffung, Investitionshilfen und Beihilfen zum Kauf von Düngemittel und Saatgut sowie eine staatliche landwirtschaftliche Forschungspolitik und lokale Entwicklungsprojekte.[111]

Auch die UNCTAD macht die Strukturanpassungsprogramme für die fehlenden Investitionen in die Landwirtschaft verantwortlich, da diese einseitig die Haushaltskonsolidierung gefördert und die fundamentalen institutionellen Unterstützungsmaßnahmen vernachlässigt oder abgebaut hätten. Dazu gehörten vor allem die Vermarktungsagenturen, die vom Staat unterstützten Beratungsbüros, die Subventionen für Saatgut, Pestizide, Herbizide, Düngemittel und so weiter sowie die Stabilisierungsfonds für landwirtschaftliche Basisprodukte (Kaffee, Tee, Kakao, Baumwolle, Tabak und andere) und solche Grundnahrungsmittel wie Weizen oder Mais. Besonders schlimm war dabei, dass keine geeigneten Alternativen angeboten wurden.[112]

Zu den fehlenden Investitionen kam jetzt noch erschwerend hinzu, dass der Markt – was wenig überraschte – die öffentlichen Dienstleistungen nicht mehr bereitstellen konnte, die früher von den lokalen und nationalen Vermarktungsagenturen organisiert worden waren. Auch die Versorgung mit landwirtschaftlichen Produkten verschlechterte sich häufig, da die Landwirte den Anbau von Grundnahrungsmitteln für die lokale Bevölkerung zugunsten von rentableren Kulturen für die Märkte der entwickelten Länder aufgaben und jetzt Schnittblumen, exotische Früchte und Gemüsesorten, Sojakuchen als Viehfutter, Tabak und so weiter produzierten.[113]

Michel Griffon gibt zu bedenken, dass die strukturelle Anpassung eigentlich die nationalen Wirtschaften so verändern sollte, dass sie aus ihren jeweiligen Vergleichsvorteilen Nutzen ziehen konnten. Man wollte also die Produktion von Exportgütern fördern, deren Wettbewerbsfähigkeit gut war, und die Produktion von agrarischen Grundnahrungsmitteln einschränken, die international weit weniger wettbewerbsfähig waren. Dies sollte dem Staat neue Einnahmen verschaffen und es ihm erlauben, seinen Schuldendienst zu bedienen. Die Abschaffung der Schutzzölle in Defizitländern, die unter Nahrungsmittelunsicherheit litten, setzte diese jedoch einer äußerst ungünstigen strukturellen Wettbewerbssituation aus, die durch die Auswirkungen unfairer Exportsubventionen noch verstärkt wurde. Außerdem machten die großen Kursschwankungen der tropischen Agrarrohstoffe wie Kaffee, Kakao, Zucker oder Baumwolle alle Spezialisierungen auf die Exportwirtschaft äußerst riskant. Tatsächlich wurden während dieser ganzen Zeit die internationalen Marktabkommen über die wichtigsten tropischen Exportgüter eines nach dem anderen aufgelöst.[114]

Auch John Madeley beklagt, dass die Landwirtschafts- und Nahrungsmittelpolitik heute von Handelsüberlegungen dominiert werde: Die gesamte Landwirtschaft sei auf den Export und nicht mehr auf die Selbstversorgung ausgerichtet. Dieses System vertiefe die Ungleichheit zwischen den Staaten, die die Mittel besäßen, importierte Lebensmittel zu kaufen, und den Ländern des Südens, die über keinerlei Kaufkraft verfügten. Der internationale Handel behindere also die Ernährungssicherheit, anstatt sie zu befördern.[115]

Das Handelsbilanzdefizit im Nahrungsmittelsektor wächst weiter

Laut der UN-Wirtschaftskommission für Afrika (ECA) schadet die einseitige Förderung der für den Export bestimmten Pflanzenkulturen der für die Ernährung notwendigen Landwirtschaft und einer eigenständigen Ernährungssicherheit. »Die Importliberalisierung führt zu einer wachsenden tiefverwurzelten Abhängigkeit und gefährdet solche nationalen Prioritäten wie die Selbstversorgung mit Nahrungsmitteln.« Darüber hinaus habe die Abschaffung oder Senkung der Beihilfen für die Landwirte, die von den Strukturanpassungsprogrammen gefordert wurden, die armen Bauern besonders getroffen und eine beispiellose Landflucht ausgelöst.[116]

Alle Entwicklungsländer, die ihre Landwirtschaft zu schnell und zu weitgehend liberalisierten, hatten unter den Dumpingpreisen zu leiden, mit denen die entwickelten Länder ihre subventionierten Exportgüter auf die ausländischen Märkte drückten. Diese Praktiken schadeten der Produktion für den Inlandsmarkt und den Export und hinderten die Landwirte an einer geeigneten Reaktion auf die gegenwärtige Krise. Tatsächlich wurden auf diese Weise viele Entwicklungsländer, vor allem die ärmsten unter ihnen, die traditionell landwirtschaftliche Produkte exportiert hatten, in den letzten 20 Jahren zu Nettoimporteuren von Nahrungsmitteln.[117]

Im Jahr 2012 mussten die 53 ärmsten Staaten der Welt für ihre steigenden Lebensmitteleinfuhren mit 23 Milliarden Dollar über sieben Mal mehr bezahlen als noch im Jahr 2000, als die Gesamtsumme 3,2 Milliarden Dollar betragen hatte.[118] Dieser Betrag entspricht fast 60 Prozent der gesamten Entwicklungshilfe, die diese Länder im Jahr zuvor (2011) erhielten. Noch vor 30 Jahren erzielten die gleichen Länder in ihrer Handelsbilanz im Nahrungsmittelsektor einen Überschuss von einer Milliarde Dollar. In elf Ländern des subsaharischen Afrika machten diese Importe in den Jahren 2005/2006 mehr als 50 Prozent der Getreideversorgung aus, in sieben anderen lag der Anteil zwischen 30 und 50 Prozent.[119] Angesichts der Tatsache, dass in den am wenigsten entwickelten Ländern zwischen 60 und 80 Prozent der Bevölkerung direkt oder indirekt von der Landwirtschaft leben, ist diese Entwicklung äußerst besorgniserregend.

Für Stéphane Parmentier widerspricht die Umsetzung des Washington Consensus den Interessen und Grundrechten der einheimischen Bauern. Da dadurch die Inlandspreise immer mehr den Weltmarktpreisen angepasst werden, macht diese Politik die bäuerlichen

Einkommen immer unsicherer und unbeständiger. Sie lässt Landwirtschaften mit riesigen Produktivitätsunterschieden in einem brutalen Wettbewerb gegeneinander antreten und fördert so die allgemeine Durchsetzung von nicht dauerhaft tragbaren internationalen Agrarhandelsstrukturen, für die die sogenannten Importfluten ein gutes Beispiel darstellen.[120]

Laut Michel Chossudovsky ist der gegenwärtige Hunger auf den Umbau der gesamten Weltwirtschaft zu einem »freien Markt« zurückzuführen, der während der Schuldenkrise Anfang der 1980er-Jahre seinen Anfang nahm. Er sei also keinesfalls ein neues Phänomen, wie verschiedene Berichte westlicher Medien behauptet hatten, die sich nur auf die kurzfristigen Angebots- und Nachfrageänderungen der landwirtschaftlichen Grundprodukte beschränkten.[121]

Der ungerechte Handel – die Politik mit zweierlei Maß

Joseph Stiglitz erinnert daran, dass die meisten entwickelten Industriestaaten einschließlich Japan und die USA ihre Volkswirtschaften aufgebaut hätten, »indem sie selektiv und umsichtig einige ihrer Wirtschaftszweige abschirmten, bis diese stark genug waren, um sich dem internationalen Wettbewerb zu stellen … Es kann verheerende soziale und wirtschaftliche Folgen nach sich ziehen, wenn ein Entwicklungsland dazu genötigt wird, seine Märkte für Importgüter zu öffnen, die dann mit den von heimischen Wirtschaftszweigen produzierten Gütern konkurrieren, die dem Konkurrenzdruck ihrer viel stärkeren ausländischen Wettbewerber oftmals nicht standhalten. Da die armen Bauern in den Entwicklungsländern einfach nicht mit den hoch subventionierten Gütern aus Europa und den Vereinigten Staaten konkurrieren können, werden systematisch Arbeitsplätze vernichtet, bevor der industrielle und der landwirtschaftliche Sektor der Länder eine gewisse Robustheit erlangt hat und neue Arbeitsplätze entstehen.«[122] Joseph Stiglitz spricht von einer krassen »Heuchelei«. Die westlichen Länder behaupten, den armen Ländern zu helfen, drängen sie aber dazu, »Handelshemmnisse abzubauen, während sie gleichzeitig ihre eigenen Handelsschranken beibehielten«. Diese Politik machte die Reichen immer reicher und die Armen immer ärmer – und wütender.[123]

Laut UNCTAD liegen die durchschnittlichen Zollsätze der entwickelten Länder bei 34 Prozent, während sie in den Entwicklungsländern nur 25 Prozent betragen.[124] Obgleich sich Europa rühmt, seine Exportsubventionen gesenkt zu haben, erhebt es immer noch einen durchschnittlichen Einfuhrzoll von 18,5 Prozent. Dieser liegt bedeutend höher als in den USA (7,9 Prozent), die es ihrerseits vorziehen, ihren Bauern direkte Hilfen zu gewähren. Er übertrifft allerdings auch den der armen Länder, deren Zollsätze etwa zehn Prozent betragen. Auch der Journalist der Zeitung *Le Monde*, Frédéric Lemaître, macht darauf aufmerksam, dass die westlichen Länder ihre Bauern weiterhin hemmungslos subventionieren, gleichzeitig aber von den Entwicklungsländern einen Abbau ihrer Zollschranken und eine Senkung ihrer staatlichen Landwirtschaftshilfen verlangen. Dies gilt vor allem für Länder, die den Beistand des IWF und der Weltbank benötigen. Dieser ungleiche Maßstab lasse Zweifel an der Aufrichtigkeit des Westens aufkommen, vor allem da dieser einerseits ständig seine unverbrüchliche Verbundenheit mit Afrika betone, andererseits jedoch alles unternehme, um die Gemeinsame Agrarpolitik (GAP) aufrechtzuerhalten, die von den Ländern des Südens allgemein abgelehnt werde.[125]

Diese Analyse wird von dem Wirtschaftswissenschaftler Jacques Berthelot unterstützt, der die Getreideeinfuhrzölle der EU von durchschnittlich 50 Prozent mit denen der Westafrikanischen Wirtschafts- und Währungsunion (UEMOA/Union Économique et Monétaire Ouest Africaine) vergleicht, die nur fünf Prozent betragen. Der Importzoll auf Milchpulver beläuft sich in der EU auf durchschnittlich 87 Prozent, in der UEMOA auf fünf Prozent. Bei Zuckererzeugnissen beträgt das Verhältnis 59 Prozent gegenüber 20 Prozent und bei gefrorenem Rinder-, Schweine- oder Geflügelfleisch 66 gegenüber 20 Prozent[126] (siehe Schaubild 4). Japan erhebt auf seine Reisimporte sogar einen Einfuhrzoll von über 500 Prozent.

Schaubild 4: Die Zollpolitik der EU und der Westafrikanischen Wirtschafts- und Währungsunion: Eine Politik mit zweierlei Maß

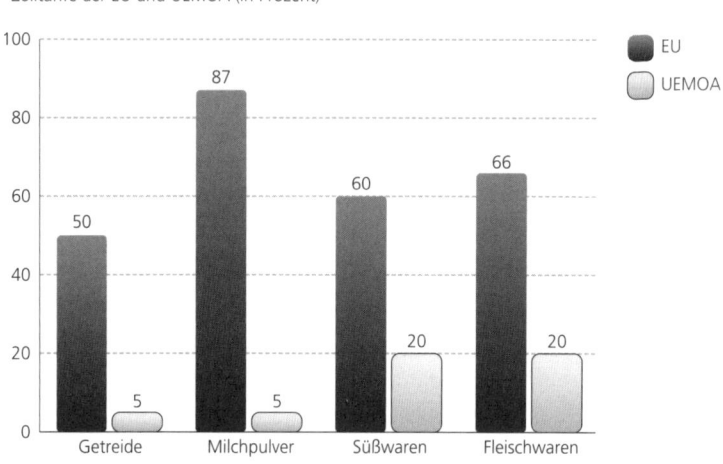

Zolltarife der EU und UEMOA (in Prozent)

Für Hartmut Brandt und Uwe Otzen stellt die Verzerrung der Agrarpreise auf den Weltmärkten eine ernsthafte Bedrohung der Landwirtschaftssektoren der Entwicklungsländer dar. Denn wo sollen die Armen Arbeit finden, wenn die billigen eingeführten Nahrungsmittel und die Vernachlässigung der Modernisierung der Agrarwirtschaft die heimische Landwirtschaft konkurrenzunfähig machen?[127]

Hier stellt sich die Frage, ob die verschuldeten Regierungen überhaupt die Möglichkeit hatten, die Bedingungen der Strukturanpassungsprogramme neu auszuhandeln oder sie sogar abzulehnen. Hätten sie nicht vielleicht die Interessen ihrer Kleinproduzenten energischer vertreten müssen? Joseph Stiglitz stellt fest, dass es diese Zweifel auf der Seite der Verantwortlichen in den Entwicklungsländern durchaus gab. »Aber viele von ihnen hatten so große Angst, dass ihnen die Fördergelder vom IWF und anderen gesperrt würden, dass sie ihre Zweifel, wenn überhaupt, nur überaus vorsichtig im kleinen Kreis formulierten.«[128]

Brandt und Otzen sind der Meinung, dass man dieser Politik einen größeren Widerstand hätte entgegensetzen müssen. Hierzu hätten sich die betroffenen Länder zusammenschließen müssen. Allerdings bezweifeln sie den Willen der Eliten, die Interessen ihrer Bevölkerungen wirklich zu verteidigen. »Dabei bedürfte es in Afrika aller koordinierten Anstrengungen, um an den Märkten gegen die technisch-infrastrukturell-organisatorischen Standortvorteile sowie die Subventions- und Dumpingpraktiken der alten Industrieländer zu bestehen. Hierzu gehörten unter anderem eine gut organisierte Exportproduktion für Agrarrohstoffe und Genussmittel, die Abwehr von Preisverzerrungen bei Nahrungsmitteln und ein entsprechender Zollschutz für die Weiterverarbeitung von Nahrungsmitteln und die Textilindustrie; aber in den politischen Eliten der subsaharischen Länder fehlen bisher sowohl die Einsicht in die Notwendigkeit als auch das Klasseninteresse an einer eigenständigen Agrarentwicklungspolitik, über die die asiatischen Regierungen in hohem beziehungsweise ausreichendem Maße verfügen, weil die Landbevölkerung in den Ländern Asiens ein gewichtiger innenpolitischer Faktor ist.«[129]

5 Der Fall Ghana

Ghana gehört nicht zu den ärmsten Ländern Afrikas. Das Land zeichnet sich vielmehr durch eine funktionierende Demokratie, eine gute Regierungsführung und seine Wirtschaftsentwicklung aus.

In ihrem Jahresbericht von 2013 über den Stand der Ernährungsunsicherheit in der Welt lobt die FAO die unternommenen Reformen und hebt das »hervorragende«, für Afrika »beispielhafte« Wirtschaftswachstum der letzten 30 Jahre hervor. In den Vergleichszeiträumen 1990 – 1992 und 2008 – 2010 wurde die Pro-Kopf-Nahrungsmittelproduktion um ganze 55 Prozent erhöht. Laut FAO sei es besonders erfreulich, dass das Wachstum einem großen Teil der Bevölkerung zugutegekommen sei, was den Kleinbauern erlaubte, ihre Produktion dauerhaft zu steigern. So kommt der Bericht unter anderem zu dem Schluss, dass Ghana das Jahrtausendentwicklungsziel Nummer eins bereits 2000 – 2002 erreicht hätte. Trotzdem muss die Organisation einräumen, dass es noch erhebliche Probleme bei der Unterernährung gibt.

Der im Jahr 2013 produzierte Dokumentarfilm »People and Numbers«[130] setzt sich weitaus kritischer mit der Lage in Ghana auseinander. So fehle es insgesamt 4000 Schulen im Land an der einfachsten Grundversorgung wie Strom, fließend Wasser oder Latrinen. Im Film wird gezeigt, wie der Schulunterricht mangels Klassenräumen größtenteils im Freien stattfinden muss und Hitze und Regen die Arbeit der Lehrer erschwert. Im Norden des Landes müsse ein Arzt 161 000 Einwohner betreuen und Kleinbauern verhungern, weil sie kaum staatliche Hilfe erhalten und allein im weiten Meer des freien Marktes überleben müssen.

Die positive Bilanz der FAO kann die schwierigen Lebensbedingungen speziell seiner Kleinbauern nicht übertünchen, zu denen immerhin 70 Prozent aller Beschäftigten gehören und die mehr und mehr unter einem erbarmungslosen internationalen Wettbewerb zu leiden haben, der sie in Armut und Hunger zu treiben droht. 2007 und 2008 wurden die Ergebnisse zweier Untersuchungen veröffentlicht, die die Auswirkungen der Liberalisierung des Agrarhandels und dessen Folgen für das Menschenrecht auf Nahrung behandelten. Die eine entstand unter Federführung von Martin Khor[131], dem ehemaligen Direktor der NRO (Nichtregierungsorganisation) Third World Network, mit Unterstützung des IFAD (International Fund for Agricultural Development/Internationaler Fonds für landwirtschaftliche Entwicklung). Die zweite Untersuchung wurde vom FIAN (Food First Action Network), einer NRO, die sich für die Menschenrechte und vor allem das Recht auf Nahrung einsetzt, in Zusammenarbeit mit dem Globalen Ökumenischen Aktionsbündnis in Genf und der Hilfsorganisation »Brot für die Welt« erstellt.[132]

Von der Kolonialzeit über die Unabhängigkeit zu den strukturellen Anpassungsprogrammen

Von 1874 bis 1957 war Ghana britische Kolonie. Wie in allen Kolonien war auch seine Wirtschaft darauf ausgerichtet, den Bedarf seines »Mutterlandes« zu befriedigen. Auf diese Weise entwickelte sich in Ghana eine Wirtschaft, in deren Mittelpunkt die Gewinnung von Exportprodukten und vor allem die Förderung von solchen Bodenschätzen wie Gold, Bauxit und Mangan stand. Ein weiteres wichtiges Standbein war der Anbau von Kakao, der bis zum heutigen Tag eines der ertragreichsten landwirtschaftlichen Ausfuhrgüter blieb. Anfang des 20. Jahrhunderts wurde Ghana neben der Elfenbeinküste zu einem der wichtigsten Kakaoproduzenten weltweit. Die meisten Bauern blieben jedoch Subsistenzproduzenten, die Getreide, Knollenfrüchte, Kochbananen, Obst und Gemüse anbauten. In den 1950er-Jahren wurden vor allem die Exportprodukte gefördert, während der Nahrungsmittelproduktion für den inländischen Bedarf nur eine nachgeordnete Bedeutung zukam.

In den ersten Jahren der Unabhängigkeit blieb diese Struktur bestehen. Unter dem sozialistischen Regime Präsident Kwame Nkrumahs (1957–1966) wurden jedoch große Staatsfarmen eingerichtet und eine landwirtschaftliche Entwicklungsorganisation gegründet, um den Agrarsektor zu modernisieren. Der Akzent lag jetzt auf einer Industrialisierung des Landes, um Exportgüter ersetzen zu können, einer mechanisierten Landwirtschaft und einer direkten staatlichen Produktionssteuerung. Kleinbauern wurden zu Genossenschaften zusammengefasst, um eine Mechanisierung ihrer Produktionsweise zu ermöglichen. Außerdem wurden Programme in die Wege geleitet, um die Eigenversorgung des Landes zu fördern und die landwirtschaftlichen Nutzflächen zu vergrößern. Auf diese Weise wurde Ghana zwischen 1974 und 1975 Reisselbstversorger, während der Kakaoanbau stark zurückging.[133]

Im Jahr 1981 begann unter der Regierung von Präsident Jerry Rawlings (1981–2001) eine Zeit der Liberalisierung. Seit 1986 wurden verschiedene Strukturanpassungsprogramme umgesetzt. Die Reformen führten zu einem freien Marktwirtschaftssystem und einem flexiblen Wechselkurs. Außerdem zog sich die Regierung immer mehr aus der Wirtschaftslenkung zurück. In diesem Zusammenhang wurden auch die Einfuhren liberalisiert und die Zölle gesenkt. So fiel zum Beispiel der Einfuhrzoll für Zucker von 80 auf zehn Prozent. Im Rahmen der WTO hat Ghana seine »konsolidierten Zolltarife« (bound tariffs) für die Mehrzahl der Agrarprodukte auf 99 Prozent festgesetzt. Das heißt, dass Ghana seine tatsächlichen Zollsätze bis auf dieses mit der WTO vereinbarte Niveau erhöhen könnte. Tatsächlich liegen sie jedoch mit 20 Prozent weit darunter.

Die hohen Beihilfen, die die Regierung bisher für alle Bodeneinträge – hauptsächlich für Düngemittel (bis zu 65 Prozent) und für Saatgut – gezahlt hatte, wurden ganz gestrichen. Der Absatz dieser Produkte wurde vollkommen dem Privatsektor übertragen. Daraufhin stiegen die Düngemittelpreise sprunghaft an, was ihren Verbrauch deutlich verringerte. Die niedrige Produktivität der gegenwärtigen ghanaischen Landwirtschaft speziell auf dem Gebiet der Nahrungsmittel lässt sich auf diesen Wandel zurückführen. Darüber hinaus wurden die technische Landwirtschaftshilfe und die Beihilfen zu den Landwirtschaftskrediten (der Zinssatz dieser Kredite bewegt sich gegenwärtig zwischen 36 und 46 Prozent!) abgeschafft.

Auch die Mechanisierung mit Hilfe von Traktoren und Erntemaschinen wird nicht mehr subventioniert. Die staatliche Preispolitik wurde eingestellt und ein Großteil der staatlichen Vermarktungs- und Absatzstrukturen aufgelöst. Heute gibt es auch keine garantierten Mindestpreise für Mais und Reis mehr. Das staatliche Kakaomonopol wurde durch die Zulassung von privaten Kaufleuten gelockert.

Die Importliberalisierung verursachte eine starke Zunahme der Einfuhren, die durch keine vergleichbare Exportsteigerung ausgeglichen werden konnte, was zu hohen Handelsbilanzdefiziten führte.

Die Bedeutung der Landwirtschaft

Der Anteil der Landwirtschaft, Forstwirtschaft und des Fischereiwesens am BNE ist in Folge des Aufschwungs anderer Wirtschaftszweige in den letzten Jahren von ehemals 40 Prozent auf knappe 25 Prozent zurückgegangen. Dennoch bleibt die Landwirtschaft der wichtigste Wirtschaftssektor Ghanas, zumal sie etwa 50 Prozent aller Arbeitsplätze im Land stellt. Auch ein Teil der restlichen Arbeitsstellen hängt von ihr ab. Die überwiegende Mehrheit der Bauern betreibt Subsistenzwirtschaft, sie sind also mehr oder weniger Selbstversorger. Die Mehrzahl dieser Kleinerzeuger sind ältere, des Lesens und Schreibens unkundige Frauen. Ein Großteil der Produktion geht auf ihr Konto. Etwa 80 Prozent des Ernteertrags wird in Betrieben mit einer mittleren Bodenfläche von weniger als einem Hektar erwirtschaftet. Dabei wird nur ein Drittel der landwirtschaftlichen Nutzfläche tatsächlich bestellt. Trotzdem spielt die Landwirtschaft eine entscheidende Rolle bei der Existenzsicherung und Einkommensgewinnung.

Der Reis und Ghana

Die Nachfrage nach Reis stieg in Ghana in den letzten zehn Jahren auf bemerkenswerte Weise an. Dies sollte eigentlich den etwa

800 000 ghanaischen Reisproduzenten neue Möglichkeiten eröffnen. In Wirklichkeit gingen im selben Zeitraum die einheimische Gesamtanbaufläche und Produktionsmenge sogar zurück! Die Bauern mussten beträchtliche Einkommensverluste hinnehmen, was bedenkliche Auswirkungen auf ihre Lebensbedingungen und ihre Ernährungssicherheit hatte. Die Gefahr, in Armut zu geraten, ist bei den landwirtschaftlichen Nahrungsmittelproduzenten am höchsten, von denen 70 Prozent Frauen sind.

Einer der Hauptgründe dieser Krise ist die Steigerung der Reisimporte seit 1990. Die steigende Nachfrage für Reis wurde ausschließlich durch diese Importe abgedeckt, die besonders aus den USA (33 Prozent), Thailand (30 Prozent) und Vietnam (17 Prozent) stammen.

Der Anstieg der Reisimporte

Der Reiskonsum in Ghana hat sich in den letzten Jahren mehr als verdoppelt. Die Produktion stieg von 281 000 Tonnen im Jahr 1998 auf 391 000 Tonnen im Jahr 2009. Sie nahm seither weiter zu, gefördert durch neue Unterstützungsprogramme der Regierung besonders für den Ankauf von Dünger. Andererseits stiegen die Reiseinfuhren im selben Zeitraum von 70 000 auf 440 000 Tonnen, (siehe Schaubild 5). Heute werden etwa 70 Prozent des Reisbedarfs von den Importen abgedeckt.[134]

Preisdumping

Ein Grund für die billigen Einfuhren ist das Preisdumping. Dies gilt für die drei größten Herkunftsländer der Reisimporte, wenn auch in unterschiedlichem Maße.

In den USA liegt die Reisproduktion inzwischen weit über der inländischen Nachfrage. Die US-Regierung begann daraufhin, die Reisexporteure zu subventionieren. Die Ausfuhren stiegen danach in den letzten 20 Jahren um 60 Prozent auf 3,8 Millionen Tonnen im Jahr 2003. Grund hierfür waren die Beihilfezahlungen der US-Re-

Schaubild 5: Ghana: Produktion und Import von Reis in Tonnen (1998–2009)

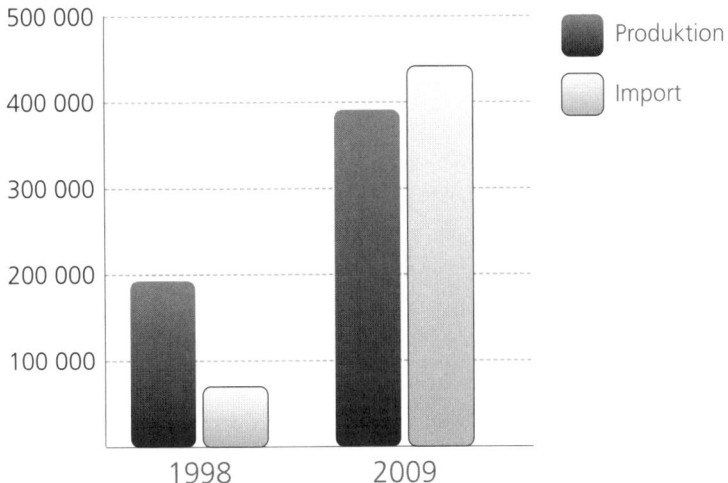

gierung in Höhe von 1,3 Milliarden Dollar. Dieses hohe Subventionsniveau gestattete es den US-amerikanischen Firmen, ihre Exporte unterhalb des Selbstkostenpreises zu verkaufen. Während zwischen 2000 und 2003 die Produktionskosten 415 Dollar pro Tonne betrugen, lag der Exportpreis bei 274 Dollar pro Tonne, also 34 Prozent unter dem Selbstkostenpreis. Durch dieses Preisdumping konnten die US-amerikanischen Reisexporteure trotz der eigentlich weit teureren Produktion einen bedeutenden Marktanteil in den Entwicklungsländern gewinnen.

Ein ghanaischer Bauer erklärte einem Vertreter von Oxfam: »Wenn die Vereinigten Staaten ihre Reisproduzenten subventionieren, bedeutet das, dass ich mich umsonst abschufte, denn meinen Reis wird keiner kaufen. Ich muss aber Reis anbauen, denn ich lebe hier und kann mir nicht aussuchen, was ich anpflanze. Der Reis ist meine Nahrung und meine Existenz.«[135]

Fünf Unternehmen kontrollieren 75 Prozent des Handels mit importiertem Reis. Dem steht eine mangelhafte und schlecht organisierte Vermarktung von heimischem Reis gegenüber. Die Schwäche der Vertriebskanäle und die fehlenden Infrastrukturen begrenzen den Absatz von ghanaischem Reis.

Der Abbau von Marktschutzmechanismen

Lange Zeit genossen die Reisproduzenten in Ghana einen beträchtlichen staatlichen Schutz in Form von Preisstabilisierungen, Subventionen für Saatgut und Düngemittel, hohen Zöllen und Einfuhrbeschränkungen, Importlizenzen und einheimischen Preiskontrollen. Trotz dieser Maßnahmen führte Ghana immer Reis ein, allerdings so kontrolliert oder eingeschränkt, dass die Importmenge die inländische Produktion niemals überstieg.

Dies änderte sich im Jahr 1983, als die Regierung im Zuge des Strukturanpassungsprogramms die Einfuhren liberalisierte. Das bisherige Quotensystem wurde abgeschafft und im Jahr 1992 durch einen festen Zollsatz von 20 Prozent ersetzt. Seit 1993 nahmen dann die Importe dramatisch zu. Heute ist Ghana eine der offensten Marktwirtschaften in Afrika. Selbst die Weltbank bestätigte im Jahr 1996, dass zahlreiche inländische Unternehmen in der Folge bankrott gingen.

Wie der IWF die Souveränität Ghanas »respektierte«

Um die Ernährungssicherheit zu befördern und die Einfuhren einzuschränken, beschloss die Regierung von John Agyekum Kufuor, die im Jahr 2001 an die Macht kam, die Reisimporte bis 2004 um 30 Prozent zu verringern und die einheimische Produktion auf 370 000 Tonnen zu erhöhen. Im Rahmen dieser Politik schlug der Minister für Finanzen und Wirtschaftsplanung in seinem Haushaltsplan für das Jahr 2003 vor, die Importzölle für Reis von 20 auf 25 Prozent und die für Geflügel von 20 auf 40 Prozent anzuheben. Das Parlament billigte diese Maßnahme am 17. April 2003. Die Zollbehörde begann, dieses Gesetz am 8. Mai anzuwenden, stellte aber dessen Umsetzung bereits vier Tage später wieder ein. Im August 2003 wurde es dann endgültig außer Kraft gesetzt. Das Centre For Public Law (Zentrum für öffentliches Recht) reichte im Namen von Bauernverbänden vor dem Hohen Gericht Ghanas eine Klage gegen die Nicht-Durchsetzung dieses Gesetzes ein. Tatsächlich verurteilte das Gericht die Regierung dazu, das verabschiedete Haushaltsgesetz vollinhaltlich anzuwenden. Zwischenzeitlich hatte die Regierung jedoch bereits das Parlament dringend aufgefordert, seine Entscheidung vom April wieder aufzuheben, was es dann auch tat. Was war passiert?

»Der IWF spielte in dieser Angelegenheit eine maßgebliche Rolle, indem er hinter den Kulissen Druck ausübte.«[136] Laut internen Unterlagen des IWF hatten sich die ghanaischen Behörden »nach Konsultationen mit dem IWF« entschieden, die beschlossene Zollerhöhung nicht durchzuführen. Es ist jedoch durchaus erwähnenswert, dass die Geschäftsleitung des IWF am 8. Mai 2003 eine Beratungsrunde mit der ghanaischen Regierung beendet hatte, die zur Bewilligung eines Dreijahreskredits über 258 Millionen Dollar im Rahmen der PRGF (Poverty Reduction and Growth Facility/Armutsbekämpfungs- und Wachstumsfazilität) geführt hatte. Der IWF-Bericht erwähnt auch, dass die Zollerhöhungen während dieser Beratungsgespräche erörtert worden seien und dass der IWF argumentiert habe, diese Maßnahmen würden die Wachstums- und Armutsbekämpfungsstrategien ungünstig beeinflussen. Tatsächlich wurde das Haushaltsgesetz am 12. Mai, also ganze drei Tage nach der Bewilligung des IWF-Kredits, ausgesetzt. »Mit Hilfe von Geldern, die angeblich der Armutsreduzierung dienen sollten, verhinderte der IWF also Maßnahmen, die den Kleinbauern als eine der für Armut und Hunger am meisten verwundbaren gesellschaftlichen Gruppen tatsächlich Schutz geboten hätten!«[137]

Auch noch einige andere Akteure handelten hinter den Kulissen im Sinne des IWF. Dazu gehörten vor allem die größten Geldgeber Ghanas, nämlich die Weltbank, die EU und das britische Ministerium für internationale Entwicklung. Tatsächlich wird ein Drittel des ghanaischen Haushalts mit ausländischer Entwicklungshilfe bestritten. Laut der Internationalen Arbeitsorganisation der UN (ILO/International Labour Organization) werden 40 Prozent des Gesundheitsbudgets durch diese Hilfen abgedeckt.

Das von der Weltbank oft vorgetragene Argument, ihre Zollsenkungspolitik nütze dem Verbraucher, hält einer genaueren Untersuchung nicht stand. Tatsächlich leben die ärmsten Ghanaer in ländlichen Gebieten und konsumieren vorwiegend lokalen Reis. Sie wären also von einer Erhöhung der Einfuhrzölle kaum betroffen. Als Reisproduzenten würden sie von höheren Preisen sogar profitieren. »Eine Liberalisierung der Importe ist nicht der einzige Weg, um vernünftige Verbraucherpreise zu gewährleisten. Eine Alternative wäre eine verstärkte Förderung der lokalen Produktion, um so das Angebot auf den inländischen Märkten zu erhöhen und die Preise für die ärmeren Verbraucher auf einem erschwinglichen Niveau zu halten.«[138]

Stattdessen wurden jedoch im Rahmen der Strukturanpassungsprogramme alle größeren Investitionen in die Landwirtschaft gestoppt. Gleichzeitig interessieren sich die ausländischen Geldgeber seit langem nur sehr wenig für diesen Wirtschaftssektor.

Das Erscheinungsbild des Hungers im Norden Ghanas

Im Norden Ghanas werden die Menschenrechte, vor allem das Recht auf Nahrung, missachtet. Zu diesem Schluss kommen im Jahr 2007 die Verfasser einer Untersuchung des Food First Action Network (FIAN).

Die Autoren dieser Studie reisten in den Norden Ghanas in die Gemeinde Dalun, die etwa 50 Kilometer von Tamale, der Hauptstadt der Region, entfernt liegt. Dort befragten sie Zwischenhändler, Marktfrauen, Reisbauern und Vertreter der Landarbeitergewerkschaften und Bauernverbände. Die Bilanz war erschreckend: Der Verkauf von lokalem Reis ging überall auf dramatische Weise um fast 75 Prozent zurück. Der Druck des Importpreises machte sich immer mehr bemerkbar. Die Erzeugerpreise sanken. Die Verarbeitungs- und Absatzstrukturen wie etwa die Reismühlen verschwinden. Die Infrastruktur wird immer schlechter. Dies führte dazu, dass die Kaufkraft dieser Reisproduzenten so weit sank, dass sich deren Familien nicht mehr das ganze Jahr hindurch hinreichend ernähren können. Auch die Ernährungsqualität wird immer schlechter. Es fehlt an Bildungs- und Gesundheitseinrichtungen. In den Monaten vor der Ernte sind die Menschen von Unterernährung und sogar Hunger bedroht. Die Verfasser der Studie ziehen daraus den Schluss, dass das Recht auf Nahrung dieser Bevölkerung missachtet werde. So trägt eines ihrer Unterkapitel den Titel »Das Erscheinungsbild des Hungers«.[139]

Die Autoren der Studie machen drei Parteien für diese Verletzung des Menschenrechts auf Nahrung verantwortlich: den Staat Ghana, den IWF und seine Mitgliedsstaaten sowie die Reisexportländer.

Der Geflügelsektor und die Rolle der EU

Zwischen 1957 und 1980 baute Ghana eine gewerbliche Geflügelproduktion auf, die dann in den 1980er-Jahren einen Niedergang erlebte. Ein Grund hierfür war dieselbe Liberalisierungspolitik, die die Importzölle erheblich senkte. Seit 1993 steigen auch die Geflügeleinfuhren sehr stark.

Dagegen gewährt die EU ihrer Geflügelindustrie Beihilfen in Form von Exportsubventionen sowie von internen Nahrungsmittelhilfen für Getreide und Proteine, die sich insgesamt auf mehr als die Hälfte der Produktionskosten für Geflügel belaufen. Laut Jacques Berthelot produzierten die 15 damaligen Mitgliedsländer der EU im Jahr 2002 9,01 Millionen Tonnen Geflügelfleisch, von denen 1,147 Millionen Tonnen im Wert von 928 Millionen Euro exportiert wurden. Die Gesamthöhe der Subventionen betrug dabei 291,5 Millionen Euro. Für eine Tonne Geflügelfleisch im Wert von 809 Euro wurden also Beihilfen in Höhe von 254 Euro gezahlt.

Westafrika ist zu einem wichtigen und immer noch wachsenden Absatzmarkt für die europäischen Geflügelfleischexporte geworden. In diese Regionen gingen im Jahr 2002 acht Prozent der gesamten entsprechenden EU-Ausfuhren, also acht Mal mehr als im Jahr 1996.

Ghana importiert in Form von Gefriergeflügel. Die Einfuhren setzen sich im wesentlichen aus Beinen, Hälsen, Flügeln und anderen Geflügelteilen zusammen, die in Europa keinen Absatz finden. Im Jahr 2002 importierte Ghana hauptsächlich aus den europäischen Ländern mehr als 27 000 Tonnen Geflügelfleisch. Im Jahr 2011 hatten sich die Gesamteinfuhren auf über 155 000 Tonnen um mehr als das Sechsfache erhöht (siehe Schaubild 6). Diese kommen aus der EU, aber auch aus den USA und Brasilien. Sie decken 90 Prozent der Geflügelfleischnachfrage Ghanas ab.[140]

Schaublid 6: Ghana: Produktion und Import von Geflügel in Tonnen (2002–2011)

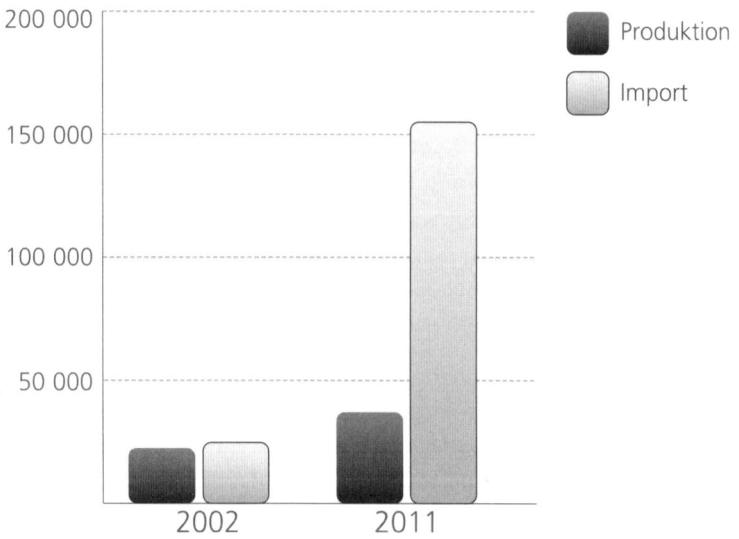

Dabei gibt es in Ghana selbst etwa 400 000 Geflügelzüchter. Allerdings führten die hohen Importe dazu, dass nur die größten Unternehmen wettbewerbsfähig sind. Die Einfuhren haben also einen verheerenden Einfluss auf diesen Wirtschaftssektor und auf die Lebensbedingungen seiner Produzenten. Während Ghana vor etwa 20 Jahren noch fast seinen gesamten Eigenbedarf an Geflügel selbst produzierte, kann es ihn heute nur noch minimal decken. Der Verkaufspreis des Importgeflügels liegt dabei nur leicht über der Hälfte des Preises für einheimisches Geflügelfleisch. Ein Teil der ghanaischen Geflügelschlachtereien musste ihre Tore schließen, während die Kapazitäten der verbliebenen nur noch zu etwa 38 Prozent ausgelastet sind.

Wie beim Reis wollte die Regierung Ghanas im Jahr 2003 ihre Geflügelproduzenten unterstützen, indem sie die Zollsätze von 20 auf 40 Prozent heraufsetzte. Wir kennen jedoch bereits das Schicksal dieses Gesetzes, das auf Betreiben des IWF nach kürzester Zeit wieder außer Kraft gesetzt wurde.

Die Tomatenzucht

Ghana hatte eine bedeutende Tomatenproduktion samt einer entsprechenden Verarbeitungsindustrie aufgebaut. Die Liberalisierung der 1980er-Jahre führte jedoch auch zum Ruin der beiden Tomatenkonservenunternehmen des Landes und erlaubte es der europäischen Tomatenindustrie, den ghanaischen Markt zu erobern. Während im Jahr 1991 erst 3 600 Tonnen Tomatenmark eingeführt wurden, waren es 2002 bereits 24 000 Tonnen und 2011 sogar ganze 92 000 Tonnen! Die EU ist der größte Tomatenproduzent, wobei der Anbau vor allem in Italien, Griechenland, Spanien, Portugal und Frankreich stattfindet. 20 Prozent der Exporte von Tomatenkonzentrat der EU gehen nach Westafrika. Die Tomatenmarkhersteller der EU erhalten jedes Jahr im Rahmen der Gemeinsamen Agrarpolitik (GAP) Beihilfen in Höhe von fast 300 Millionen Euro.

Hier haben wir es also mit einem weiteren Sektor zu tun, in dem Ghana einem unfairen Wettbewerb ausgesetzt ist. Die Tomatenproduktion konnte zwischen 1991 und 2011 von 91 700 Tonnen auf 320 000 Tonnen um mehr als das Dreifache erhöht werden, stieg aber viel weniger als die Importe von Tomatenmark (siehe Schaubild 7).

Gleichzeitig mussten die ghanaischen Produzenten mit einem beträchtlichen Anstieg der Produktionskosten fertig werden. So ver-

Schaubild 7: Ghana: Produktion von Tomaten / Import von Tomaten-
mark in Tonnen (1991–2011)

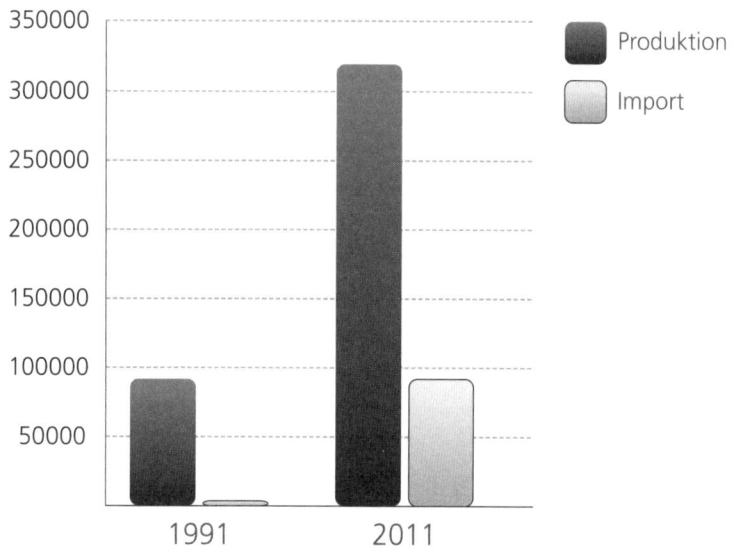

teuerten sich im Jahr 2003 die wichtigsten Werkzeuge der ghanaischen Bauern. Der Preis der Hacken erhöhte sich um 30,8 Prozent
und der der Macheten um 14,5 Prozent. Auch die Düngemittelpreise
stiegen zwischen 2,5 und 32,2 Prozent.

All diese schnell steigenden Lebensmittelimporte belasten die
Staatsfinanzen erheblich: Ghana zahlt allein für seine Reisimporte
jedes Jahr etwa 600 Millionen Dollar und zusätzlich 400 Millionen
für den Import von Zucker, Tomatenmark, Gemüse, Pflanzenöl, ge-
frorenen Fisch, Geflügelfleisch und Weizen.[141]

6 Haiti und die anderen

Am 12. Januar 2010 wurde Haiti von einem äußerst schweren Erdbeben erschüttert, das mehrere hunderttausend Tote und Verletzte forderte und mehr als eine Million Obdachlose hinterließ. Die Sachschäden beliefen sich auf Milliarden von Dollar. Das Unglück löste massive internationale Hilfsmaßnahmen aus, die von einer eindrucksvollen weltweiten Solidaritätswelle getragen wurden. Ein riesiges Wiederaufbauprogramm wurde in Gang gesetzt. Weniger bekannt ist jedoch, dass die internationale Gemeinschaft ein gerüttelt Maß an Verantwortung für die allgemeine Misere der Haitianer trägt.

Nur wenige Länder haben derart unter dem Schock der Nahrungsmittelkrise von 2008 gelitten wie Haiti. Zwischen Januar und April 2008 verdoppelte oder verdreifachte sich der Reispreis. Die starke Erhöhung der Lebensmittelpreise machte das Leben der 56 Prozent Haitianer, die in äußerster Armut leben, und 76 Prozent der Bevölkerung, denen weniger als zwei Dollar am Tag zur Verfügung stehen, noch schwieriger. Um zu überleben, mussten die Menschen sich in immer größerem Maße von Keksen aus Öl, Salz und *Lehm* ernähren. Ganze Familien in den ländlichen Gebieten konnten sich ihr Auskommen nur dadurch sichern, dass sie den hierfür erforderlichen Lehm an die »Fabrikanten« dieser Kekse in der Hauptstadt lieferten. Tatsächlich können nur 60 Prozent der Haitianer mit einer einzigen vollständigen Mahlzeit am Tag rechnen.

Im Juli 2008 schrieb Amélie Gauthier, eine Wissenschaftlerin der Madrider Forschungsstiftung FRIDE (Fundación para las Relaciones Internacionales y el Diálogo Exterior/Stiftung für internationale Beziehungen und den außenpolitischen Dialog), zu diesem Thema:

»Vor acht Jahren kamen eine Anzahl von Reisbauern und ihre Familien zu dem Schluss, dass das Leben in Haiti unerträglich geworden sei. Sie legten ihre mageren Ersparnisse zusammen und kauften sich ein Boot, um damit zu den Turks- und Caicos-inseln überzusetzen, die fast 200 Kilometer entfernt lagen. Unterwegs sank das Boot, und seine 60 Insassen, die nur versucht hatten, einer fast hoffnungslosen Situation zu entkommen, ertranken. Vor zwei Wochen machte sich eine andere Gruppe Haitianer, von Hunger und Hoffnungslosigkeit getrieben, auf den Weg. 20 Meter vor der Küste kenterte ihr Boot, wobei 20 Menschen starben. Zwischen den beiden Versuchen liegt ein ganzes Jahrzehnt, und doch ereilte die Opfer das gleiche Schicksal.

Armut und Auswanderung haben in Haiti eine lange Geschichte. Dasselbe lässt sich über die Nahrungsmittelkrisen sagen. Grund dieses Problems sind die Verantwortungslosigkeit der lokalen Eliten, aber auch die Strukturanpassungsprogramme des IWF und der Weltbank, die dem Land in den 1990er-Jahren übereilte Liberalisierungsreformen auferlegten.

Tatsächlich bedeutet die Krise in Haiti einen gigantischen Rückschritt im Friedens-, Stabilisierungs- und Konsolidierungsprozess, der im Jahr 2004 seinen Anfang nahm. Im April 2008 brachen in ganz Haiti gewaltsame Unruhen aus. Überall im Land legte man die Arbeit nieder, und der Premierminister wurde verjagt. Als Haiti ins Chaos stürzte, gelang es weder der Regierung noch der UN-Mission, die Gewaltausbrüche zu kontrollieren, die vier Haitianern und einem UN-Polizisten aus Nigeria das Leben kosteten. Die von den Aufständischen verursachten Sachschäden und die wirtschaftlichen Folgen sind katastrophal und werden dem Land noch lange zu schaffen machen. Man schätzt deren gesamte Kosten auf 100 Millionen Dollar.«[142]

Die Geschichte der haitianischen Landwirtschaft

Haiti erlangte bereits 1804, als erstes Land der gesamten Region, seine politische Unabhängigkeit. Tatsächlich konnte es sich durch einen langen Sklavenaufstand von der kolonialen Vormundschaft befreien. Nachdem die ehemaligen Sklaven ihre Freiheit erstritten hatten, übernahmen sie die gesamten landwirtschaftlichen Nutzflächen. Seitdem herrscht in den haitianischen Landgebieten das familiäre Kleinbauerntum vor.[143]

Mehr als ein Jahrhundert lang prägte das Auf und Ab der Preise und der Produktion von Kaffee, Zucker, Edelhölzern und ätherischen Ölen die haitianische Wirtschaft. Kaffee wurde sehr schnell zum wichtigsten Exportgut. Allerdings fand die Integration der Kleinproduzenten in den internationalen Handel weitgehend über wucherische Händler (»Spekulanten«) statt, von denen die Erzeuger abhängig waren und die ein fast vollständiges Monopol ausübten. Aus diesem Grund konnte die Bauernschaft die Preise ihrer Erzeugnisse und die Zinsen ihrer Darlehen niemals frei aushandeln. Darüber hinaus wurde der Kaffeeexport durch den Staat schwer besteuert, der damit vor allem seine Schulden gegenüber Frankreich abzahlen wollte.[144]

Die haitianischen Bauern verwenden heute noch die gleichen Werkzeuge wie in der Kolonialzeit: Hacke, Spitzhacke und Machete. Reis, Bohnen, Kohl und Früchte werden von den Bauern auf ihren winzigen, sorgfältig angelegten Parzellen praktisch mit denselben Mitteln angebaut wie im Jahr 1804.[145]

Allerdings konnten die haitianischen Bauern durch Einfuhrbeschränkungen und Importzölle, die 50 Prozent des Warenwerts ausmachten, einigermaßen vor der internationalen Konkurrenz geschützt werden.[146]

Die strukturellen Anpassungsprogramme

Diese Programme wurden im Laufe der 1980er-Jahre eingeführt. In einem im November 2006 veröffentlichten Bericht über Haiti untersuchte der CCFD (Comité Catholique contre la Faim et pour le Développement/ Katholischer Ausschuss gegen Hunger und für Entwicklung, eine französische Entwicklungshilfeorganisation) am Beispiel des Reises die Auswirkungen der Liberalisierung der Wirtschaft und des Handels, die der IWF und die Weltbank im Laufe der 1980er-Jahre in Haiti durchgesetzt hatten. Zu dieser Liberalisierung gehörte eine Senkung des Zollsatzes auf Erzeugnisse wie den Reis von 50 auf gerade einmal drei Prozent.

Das Ergebnis dieser dramatischen Zollermäßigung war ein massiver Einfuhranstieg von subventioniertem US-amerikanischem Reis von 15 000 Tonnen Anfang der 1980er-Jahre auf 220 000 Tonnen im Jahr 2000 und sogar auf 415 000 Tonnen im Jahr 2012. Dagegen erhöhte sich die inländische Erzeugung von 124 000 Tonnen im Jahr 1981 nur leicht auf 130 000 Tonnen im Jahr 2000, bevor sie um über die Hälfte auf 62 000 Tonnen im Jahr 2012 zurückfiel (siehe Schaubild 8). Für die USA ist Haiti weltweit zum zweitwichtigsten Abnehmer von Reis geworden.[147] Nachdem der Reis kurzzeitig billiger geworden war, ging der Preis durch Manipulation der Importeure plötzlich blitzartig nach oben.

Schaubild 8: Haiti: Produktion und Import von Reis in Tonnen (1981–2012)

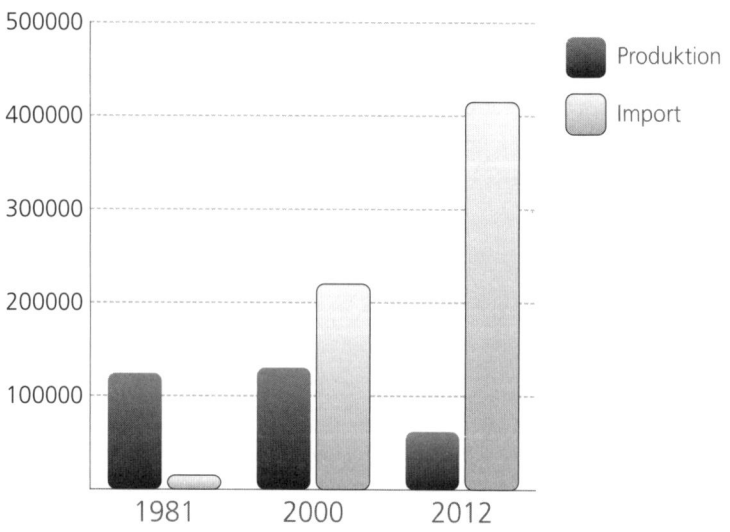

Haiti importiert gegenwärtig 50 Prozent seiner Milchprodukte, 75 – 85 Prozent des Getreides (Weizen und Reis) und des Geflügelfleischs sowie 100 Prozent seines Zuckers und Öls. Alle diese Lebensmittel kommen meistens aus den USA.

Heute muss die haitianische Regierung 80 Prozent ihrer Exporterlöse für die Einfuhr von Lebensmitteln aufwenden, die das Land jedes Jahr etwa 326 Millionen Dollar kosten.[148] Laut dem CCFD wurde damit »der gesamten haitianischen Landwirtschaft … ein gewaltiger Schlag versetzt«.[149]

Aber nicht nur im Bereich Landwirtschaft gingen Arbeitsplätze verloren. Auch in der Textilwirtschaft und der Schuhproduktion lässt sich eine ähnliche Entwicklung beobachten. Die Liberalisierungsreformen haben mehrere nationale Industriezweige zerstört. Noch vor 20 Jahren arbeiteten über 100 000 Menschen in der haitianischen Textilindustrie. Heute sind es gerade noch 30 000, obgleich das »Hope«-Programm eine begrenzte Anzahl neuer Stellen zu schaffen vermochte.[150]

Die kleinen Reisproduzenten des Artibonite-Tals, die nach 1986 von der Konkurrenz aus Nordamerika besonders betroffen waren, führten Kommandounternehmen gegen die Lastwagen durch, die den importierten Reis in die Städte brachten. Die arme Bevölkerung der städtischen Zentren, die froh war, sich plötzlich so günstig mit Lebensmitteln versorgen zu können, trat ihrerseits diesen Kleinbauern gewaltsam entgegen. Dieser »Reiskrieg« offenbarte deutlich einen der großen Widersprüche, mit denen sich in der Folge alle haitianischen Regierungen konfrontiert sahen: Wie ließen sich die Preise der wichtigsten Grundnahrungsmittel für die armen Slumbewohner senken, ohne gleichzeitig die Kleinbauern zu ruinieren und die bereits jetzt viel zu hohe Landflucht noch weiter zu verstärken?[151]

Die Armut in Haiti

Im jährlich erscheinenden Weltentwicklungsbericht der UNDP nimmt Haiti 2013 den 161. Rang unter 196 Nationen ein.

Nur die Hälfte der Bevölkerung hat Zugang zu medizinischer Grundversorgung. Die Lebenserwartung beträgt durchschnittlich 61 Jahre. 78 Prozent der Haitianer leben unterhalb der Armutsgrenze von zwei US-Dollar am Tag. 54 Prozent leben sogar in extremer Armut, da ihnen weniger als ein Dollar täglich zur Verfügung steht. Haiti ist unfähig, bis 2015 auch nur ein einziges UN-Jahrtausendentwicklungsziel zu erreichen. Im Jahr 2002 schlossen nur 35,5 Prozent der Kinder die Grundschule ab. Die Arbeitslosenrate ist mit 47 Prozent die höchste in Lateinamerika und der Karibik. Die Insel ist inzwischen zu 97 Prozent entwaldet, was sie äußerst anfällig für Naturkatastrophen macht.

Die UN-Beratergruppe hält die Abwesenheit des Staates in verschiedenen Sektoren für eines der gravierendsten Entwicklungshemmnisse. Die auf einem hohen Stand verharrende Müttersterblichkeit von 630 Todesfällen pro 100 000 Lebendgeburten ist ebenfalls auf die Unfähigkeit des haitianischen Staates zurückzuführen, im gesamten Land eine medizinische Grundversorgung zu gewährleisten. In einigen Regionen leiden 30 Prozent der Kinder unter chronischer Unterernährung.[152]

Der Verfall der Lebensmittelpreise und die Abschaffung der Ausfuhrzölle auf Kaffee, die im September 1987 auf Anraten der Weltbank beschlossen wurde, sollten eigentlich die Kleinbauern dazu bewegen, auf den Kaffeeanbau umzustellen, da zahlreiche feuchte Gebirgsgegenden der Insel dafür aus ökologischer Sicht unbezweifelbare Konkurrenzvorteile aufweisen. Allerdings zeitigten diese Maßnahmen genau die gegenteilige Wirkung: Die für die Lebensmittelproduktion schädliche Preispolitik führte zu einem erneuten Rückgang des Kaffeeanbaus.[153]

Auch die Getreideproduktion nimmt weiterhin ab, während gleichzeitig die Bevölkerung jährlich immer noch um mehr als zwei

Prozent wächst. Seit der Schließung der großen Zuckerfabriken ist die Zuckerproduktion sogar völlig zusammengebrochen.[154]

Der Schriftsteller und Philosoph Camille Loty Malebranche schrieb am 26. April 2008: »Die gerade tobenden Hungeraufstände in Haiti machen eine Sache ganz deutlich: den Willen des plutokratischen Nordens, den Bauch der Armen im Süden zu kontrollieren. In Haiti gelang es, durch die zu Dumpingpreisen importierten US-amerikanischen Lebensmittel die vor Ort produzierten Nahrungsmittel aus dem Markt zu drängen. Dabei werden diese Güter vom US-amerikanischen Staat subventioniert, um die lokalen Erzeuger zu ruinieren, die ihrerseits über keinerlei Subventionen oder Mittel verfügen. Als Opfer dieses unlauteren Wettbewerbs wurde Haiti zu einer Kloake der minderwertigsten Landwirtschafts-, Geflügel- und Fischprodukte der Vereinigten Staaten.

Einem Land, das sich einst in reichlichem Maße von seinem gesunden Fleisch, seinen Früchten (Bananen, Orangen, Stachelannonen, Papayas, Ananas und Zuckeräpfeln) und seinen natürlichen Getreidearten ernähren und einen Teil davon sogar exportieren konnte, werden nun Hühner voller Hormone, alle Arten von Geflügelresten und die übelriechenden Abfälle aus den Fischfarmen von Miami aufgezwungen. Gleichzeitig fangen US-amerikanische Fischereischiffe auf hoher See die haitianischen Hummer, Langusten und Fische. Nur noch ein kleiner Rest verbleibt danach den Haitianern, die über keinerlei Fischereitechnik verfügen, mit denen sie den US-Amerikanern Konkurrenz machen könnten, die sich auch nicht um die haitianischen Hoheitsrechte in den Küstengewässern der Insel scheren.«[155]

Zu den strukturellen Gründen der Armut und Arbeitslosigkeit (70 Prozent der Bevölkerung haben keine Beschäftigung) zählt die UNO-Task-Force den Niedergang der Landwirtschaft, der auf einem völligen Desinteresse für deren Belange beruhe, sowie die zunehmende Umweltzerstörung, vor allem die Erosion und die Entwaldung.[156]

Auch die UNCTAD kritisierte die überzogenen Bedingungen für die Finanzhilfen des Auslands, die in vielen Entwicklungsländern eine vorschnelle Liberalisierungspolitik erzwungen haben.[157] Dies galt auf jeden Fall für Haiti. Das Land wurde mit subventioniertem US-amerikanischem Getreide überschwemmt. Vergleichbare Maßnahmen unterminierten die Geflügelzucht und die Zuckergewinnung des Landes. Nicht zuletzt durch diese Politik der Zoll- und Haushaltskürzungen und Privatisierungen verschlechterten sich die Lebensbedingungen auf dem Lande und die Lebensmittelversorgung, ohne im Gegenzug Arbeitsplätze im Herstellungssektor und eine diversifiziertere Wirtschaft zu schaffen.[158]

Indem sie Haiti jeder Möglichkeit beraubten, seine landwirtschaftlichen Produzenten zu schützen, setzten die Industrieländer mit Hilfe des IWF und der Weltbank eine für die Entwicklung Haitis vollkommen absurde Wirtschafts- und Handelspolitik in Gang, die schlimmstenfalls einer totalen Aushöhlung der Souveränität dieses Landes vor allem auf dem Ernährungssektor gleichkommt. Einige große Staaten verschafften ihren Ernährungsmultis dadurch einen neuen Markt, allerdings auf Kosten der haitianischen Kleinbauern, die ihrem Ruin entgegensahen.

Bereits vor dem Erdbeben war die Ernährungslage mehr als eines Drittels der Gesamtbevölkerung mehr oder weniger angespannt, wobei in abgelegenen Gegenden, in denen die Verteilung von Hilfsgütern schwierig bleibt, die allgemeine Unterernährung am schlimmsten war. Der Haushaltsansatz des Welternährungsprogramms der Vereinten Nationen (WFP) für Haiti stieg von 22 Millionen Dollar im Jahr 2007 auf 103 Millionen im Jahr 2008. Damit unterstützt das WFP in diesem Land 2,7 Millionen Menschen.

Wie lässt sich Haiti wiederaufbauen?

Ende März 2010 fand in New York eine internationale Haiti-Wiederaufbaukonferenz statt. Der dort angenommene Aufbauplan enthält auch ein Kapitel über die Wiederankurbelung der Landwirtschaft, für die immerhin mehr als 700 Millionen Dollar eingeplant wurden. Nach Ansicht der Beratergruppe der Vereinten Nationen unterstrich die politische Krise des Jahres 2008 die Notwendigkeit, in Haiti die Ernährungssicherheit zu stärken und die ländliche Entwicklung zu fördern. Alle nationalen und internationalen Kommentatoren betonten die Dringlichkeit einer Wiederankurbelung der haitianischen Nahrungsmittelproduktion einschließlich der Fischerei. Die Förderung aller landwirtschaftlichen Aktivitäten und die Stärkung der ländlichen Gemeinschaften sollten also für Regierung und Entwicklungspartner zu den wichtigsten Zielen gehören. Die Verbesserung der Agrarerträge, eine allgemeine Grundbildung und eine Agrarreform sind nach Meinung der UN-Berater unverzichtbar. Außerdem betont die Gruppe die Bedeutung der Ernährungssicherheit für die Stabilität Haitis. Jede Strategie müsse deshalb die Zusammenhänge zwischen dieser Ernährungssicherheit, der Landwirtschaft, dem Bodenrecht, der Energieversorgung und der Entwaldung berücksichtigen.[159] Der Präsident Haitis, Michel Martelly, möchte die Reisproduktion verdoppeln und dazu neue landwirtschaftliche Methoden einführen. Die internationale Gebergemeinschaft scheint sich jetzt stärker auf die Unterstützung verschiedener landwirtschaftlicher Entwicklungsprogramme einzulassen. Die direkte Nahrungsmittelhilfe hat abgenommen.

Ist jedoch eine solche Wiederbelebung der Landwirtschaft ohne eine beträchtliche Erhöhung der Einfuhrzölle überhaupt möglich? Oxfams wissenschaftlicher Mitarbeiter für Amerika, Marc Cohen, erkennt zwar die Bedeutung der Landwirtschaft in der amerikanischen Wiederaufbaustrategie, sie habe aber ihre Grenzen: Ohne die neoliberale Handelspolitik in Bezug auf den Agrarmarkt grundsätzlich in Frage zu stellen, sei es nicht möglich, die Landwirtschaft in Haiti wieder aufzubauen.[160] Für den Agrarwissenschaftler Marc Dufumier lässt sich die Krise der bäuerlichen Landwirtschaft in Haiti nicht ohne wirksame protektionistische Maßnahmen überwinden, die eine Erhöhung der ländlichen Erzeugerpreise bewirkten. Mit Hilfe der Einnahmen aus den Einfuhrzöllen auf ausländische Nahrungsmittel wie Getreide, Schweineinnereien und so weiter sollte man möglichst schnell neue produktive Arbeitsplätze schaffen und Beihilfen an die armen Bevölkerungsschichten verteilen, die es diesen erlauben würden, mit den Preiserhöhungen zurechtzukommen, die Folge dieser neuen Maßnahmen wären.[161] Begrüßenswert ist die sich verstärkende Bauernbewegung in Haiti, die sich insbesondere dafür einsetzt, das Land schrittweise unabhängig von Nahrungsmittelimporten aus dem Ausland zu machen, um so eine größere Ernährungssouveränität zu erreichen.

Bill Clintons Eingeständnis

Am 10. März 2010 erschien der ehemalige US-Präsident Bill Clinton, der derzeitige UN-Sondergesandte für Haiti, vor dem Außenpolitischen Ausschuss des US-Senats, um darüber zu berichten, was die nach ihm benannte Stiftung zur Förderung der Gesundheit weltweit unternimmt. Bei dieser Gelegenheit äußerte er sich auch zu Haiti und zur internationalen Nahrungssicherungspolitik.

Dabei sagte er: »Von 1981 bis zum vergangenen Jahr verfolgten die Vereinigten Staaten die Politik, dass die reichen Länder, die viele Nahrungsmittel produzieren, diese an die armen Länder verkaufen sollten, um sie dadurch von der Bürde zu entlasten, ihre eigene Nahrung produzieren zu müssen. Auf diese Weise könnten sie dann direkt ins Industriezeitalter springen, aber das hat nicht funktioniert. Das Ganze war vielleicht gut für die Farmer in meinem Heimatstaat Arkansas, aber sonst hat es nicht funktioniert. Es war ein Fehler. Ein Fehler, an dem auch ich beteiligt war. Ich weise auf niemand anderem mit dem Finger. Ich war es selbst. Jetzt muss ich mich jeden Tag mit den Konsequenzen meiner damaligen Entscheidung befassen, die dazu führte, dass Haiti heute nicht genug Reis anbauen kann, um seine Menschen zu ernähren; ich war das damals und sonst niemand … Alles, was wir zur Unterstützung der landwirtschaftlichen Selbstversorgung dieser Länder beitragen, wird auch unsere Gesundheitsinitiativen befördern.«

Dieses Eingeständnis von Expräsident Clinton ist sicherlich sehr zu begrüßen. Es ist sogar äußerst bedeutungsvoll. Tatsächlich muss man die Politik in dem von ihm dargelegten Sinne verändern und darauf hinarbeiten, Haiti wieder zu einem Nahrungsmittelselbstversorger zu machen. Andererseits bestätigen seine Aussagen auch den Einfluss des Präsidenten der USA auf die Politik der Weltbank und des IWF.

2008, bei Gelegenheit des Welternährungstages, hat Bill Clinton eine ähnliche Aussage gemacht zu den in Afrika von IWF und Weltbank durchgeführten Ernährungspolitiken. Er sagte: »We blew it«,[162] und meinte damit die Zerstörung der afrikanischen Landwirtschaft. Es stellt sich die Frage, ob die jetzigen amerikanischen und europäischen Führungspersönlichkeiten, die an den Entscheidungen der internationalen Finanzorganisationen beteiligt waren, so hellsichtig sein werden, den Erkenntnissen Bill Clintons zuzustimmen und daraus die richtigen Lehren zu ziehen. Fakt ist, dass bis heute sowohl die USA als auch die EU ihre neoliberale Handelspolitik ungehemmt weiterführen.

Der Fall Burkina Faso und das europäische subventionierte Milchpulver

Im Jahr 2007 brachte das große deutsche katholische Hilfswerk Misereor eine Broschüre heraus mit dem Titel *Agrarsubventionen schaffen Armut. Das Beispiel der EU-Milch in Burkina Faso.* Darin wurde aufgezeigt, wie sehr die Agrarpolitik der EU durch ihre Subventionierung der europäischen Milchproduzenten die Milchwirtschaft in Burkina Faso schädigt.

Burkina Faso gehört zu den ärmsten Entwicklungsländern. Aus diesem Grund unterliegt das Land nicht den Marktöffnungsregeln der WTO. Ohne das internationale Handelsrecht zu verletzen, könnte es somit seine Milchwirtschaft schützen, indem es alle Einfuhren mit einem Zollsatz von bis zu 100 Prozent belegt. Tatsächlich erhebt Burkina Faso auf Milchimporte nur einen Zoll von fünf Prozent. Dies liegt unter anderem an den strukturellen Anpassungspro-grammen, die dem Staat Burkina Faso vom IWF auferlegt wurden.[163] Die gerade laufenden Verhandlungen zwischen der UEMOA und der ECOWAS (Economic Community of West African States/Westafrikanische Wirtschaftsgemeinschaft) sehen vor, diesen geringen Zollsatz von fünf Prozent auf alle Milchprodukte auch weiterhin beizubehalten. Dies hätte für die Kleinbauernfamilien, die in diesen Ländern Milch erzeugen, katastrophale Folgen.

Die gegenwärtige Agrarhandelspolitik verwehrt den örtlichen Milchproduzenten ein ordentliches Auskommen, was äußerst negative Folgen für die Selbstversorgung der betroffenen Länder mit Lebensmitteln hat und die Abhängigkeit der dortigen Bevölkerung von Nahrungsmitteleinfuhren noch weiter erhöht. Das Beispiel der Milchwirtschaft in Burkina Faso zeigt, dass Entwicklungsländer die Möglichkeit erhalten sollten, ihre Märkte vor Billigimporten zu schützen, und dass das massive Agrar-Dumping der Industrieländer beendet werden sollte. Dies stellt eines der wichtigsten Erfordernisse im Kampf gegen die Armut dar.[164]

Die verheerenden Folgen des NAFTA-Abkommens

In Mexiko haben zwei Millionen Bauern ihre Arbeit verloren, seitdem die USA, Kanada und Mexiko im Jahr 1994 das Nordamerikanische Freihandelsabkommen NAFTA (North American Free Trade Agreement) schlossen.[165] Die Maisimporte aus den USA sind um das Fünffache gestiegen, die Preise für Mais um 66 Prozent zusammengebrochen. Zwischen 1997 und 2005 gab es aber auch enorme Importsteigerungen aus den USA von Rind-, Schweine- und Geflügelfleisch, Weizen und Reis. Der Verlust für die mexikanischen Bauern wird auf etwa 12,8 Milliarden Dollar geschätzt.

Aber auch die weiteren Auswirkungen dieses Abkommens auf die mexikanische Gesellschaft sind verheerend. Es hat zum Verschwinden der landwirtschaftlichen Mittel- und Kleinbetriebe beigetragen und damit zu einer schlimmen Zerstörung des gesellschaftlichen Lebens und des sozialen Zusammenhalts in den Dörfern. Viele Männer und Jugendliche sind nach Amerika ausgewandert, die Frauen und Kinder wurden zurückgelassen. Die explosionsartige Zunahme der Gewalt in Mexiko und die Ausbreitung der Drogenbanden hängt direkt mit der Perspektivlosigkeit der Jugendlichen auf dem Lande, die das NAFTA mit sich zog, zusammen. 2011 waren 19 Millionen Mexikaner unterernährt, davon 60 Prozent auf dem Lande. Zugleich rangiert Mexiko auf Platz zwei der Weltrangliste der Obesität, knapp hinter den USA, und hat die meisten fettleibigen Kinder weltweit.[166]

Auswirkungen der Handelsliberalisierung auf andere Länder

In Mali, Burkina Faso und dem Niger ist der Importreis aus Thailand und China billiger als der einheimische.

Die massiven Einfuhren hoch subventionierten Geflügelfleischs aus der EU zwangen die Hälfte der einheimischen Geflügelzüchter der Elfenbeinküste bis zum Jahr 1999 zur Aufgabe.[167]

Ähnliche Verhältnisse herrschten auch im übrigen Schwarzafrika. In Südafrika ruinierten die Senkungen der Einfuhrzölle und die Abschaffung von Subventionen viele Kleinbauern. Dies galt vor allem für die Maisproduzenten. Zwischen 1993 und 2002 sank die Zahl der landwirtschaftlichen Erwerbsbetriebe um 21 Prozent, während die Gesamtzahl der bäuerlichen Arbeitsstellen um 14 Prozent zurückging.[168]

In Sri Lanka werden 70 Prozent des Milchverbrauchs eingeführt. Dank der niedrigen Zölle haben sich die Milchpulverimporte in den letzten 25 Jahren von 10 000 Tonnen im Jahr 1981 auf mehr als 70 000 Tonnen im Jahr 2005 versiebenfacht. Gleichzeitig stagnierte die lokale Produktion.[169]

Der Wirtschaftswissenschaftler Michel Chossudovsky schreibt: »Von 1992 bis 1995 unternahm ich weitere Feldforschungen in Indien, Bangladesch und Vietnam und kehrte nach Lateinamerika zurück, um meine Untersuchung über Brasilien abzuschließen. In allen

Ländern, die ich besuchte, einschließlich Kenias, Nigerias, Ägyptens, Marokkos und der Philippinen, beobachtete ich das gleiche Muster wirtschaftlicher Manipulation und politischer Einmischung durch die internationalen Finanzorganisationen in Washington.«[170]

Zu den Verhältnissen in Somalia meinte er: »Die Kleinbauern wurden durch die Dumpingpreise des subventionierten US-Getreides auf dem heimischen Markt und den Kostenanstieg der landwirtschaftlichen Einsatzgüter verdrängt.«[171] Die jüngste Geschichte des Horns von Afrika bestätigt die Gefahren einer solchen »Strukturanpassungspolitik« für die Dritte Welt, die den Staat schwächt und zu dessen Zusammenbruch und zum Bürgerkrieg führt. Tatsächlich geschah genau das Anfang der 1990er-Jahre in Somalia. Seit dieser Zeit dient dieses Gebiet den unterschiedlichsten Terrororganisationen als Basis und machen seine Piraten die umliegenden Meere unsicher.

Bereits vor Ausbruch des Bürgerkriegs im Oktober 1990 wurde Ruanda von einer Wirtschaftskrise erschüttert, die von den westlichen Medien kaum beachtet wurde, die sich dagegen mehr und mehr mit dem »Epos menschlichen Leids« in diesem Lande beschäftigten. Eine Umstrukturierung der Landwirtschaft unter Aufsicht von IWF und Weltbank, der Verfall der Preise für Kaffee, der immerhin 80 Prozent der Exporteinnahmen des Landes erbrachte, »und die Durchsetzung umfassender makroökonomischer Reformen durch die ›Bretton-Woods-Institutionen‹ verschlimmerten die köchelnden ethnischen Spannungen und beschleunigten den politischen Zusammenbruch des Landes.«[172] »Seit Anfang der 1990er-Jahre wurde die funktionierende Volkswirtschaft Ruandas zerstört, seine einst blühende Landwirtschaft destabilisiert. Der IWF hatte die Öffnung des heimischen Marktes für billige US-amerikanische Getreideüberschüsse verlangt, angeblich mit dem Ziel, die ruandischen Bauern zu größerer ›Wettbewerbsfähigkeit‹ zu ermutigen.«[173]

Auch der belgische Staatsanwalt Damien Vandermeersch sieht einen Zusammenhang zwischen den Auswirkungen des Strukturanpassungsprogramms und dem Völkermord im Jahr 1994. Er bezeichnet die Politik der Weltbank und des IWF, die Rwanda dieses Programm auferlegten, als »verantwortungslos«.[174]

»Die von IWF und Weltbank aufgezwungene ›Wirtschaftstherapie‹ ist zu einem großen Teil verantwortlich für den Ausbruch der Hungersnöte und für die soziale Verwüstung in Äthiopien. Sie hat der bäuerlichen Wirtschaft vernichtenden Schaden zugefügt und Millionen von Menschen verarmen lassen. In Komplizenschaft mit dem Landwirtschaftsministerium der Vereinigten Staaten haben diese Organisationen auch US-Biotech-Unternehmen die Möglichkeit gegeben, traditionelles Saatgut und Kulturpflanzen zu verdrängen und unter dem Deckmantel von Katastrophen- und Hungerhilfe die Einführung ihres eigenen, genetisch modifizierten Saatgutes zu betreiben.«[175]

Die internationale Entwicklungsorganisation Actionaid bemerkt hierzu: »Tausende, ja Millionen von Leben waren betroffen. Bäuerliche Arbeitsstellen gingen verloren, Lebensmittel-Verarbeitungsunternehmen wurden geschlossen, die Verschuldung stieg in die Höhe, Gemeinden bluteten aus und auf allen Gebieten nahm das Leiden zu. Dass die Landwirtschaft in vielen Entwicklungsländern immer noch im Zentrum des gesamten Wirtschaftslebens steht, machte die Folgen dieser Importschwemme noch schwerwiegender. Zwischen 40 und 80 Prozent der verfügbaren Arbeitsplätze finden sich immer noch auf dem Agrarsektor. Da andere Arbeitsmöglichkeiten im Dienstleistungs- oder Industriesektor kaum – auf jeden Fall nicht in ausreichendem Maße – zur Verfügung stehen, bedeutet der Verlust agrarischer Arbeitsplätze Armut und Nahrungsunsicherheit sowie den fehlenden Zugang zu wichtigen Dienstleistungen wie etwa Bildung und Gesundheitsversorgung.«[176]

7 Die industrielle Landwirtschaft ist nicht nachhaltig

Der Weltagrarbericht stellt es klar: Der einseitige Produktivismus der industriellen Landwirtschaft beutet die verfügbaren natürlichen Ressourcen unseres Planeten mittlerweile in unvertretbarem, weil nicht nachhaltigem Maße aus. Die Grundstrategie, den Einsatz menschlicher Arbeit durch Großtechnik, Agrarchemie und fossile Energie zu ersetzen, erweist sich in Zeiten des Klimawandels, schwindender Ölreserven und überstrapazierter natürlicher Ressourcen als Sackgasse. Wir haben es übertrieben mit dem Konzept, aus durchrationalisierten Monokulturen mit wenigen Hochleistungspflanzen riesige Mengen an Agrarstoffen und Fleischprodukten zu gewinnen, um sie mit einer immer aufwendigeren Technik zu der scheinbaren Vielfalt zu verarbeiten, die wir aus unseren Supermärkten kennen. Gewaltige Mengen an Pestiziden und Kunstdünger, an Energie und Klimaemissionen und sich verknappenden Süßwassers fließen in diese Art von Landwirtschaft. Ausgelaugte und versalzene Böden, gerodete Wälder, vergiftete Wasserläufe und ein Artensterben in ungeahntem Ausmaß sind die ökologischen Kosten dieses Systems.[177]

Der größte Teil der Milliarden Agrarsubventionen in Industrie- und Schwellenländern fördern Anbau- und Produktionsmethoden, Konsumgewohnheiten und Handelsströme, die das Klima zusätzlich aufheizen.[178]

Trotz vielfältigster Anbaumethoden produzierten die Bauern weltweit jahrhundertelang Nahrungsmittel, ohne sich besonders um die Umwelt oder das Klima kümmern zu müssen. Doch plötzlich und auf eine nie dagewesene Weise sind Umwelt und Klima bedroht und instabil geworden. Die Ökosysteme geraten mit einer Geschwindigkeit, die es zuvor noch nie gegeben hat, aus dem Gleichgewicht. Und dabei bedroht eines der größten Probleme, der Klimawandel, gerade die ärmsten Entwicklungsländer und Inselstaaten – die Staaten also, die ihn am wenigsten mitverursacht haben, werden am meisten unter ihm zu leiden haben. Die Anpassung an den Klimawandel stellt eine gewaltige Herausforderung dar, der sich die Bauern weltweit stellen müssen.

Der Klimawandel verstärkt Hunger und Mangelernährung

Zwischen Klimawandel und Landwirtschaft besteht eine wechselseitige Beziehung: Die Agrikultur trägt in vielerlei Weise zur Erderwärmung bei, deren negative Auswirkungen sie dann selbst zu spüren bekommt.[179] Mit der Freisetzung von Treibhausgasen leistet die Landwirtschaft zur Erderwärmung und damit zum Klimawandel einen bedeutenden Beitrag: Sie ist für ungefähr ein Drittel der freigesetzten klimaschädigenden Gase verantwortlich – durch Brandrodung, Entwaldung, das Pflügen der Böden, künstliche Bewässerung, Stickstoffdüngung und schließlich durch das Halten von Rindern und anderen Wiederkäuern, die Methan ausscheiden.[180] Der FAO zufolge wird besonders die Viehhaltung zu einer wachsenden Belastung für die Böden, die Luft, das Wasser und die Artenvielfalt. Und auch die Viehhaltung ist von den Folgen des Klimawandels betroffen, den sie mit verursacht.[181] Rechnet man Verarbeitung, Transport, Kühlung, Erhitzung, Zubereitung und Entsorgung von Lebensmittel hinzu, ergibt sich, dass über 40 Prozent aller Emissionen davon abhängen, wie wir uns ernähren und unsere Nahrungsmittel produzieren.[182] Für die Nichtregierungsorganisation GRAIN ist das jetzige globale Ernährungssystem sogar verantwortlich für 44 bis 57 Prozent aller Treibhausgasemissionen.[183] Die Reform unserer Landwirtschaft und unseres Ernährungssystems sind also entscheidend für das Ziel, in diesem Jahrhundert unsere Emissionen um 80 Prozent zu reduzieren und so die globale Erwärmung auf maximal 2 Grad Celsius zu begrenzen.[184]

Erheblich stärker als der direkte Verbrauch fossiler Energien und die daraus resultierende Belastung mit CO_2 wirken zwei andere

Gase: Stickoxide NO_2 (wie beispielsweise Lachgas) und Methan (CH_4). Beide tragen deutlich mehr zur Aufheizung der Atmosphäre bei als die gleiche Gewichtseinheit CO_2. Die Treibhauswirkung ist bei Methan 23-mal, bei Lachgas 300-mal so stark. Während Lachgas vor allem bei der Düngung mit Stickstoff und Gülle entsteht, stammt das Methan im wesentlichen aus dem Verdauungstrakt der 1,34 Milliarden Rinder, die weltweit für die Erzeugung von Milch und Fleisch gehalten werden, und aus den Wasserbecken, in denen Reis angebaut wird.[185]

Eine ganz entscheidende Wirkung haben Landnutzungsänderungen. Die Trockenlegung von Mooren und ihre Inkulturnahme, die Rodung von Urwald in Brasilien, der Umbruch von Grasland in der argentinischen Pampa oder der Ersatz von indonesischem Urwald durch Palmölplantagen führen zu enormen Emissionen von Treibhausgasen. Ausschlaggebend dafür ist der dadurch entstehende Abbau von Kohlenstoff, der im Humus des Bodens gebunden ist.[186]

Neben dem Agrarsektor bekommen auch die Forstwirtschaft und die Fischerei die Folgen des Klimawandels zu spüren: in Form von höheren Temperaturen, erhöhten Meeresspiegeln, einer steigenden CO_2-Konzentration in der Luft, ausbleibenden Niederschlägen oder sintflutartigen Regenfällen sowie sinkenden Grundwasserspiegeln. Darüber hinaus wird der Vormarsch von Schädlingen und Krankheiten begünstigt. Nach Schätzungen der FAO könnte der Klimawandel auf dem afrikanischen Kontinent bis 2080 oder 2100 zu Ertragseinbußen in der Landwirtschaft zwischen 15 und 30 Prozent führen.[187]

Während die Nachfrage nach Nahrungsmitteln, Viehfutter, Naturfasern und Brennstoffen unablässig steigt, drohen Klimaveränderungen die verfügbaren Ressourcen der Landwirtschaft unaufhaltsam zu zerstören.[188] Dürre und Überschwemmungen, Stürme und Tornados, der Anstieg des Meeresspiegels, die Versalzung des Grundwassers, häufigere und schwere Unwetter, die Wanderung und Ausbreitung alter und neuer Krankheitserreger, beschleunigtes Artensterben – all diese Plagen des Klimawandels werden die Landwirtschaft unmittelbar treffen. Manche Küstenregionen werden der landwirtschaftlichen Nutzung vollständig verloren gehen, viele Regionen schwere Einbußen erleiden und nur wenige zu den Gewinnern gehören. Millionen werden ihre Heimat und Existenzgrundlage verlieren.

Wahrscheinlich werden vor allem Afrika, der Süden Asiens und Lateinamerika besonders unter dem Klimawandel zu leiden haben. In einigen nördlichen Regionen Europas, Asiens und Amerikas könnte die Produktivität sogar steigen. Die wichtigsten Exportregionen und Kornkammern der Welt – wie der Mittlere Westen der USA, Australien, Brasilien, Thailand, Vietnam sowie große Teile Indiens und Chinas – müssen mittelfristig mit drastischen Ernteverlusten rechnen.[189]

Der Klimawandel verschlechtert die Lebensbedingungen der Bauern, der Fischer und der vom Wald lebenden Menschen. Sie alle leben schon jetzt in prekären Verhältnissen und leiden unter einer ungesicherten Ernährungssituation. Hunger und Mangelernährung werden so zunehmen. Die ländlichen Gemeinschaften, die in einem gefährdeten ökologischen Umfeld wirtschaften müssen, sind unmittelbar von höheren Ernteausfällen und größeren Verlusten an Vieh bedroht. Besonders gefährdet ist die Bevölkerung an den Küsten, in den Überflutungsgebieten, den Bergen, Dürreregionen und in der Arktis. Allgemein werden die Armen deshalb besonders von einer ungesicherten Ernährung betroffen sein, weil sie vom Verlust ihrer Produktionsmittel bedroht sind und sich dagegen nicht angemessen absichern können.[190]

Die Erosion und Auslaugung der Böden

Boden, die Nährstoffgrundlage des Pflanzenwachstums, ist selbst Produkt organischer Lebensprozesse, also ökologisches Grundkapital der Landwirtschaft. Der Zustand der Böden ist sehr verschieden, aber nach globalen Schätzungen sind 23 Prozent allen Nutzlandes mehr oder weniger geschädigt: ein Grund zu ernster Besorgnis.[191]

Der Rückgang landwirtschaftlicher Nutzflächen kann die Folge einer intensiv betriebenen Landwirtschaft sein, die zu einer Auslaugung der Böden führt, wenn nicht ausreichend neue Nährstoffe und organische Materialien eingebracht werden.[192] In einigen Regionen der Erde ist die Auslaugung der Böden bereits weit vorangeschritten. So enthalten in Lateinamerika nur noch zwölf Prozent der Flächen ihre ursprüngliche Fruchtbarkeit. Ein Viertel aller Böden, die weltweit von Versalzung betroffen sind, liegt in Afrika.[193]

Vor allem die asiatischen Länder, die am stärksten von der Grünen Revolution profitierten und die Erträge auf phantastische Weise steigern konnten, verzeichneten in den letzten Jahren eine Stagnation. Die Ursachen dafür sind vielfältig: die Versalzung von Böden durch eine zu intensive Bewässerung, die Bildung von Staunässe, die Verteuerung von Düngemitteln und schließlich Schädlings- und Krankheitsbefall. Die Bewirtschaftung – insbesondere der intensive Anbau von Baumwolle, Soja oder Mais – kann den organischen Anteil der Böden binnen kürzester Zeit so stark verringern, dass sie ihre Speicherfähigkeit für Wasser und ihre Fruchtbarkeit verlieren. Spektakuläre Ertragsrückgänge und Erosion sind die Folge.[194]

Das Versiegen von Brunnen und die Verschmutzung der Gewässer

Der Welt droht ein gigantisches Defizit an Süßwasser. Diese Entwicklung, die erst vor kurzem und kaum merklich einsetzte, schreitet inzwischen rasant voran – vor allem durch das Absinken der Grundwasserspiegel, das durch eine exzessive Förderung verursacht wird. Millionen von Brunnen, die der Bewässerung dienen, wird mehr Wasser entnommen, als sich in den zugehörigen Grundwasserleitern sammeln kann.[195] Allein die Landwirtschaft verschlingt 70 Prozent des weltweit verbrauchten Wassers und hat einen Bedarf, der heute dreimal so hoch ist wie noch vor 50 Jahren. Weitere 20 Prozent fließen in die Industrie und lediglich zehn Prozent werden von privaten Haushalten verbraucht.[196] In den Entwicklungsländern verschlingt die Landwirtschaft 80 Prozent, in den reichen Ländern dagegen nur 40 Prozent des insgesamt verbrauchten Wassers.[197]

Lester Brown, Leiter des Earth Policy Institute, weist darauf hin, dass das Absinken der Grundwasserspiegel in bestimmten Ländern, etwa in China, dem weltgrößten Getreideproduzenten, sich schon jetzt negativ auf die Ernten auswirkt. Die chinesischen Weizenbauern müssen ihr Wasser inzwischen aus über 300 Meter Tiefe nach oben pumpen. Das Absinken der Grundwasserspiegel, die Umwidmung von Acker- in Bauland und der sich verschärfende Mangel an landwirtschaftlichen Arbeitskräften sind in den Provinzen mit einer starken Industrialisierung die drei Hauptfaktoren für den Rückgang der Getreideerträge Chinas.[198]

Noch gravierender erweist sich das Problem in Indien. So versiegen im südindischen Unionsstaat Tamil Nadu, wo über 62 Millionen Menschen leben, fast überall die Brunnen. 95 Prozent der Brunnen im Besitz von Kleinbauern sind versiegt, weil die Grundwasserleiter austrockneten – mit der Folge, dass die bewässerte Agrarfläche in den letzten zehn Jahren halbiert wurde.[199]

Eine übermäßige Entnahme von Grundwasser betreiben die Länder China, Indien, die USA, der Iran, Mexiko, Jordanien, Israel, Spanien, Marokko, Pakistan, Saudi-Arabien, Südkorea, Syrien, Tunesien und der Jemen. Mit insgesamt 3,2 Milliarden Einwohnern stellen diese Länder über die Hälfte der Weltbevölkerung.[200]

Jeden Tag entstehen weitere verlandete Seen, versiegte Brunnen oder Flüsse, deren Wasser nicht mehr bis zur Mündung gelangt. Der Tschadsee ist seit den 1960er-Jahren um 95 Prozent geschrumpft und könnte binnen Kürze komplett verschwinden.[201] Der Aralsee hat seit 1960 90 Prozent seines Volumens verloren und soll mit Hilfe eines Bewässerungsprojektes vor der vollständigen Austrocknung bewahrt werden. Der immer intensiver betriebene Baumwollanbau in der Region hat den Salzgehalt in diesem abflusslosen See drastisch erhöht und zum Aussterben seiner Fauna geführt. Die einst florierende Fischerei, die mit Jahreserträgen von 50 000 Tonnen Fisch aufwartete, ist mitsamt den Arbeitsplätzen der Fangflotten und in der verarbeitenden Industrie verschwunden. Dank größerer Umbauarbeiten konnte sich ein Teil des Sees in den letzten Jahren ein wenig erholen.

Der Spiegel des Sees Genezareth (auch Tiberiassee) sank in den letzten 40 Jahren um 25 Meter. In China erreicht das Wasser des Gelben Flusses, der bis zum Gelben Meer über 4000 Kilometer zurücklegt, das Mündungsgebiet häufig schon nicht mehr.[202]

Die Zeichen für die Zukunft stehen schlecht: Bis 2025 soll die Wasserentnahme in den Entwicklungsländern um 50 und in den entwickelten Ländern um 18 Prozent weiter steigen.[203]

Die Umweltbelastungen durch die Landwirtschaft als Folge der Grünen Revolution mit ihren Anbaumethoden sind besonders weit verbreitet: durch Überdüngung (mit Nitraten und Phosphaten) und vor allem durch die Verseuchung mit Pflanzenschutzmitteln. Diese gelangen in die Oberflächengewässer oder versickern im Grundwasser, wodurch die Versorgung der Bevölkerung mit Trinkwasser gefährdet wird.[204]

Der Weltagrarbericht und die UNO warnen vor schärferen innergesellschaftlichen aber auch zwischenstaatlichen Konflikten bis hin zu gewaltsamen Auseinandersetzungen und Kriegen ums Wasser.[205] Der Bau eines riesigen Staudamms am Oberlauf des Blauen Nils in Äthiopien führt zu Spannungen mit Ägypten, das um den normalen Zufluss des Nilwassers fürchtet. In den besetzten Gebieten Palästinas nutzt Israel seine Besatzungsmacht aus, um das Grundwasser für die Siedler und die Bewässerung zahlreicher Treibhäuser zu pumpen, während den Palästinensern der notwendige Zugang zu Wasser verboten bleibt. Dieses Vorgehen verursacht hohe Kosten bei der Trinkwasserversorgung und zwingt Bauern oft zur Aufgabe ihres Betriebes und zur Auswanderung in die Städte.

Die Überfischung der Meere

In den letzten sechs Jahrzehnten plünderten Industriefangflotten die Binnenmeere und Ozeane auf exzessive Weise aus. Die Erträge der Küstenfischer, die mit traditionellen Methoden auf Fang gehen, gingen dadurch dramatisch zurück. Heute werden drei Viertel der Fischbestände weltweit bis an die Grenze ihrer Regenerationsfähigkeit und zuweilen darüber befischt. So manche jahrhundertealte Traditionsfischerei, etwa der Fang von Dorschen vor Neufundland, steht kurz vor dem Aus. Die Bestände an großen Raubfischen wie Thun oder Kabeljau sind drastisch dezimiert. Eine ausufernde Subventionierung der Fischereiindustrie in den letzten Jahrzehnten schuf bei den Flotten gewaltige Überkapazitäten, deren Ausmaß Schätzungen zufolge weltweit das Zweieinhalbfache der Fangmenge an Fisch beträgt, welche die Ozeane dauerhaft »erzeugen« können.

Derweil hat sich die Aquakultur mit einem Zuwachs von zehn Prozent jährlich eindrucksvoll weiterentwickelt. Heute deckt sie über ein Drittel des weltweiten Fischbedarfs gegenüber von nur 15 Prozent zu Beginn der 1990er-Jahre. 90 Prozent der Zuchtfische werden in den Entwicklungsländern erzeugt, während es beim weltweit produzierten Fleisch nur 51 Prozent sind. Allein China produziert 70 Prozent der weltweit gezüchteten Fische, was etwa 50 Prozent ihres Wertes entspricht. Allerdings belastet auch die Aquakultur die natürlichen Ressourcen, weil ein Viertel der Fänge im Meer dazu dient, die gezüchteten Raubfischarten zu füttern.[206]

Die Artenvielfalt

Die Artenvielfalt ist für die Landwirtschaft und die Nahrungsmittelproduktion eine wesentliche Ressource, die durch die fortschreitende Verstädterung, Entwaldung, Verschmutzung, Überfischung und Trockenlegung von Sümpfen bedroht wird. Jedes Jahr verschwinden mehrere tausend Arten von unserem Planeten.[207] Die Landwirtschaft verändert und verringert die Artenvielfalt auf drei Ebenen: Eine Ebene betrifft die Vielfalt der Arten, das heißt die Anzahl der tierischen, pflanzlichen und mikrobiellen Spezies; bei der zweiten Ebene geht es um die genetische Vielfalt innerhalb der einzelnen Arten, die sogenannte innerartliche Vielfalt oder die Anzahl der gezüchteten Varietäten; und die dritte Ebene bezieht sich auf die Vielfalt der Ökosysteme.[208] Ungefähr ein Dutzend Tierarten liefern 90 Prozent der weltweit verzehrten tierischen Proteine. Aus nur vier

Pflanzenarten stammt die Hälfte der Kalorien in der weltweiten Ernährung. Eine nicht zu unterschätzende Bedrohung der Artenvielfalt geht auch von den transnationalen Unternehmen aus, die das Saatgutgeschäft immer stärker monopolisieren (siehe die Kapitel 8 und 12).

Der Erhalt der Artenvielfalt ist als Vorsorge für die kommenden Generationen absolut notwendig. Und während die landwirtschaftliche Produktion einerseits die Artenvielfalt bedroht, ist sie zugleich einer der potentiell wichtigsten Nutznießer dieser Vielfalt. Deshalb muss die Landwirtschaft bei deren Erhalt auf allen drei Ebenen eine wichtige Rolle spielen: bei den Ökosystemen, den Arten und den Varietäten innerhalb der einzelnen Arten.[209]

Bodenlose Fleischproduktion: Raubbau und Flächenfraß

In den vergangenen 50 Jahren hat sich die globale Fleischproduktion von 71 Millionen auf 300 Millionen pro Jahr gut vervierfacht. Die FAO erwartet eine Steigerung der Fleischproduktion um 70 Prozent bis 2030. Weltweit liegt der durchschnittliche Fleischverbrauch bei 42 Kilogramm. Am meisten Fleisch wird in den USA konsumiert (im Durchschnitt 120 Kilogramm pro Kopf), ein Deutscher isst im Schnitt 88 Kilo Fleisch im Jahr, in China sind es 58 und in Indien gerade einmal 4 Kilogramm. Besonders in China hat sich der Fleischverzehr in den letzten Jahren beträchtlich erhöht. Die Erzeugung und der Konsum von Schweine- und Geflügelfleisch nehmen dabei viel schneller zu als von Rind- und Schaffleisch.

Die Massentierhaltung hat sich in den vergangenen Jahren weiter stark ausgebreitet – ein Trend, der sich in Zukunft wohl fortsetzen wird. Die riesigen Stallanlagen produzieren gigantische Überschüsse an Mist und Gülle. Und obwohl diese als organische Dünger wertvolle Nährstoffquellen für Agrarböden sein können, führt ihr konzentriertes Auftreten zu erheblichen Emissionen und schädigt Luft, Boden und Wasser.

Besonders problematisch wird es dort, wo die Nahrungsmittelproduktion in andere Länder oder Regionen »ausgelagert« wird. Die EU etwa importiert mehr als 70 Prozent der Eiweißpflanzen für ihr Viehfutter, vor allem Sojabohnen und Sojaschrot, aus Brasilien, Argentinien, Paraguay und den USA. Die dort dafür benötigte Fläche entspricht über 20 Prozent der gesamten Ackerfläche der EU. Für den Anbau werden Urwälder abgeholzt und riesige Weidegebiete in Äcker umgewandelt – eine Katastrophe für die globale Artenvielfalt und den Klimaschutz; die Monokulturen sind zudem Vergehen an der Bodenfruchtbarkeit. Auf der anderen Seite des Pazifiks, im Hauptimportland China, bereiten die billigen Importe den dortigen Sojabauern ebenfalls größte Probleme. Mittlerweile ging hier die Anbaufläche um fast ein Drittel zurück.[210]

»Die industrielle Tierhaltung ist der mit Abstand größte Beitrag der Landwirtschaft zum Klimawandel. Denn die Tiere emittieren die besonders gefährlichen Klimagase Methan (Wiederkäuer) und Ammoniak aus Gülle und Mist. In den USA verursacht die Tierhaltung 55 Prozent der Bodenerosion und Sedimentation, 37 Prozent des Pestizideinsatzes, die Hälfte des Antibiotikaverbrauchs und ein Drittel der Süßwasserbelastung mit Stickstoff und Phosphat.«[211]

Fleischkonsum: Vergeudung pflanzlicher Kalorien

2007 wurden weltweit 222 Millionen Tonnen Soja produziert. Davon wurden lediglich 20 Millionen Tonnen für den menschlichen Verzehr gebraucht, etwa in Form von Tofu. 37 Millionen Tonnen wurden zu Sojaöl verarbeitet, ein Öl, das in der Küche, aber mehr und mehr für Treibstoffe, also für unsere Tanks benutzt wird.[212] Der Rest wird zu Viehfutter weiterverarbeitet und wandert in den Schlund unserer Kühe, Hühner, Schweine und Fische. Die Erzeugung einer Rindfleischkalorie benötigt sieben pflanzliche Kalorien, die von Schweinen, Zuchtfischen, Milch und Eiern drei und die von Geflügel zwei Kalorien.[213] Die Erzeugung von einem Kilogramm Rindfleisch verbraucht sage und schreibe 15 000 Liter Wasser, gegenüber einem Verbrauch von 1 600 Litern für ein Kilo Weizen.

Durch die Fleisch-, Eier- und Milchproduktion entsteht so ein gewaltiger Verlust von Nahrungsmitteln und Trinkwasser. Nach einer Berechnung des UN-Umweltprogramms könnten allein die Kalorien, die bei der Umwandlung von pflanzlichen in tierische Lebensmittel verloren gehen, 3,5 Milliarden Menschen ernähren.

Wo Tiere Gras und Pflanzen fressen, die sich zur direkten menschlichen Ernährung nicht eignen, sind sie keine Nahrungsmittelkonkurrenten. Besonders in den Entwicklungsländern leisten sie oft wichtige Beiträge zur Produktion: Sie liefern Dünger, tragen zur Bodenbearbeitung bei, arbeiten als Zug- und Transporttiere, verwerten Essensabfälle und stabilisieren die Ertrags- und Ernährungssicherheit ihrer Besitzer.

Die allermeisten Tiere werden heute allerdings in immer größeren Anlagen vor allem mit Kraftfutter aus Soja, Raps, Mais, Weizen und anderem Getreide von Ackerflächen gefüttert, die der vegetarischen Lebensmittelproduktion verloren gehen.[214]

Bruno Parmentier bringt es auf den Punkt: »Auf einem Hektar Land kann ein Bauer etwa dreißig Personen ernähren, wenn er Obst und Gemüse anbaut. Produziert er aber Eier oder Fleisch, dann reicht das nur für fünf Personen.«[215]

Für viele Experten ist die steigende Fleischnachfrage in Asien einer der Hauptgründe für diese Fehlentwicklung. Laut der Organisation GRAIN ist der ausschlaggebende Faktor allerdings auf der Angebotsseite zu suchen: Unterstützt von gewaltigen staatlichen Subventionen konnten die Großkonzerne des »Agrobusiness« in den letzten Jahrzehnten ihre industrielle Fleischproduktion massiv ausbauen – mit verheerenden Folgen für Menschen, Tiere und Umwelt. Diese Konzerne, die auch in den südlichen Ländern entstehen, bringen das große Fleisch (»Big Meat«) in jede Ecke des Planeten.[216]

Von großer Tragweite ist auch, dass die EU sich bei der Errichtung der Gemeinsamen Agrarpolitik den USA gegenüber verpflichtet hat, keine Importzölle auf Ölsaaten wie Soja zu erheben. Bei dem sogenannten Blair House Agreement mit den USA nahmen die europäischen Länder 1992 eine Einschränkung der Ölsaatenbeihilfen für die eigene Produktion in Kauf, wodurch die immer stärkere

Abhängigkeit der EU von Viehfutterimporten eingeleitet und gefestigt wurde.

Gift auf dem Teller

Agrochemikalien haben schwerwiegende Auswirkungen auf die Gesundheit der Bauern, Landarbeiter und deren Familien, die diese Chemikalien einsetzen oder ihnen in direkter Umgebung der Felder ausgesetzt sind. Gerichte haben begonnen, Unternehmen zu verurteilen, die in ungenügender Weise auf die Gefahren dieser von ihnen verkauften Produkte hingewiesen haben.

Die Verwendung von Chemikalien in der Landwirtschaft stellt aber auch eine Gefahr für Konsumenten dar. »Der Einsatz von Pestiziden und Dünger, von Hormonen in der Fleischproduktion, Massentierhaltung und die Beigabe verschiedener Zusatzstoffe in der Lebensmittelverarbeitung gehören zu den mit den globalen Ernährungsstrukturen verbundenen Sicherheitsrisiken. In Entwicklungsländern verhindert Armut oft die Einhaltung von Vorschriften und die nötige Infrastruktur zu deren Durchsetzung und Kontrolle.«[217]

»Der Weltagrarbericht sieht neue und alte Bedrohungen der Lebensmittelsicherheit in Entwicklungs- wie in Industrieländern auf dem Vormarsch. Mikrobiologische Verunreinigungen durch Bakterien, Pilze, Viren und Parasiten mit meist akuten Symptomen stehen dabei an erster Stelle. Lebensmittelskandale sind nur die Spitze des Eisberges.«[218] Vergiftungen und Belastungen durch Pestizide, Schwermetalle und andere Rückstände wie Dioxine, PCB's oder künstliche Hormone bleiben wegen ihrer langfristigeren Wirkung zunächst unbemerkt. Treten später chronische Symptome auf, sind die exakten Ursachen im Einzelfall oft schwer belegbar. Dies gilt auch für die Auswirkungen und das Zusammenwirken einer Vielzahl neuer chemischer Lebensmittelzusatzstoffe, denen Verbraucher heute ausgesetzt sind. Bei juristisch-wissenschaftlichen Auseinandersetzungen über den exakten Nachweis von Ursache und Wirkung stehen Milliardensummen auf dem Spiel. Das ändert nichts an der dramatischen Ausbreitung neuer Krankheitssyndrome wie Allergien, Hyperaktivität, bestimmte Krebsarten oder sinkende menschliche Fruchtbarkeit.[219]

Eine zweischneidige Reaktion auf die wachsenden Gesundheitsgefahren des globalisierten Ernährungssystems sind immer teurere und aufwendigere technische Sicherheitsstandards. Komplexe Rückverfolgungs- und Kennzeichnungssysteme vom Acker bis zum Teller, die von den Industrieländern und internationalen Konzernen in den Leitlinien des Codex Alimentarius von WHO und FAO und in den sanitären und phytosanitären (also die Gesundheit von Pflanzen betreffende) Standards (SPS) der Welthandelsorganisation festgelegt werden, überfordern kleine Produzenten und verstärken so die Marktkonzentration. In den Industriestaaten erschweren sie die traditionelle Lebensmittelherstellung und damit auch die Qualität. In den sogenannten Entwicklungsländern, die die Kosten für solche Hygiene-, Test- und Kontrollsysteme nicht aufbringen können, gelten sie häufig nur für Exportgüter, während einfache und effektive lokale Sicherheitsmaßnahmen vernachlässigt werden.[220]

8 Die transnationalen Unternehmen

Die transnationalen Unternehmen spielen eine entscheidende Rolle bei der Produktion, Verarbeitung und Vermarktung der Agrarerzeugnisse. Im Laufe der letzten 20 Jahre hat sich die Konzentration und vertikale Integration dieser Firmen innerhalb der Nahrungsmittelindustrie infolge zahlreicher Fusionen und Zukäufe sprunghaft erhöht. Diese Konzerne sind die großen Gewinner der Globalisierung. Die meisten von ihnen profitieren enorm von den dauerhaft niedrigen Agrarpreisen, mit denen sich die Erzeuger abfinden müssen. Je weniger es von ihnen gibt, desto mächtiger werden sie. In einer Welt von 7 Milliarden Konsumenten und 1,5 Milliarden meist Kleinproduzenten, kontrollieren 500 Großhandels-, Verarbeitungs- und Einzelhandelskonzerne unsere Nahrungsmittelauswahl.[221] Man kann diese Unternehmen je nach dem Platz, den sie in der Wertschöpfungskette einnehmen, in drei Kategorien einteilen.

Die transnationalen Produzenten von landwirtschaftlichen Produktionsmitteln

Es handelt sich dabei um die Lieferanten von Saatgut, chemischen Stoffen wie Insektiziden, Pestiziden und Kunstdünger sowie die Hersteller von landwirtschaftlichen Geräten. Monsanto, der größte dieser Konzerne, hatte 2013 einen Umsatz von 14,8 Milliarden US-Dollar, fast drei Mal mehr als 2006, und einen Nettogewinn von 2,4 Milliarden, 21 Prozent mehr als 2012. Monsanto kontrolliert mittlerweile den Löwenanteil des Saatgutes für Mais und Soja sowie wichtige Gemüsesorten.

DuPont/Pioneer, ebenfalls aus den USA, hatte einen Umsatz von 8,4 Milliarden US-Dollar, 14 Prozent mehr als 2012. Unter den weltweit größten zehn Unternehmen finden sich auch vier europäische:

die französische Firma Limagrain, die deutschen Firmen KWS SAAT AG und Bayer CropScience und die dänische Firma DLF-Trifolium.

Der Markt in der Sparte Agrochemikalien beläuft sich auf etwa 54 Milliarden US-Dollar jährlich. Davon entfallen insgesamt 40 Milliarden auf Pflanzenschutzmittel und 14 Milliarden für Mineraldünger. Auch hier gibt es drei europäische Marktführer: die beiden deutschen Konzerne Bayer AG und BASF sowie die schweizerische Syngenta. Die Bayer AG steigerte ihren Umsatz 2013 auf ein Rekordniveau von insgesamt 53 Milliarden Dollar. Syngenta hatte im selben Jahr einen Gesamtumsatz von 14,6 Milliarden und BASF von insgesamt 95 Milliarden US-Dollar. Wir haben im vorigen Kapitel gesehen, dass diese Firmen immer häufiger »Komplettpakete« aus Saatgut und Agrochemieprodukten anbieten.

Monsanto, eine Bedrohung der Demokratie?

Marie-Monique Robin drehte für den deutsch-französischen Fernsehsender ARTE den Dokumentarfilm *Monsanto – Mit Gift und Genen* und veröffentlichte danach unter demselben Titel ein Buch.[222] Die Autorin untersuchte darin äußerst detailreich Geschichte, Funktionsweise und Methoden dieses Biotech-Multis. Jeder, der diesen Film sah, war wohl über die skrupellosen, brutalen und unverantwortlichen Praktiken entsetzt, mit denen Monsanto von Anfang an seine Ziele erreichen wollte. Dazu gehörten Lügen, die Fälschung von Untersuchungsergebnissen, eine undurchsichtige Informationspolitik, Druck jeder Art, die Beschnüffelung und Einschüchterung von Bauern durch Detektive, enge Verbindungen zu politischen und militärischen Machtträgern und die Instrumentalisierung dieser Macht zur blinden und rücksichtslosen Durchsetzung seiner Firmeninteressen innerhalb und außerhalb der USA.

Die quasi monopolistischen Aktivitäten dieser Unternehmen sind höchst profitabel. So stieg der Gewinn von Syngenta 2013 um 17

Prozent auf 1,6 Milliarden Dollar. Das inzwischen 90 Jahre alte Unternehmen beschäftigt 21 000 Mitarbeiter. Der Chemie- und Pharmamulti Bayer seinerseits erhöhte seinen Konzerngewinn um 33 Prozent auf 3,2 Milliarden Euro. Bayer beschäftigt 93 000 und die BASF 112 000 Arbeitskräfte.

Gleichzeitig verschwinden immer mehr kleine unabhängige Saatgutfirmen, die zuerst von Mittelbetrieben, dann von den großen wie Monsanto systematisch aufgekauft werden – eine Konzentrierung, die wiederum zu regelmäßigen Preissteigerungen von Saatgut führt.[223]

Oxfam Deutschland kritisiert, dass die Bundesregierung und das Entwicklungsministerium (BMZ) verstärkt Agrarkonzerne wie Bayer, BASF und Monsanto im Rahmen von Kooperationen wie der »German Food Partnership« und der »Neuen Allianz für Ernährungssicherung« in Afrika unterstützen. »Diese schmücken sich mit dem Etikett der Armutsbekämpfung, dienen aber vor allem den Profitinteressen der Konzerne. Die Unternehmen erschließen sich zum Beispiel neue Pestizidmärkte oder sichern sich über die »Neue Allianz« Land- und Saatgutrechte. Das geht vor allem zu Lasten der Mehrheit der Kleinbäuerinnen und Kleinbauern, die ins Abseits gedrängt werden. Aber auch die Umwelt leidet, denn die industriellen Monokulturen der Konzerne schädigen die Böden und bedrohen die biologische Vielfalt.«[224]

Die transnationalen Erstverarbeitungs- und internationalen Großhandelsunternehmen

Sie kaufen und lagern Getreide, um danach Schiffe und Züge zu chartern, die es in alle Welt befördern. Sie extrahieren Soja- und Sonnenblumenöl, befreien die Baumwolle von ihren Körnern und mahlen die Weizenkörner zu Mehl. Da sie dabei ungeheure Mengen verarbeiten und absetzen, sind ihre Umsätze und ihre Gewinne gewaltig. Das größte dieser Unternehmen ist Cargill, das in 67 Ländern 140 000 Menschen beschäftigt. Im Jahr 2013 erzielte die Firma bei einem Umsatz von 136 Milliarden Dollar einen Gewinn von 2,3 Milliarden US-Dollar. 2007 betrug der Umsatz noch 88 Milliarden. Mit

Monsanto durch zahlreiche Allianzen verbunden, wickelt Cargill fast 45 Prozent der US-amerikanischen Maisexporte, 30 Prozent der Sojaausfuhren und 20 Prozent der Weizenexporte ab. Zu seinen Geschäftsfeldern gehören auch Zucker, Baumwolle, Fleisch, Düngemittel, pharmazeutische Erzeugnisse, Tierfutter und sogar Mineralöl und Stahl.

Eine weitere weltweit bedeutende Firma auf diesem Sektor ist Louis Dreyfus, ein Privatunternehmen, das jedoch zu 49 Prozent von der »Union Française des Céréales«, einem Zusammenschluss französischer Getreidegenossenschaften, kontrolliert wird. Das Unternehmen ist in 53 Ländern auf den Märkten für Getreide, Pflanzenöle, Zitrusfrüchte, Baumwolle, Kaffee, Kakao und Zucker aktiv. Außerdem ist es auch im Energie-, Telekommunikations- und Immobiliengeschäft tätig. Der Umsatz stieg 2013 um 10 Prozent auf 63 Milliarden Dollar. 77 Millionen Tonnen wurden verfrachtet. »Wir helfen das globale Hungerproblem lösen«, so die Behauptung auf der Webseite des Konzerns.

Archer Daniels Midland (ADM) operiert vor allem in den USA auf dem Getreide- und Mühlensektor. Der Umsatz der Firma beträgt 89 Milliarden Dollar. ADM ist einer der größten Verarbeitern von Sojaschrot, Sojaöl, Palmöl, Ethanol, Fruktosesirup und Backmehlen. Bunge Limited, ebenfalls ein US-amerikanisches Unternehmen, hat dagegen einen Umsatz von 61 Milliarden Dollar.

Die Schweiz ist weltweit der wichtigste Umschlagplatz für den Agrarstoffhandel. Dort haben diese vier Konzerne bedeutende Niederlassungen aufgebaut. 20 Prozent des weltweiten Baumwollhandels und 35 Prozent des Getreide- und Ölsaatenhandels spielen sich in Genf ab.

Auch in Asien wächst die Zahl solcher Agrarmultis. Zu ihnen zählt die Noble Gruppe aus Hongkong, eine der mächtigsten Rohstoffhändler Asiens. Sie hatte 2011 einen Umsatz von 56 Milliarden Dollar. In Lausanne wickelt sie ihren Kaffee- und Kakaohandel ab. Mitsui ist eine riesige japanische Handelsgesellschaft, deren Geschäft sich im letzten Jahr auf umgerechnet 41 Milliarden Euro belief und der Firma einen Gewinn von 2,6 Milliarden US-Dollar einbrachte.

Eine ihrer Filialen, Xingu SA, besitzt 100 000 Hektar bebaubares Land in Brasilien.[225]

Die transnationalen Nahrungsmittelunternehmen und Einzelhandelsriesen

Nestlé, Mars, Danone, Kellog's, Pepsico, Coca-Cola und so weiter sind alles transnationale Unternehmen, die ihre Ernährungsprodukte in den Supermärkten vermarkten. Ihre Namen sind deswegen der großen Öffentlichkeit ein Begriff. Die zehn größten Firmen auf diesem Gebiet vereinigen auf sich allein ein Viertel des Weltmarkts für Produkte der Nahrungsmittelindustrie. Die Nummer eins dieser Nahrungsmultis ist das Schweizer Unternehmen Nestlé, das 2013 einen Umsatz von umgerechnet 76 Milliarden Euro zu verzeichnen hatte und einen Reingewinn von etwa 8,3 Milliarden, also von fast 11 Prozent. Die Firma beschäftigt 333 000 Mitarbeiter in 87 Ländern.

In »Nestlé, Anatomie eines Weltkonzerns« beschreibt ATTAC Schweiz die Realität hinter der schönen Marketingfassade: Während Nestlé enorme Gewinne einstreicht, wird der Konzern von Gewerkschaften in aller Welt beschuldigt, das Arbeitsrecht der Mitarbeitenden mit Füßen zu treten. Nestlé mischt bei der Privatisierung des lebenswichtigen Gemeinguts Wasser mit. Nestlé dreht mit an der Preisspirale, die den Kaffeepreis unter die Produktionskosten drückt und damit Hunderttausende von Produzenten in die Armut abdrängt. Nestlé bringt gentechnisch veränderte Organismen (GVO) in Umlauf, deren Gefahren für die Welt und ihre Bewohner nicht abschätzbar sind. Schließlich vermarktet Nestlé weiterhin aggressiv die berüchtigte Pulvermilch für Babys, die dem Konzern schon vor Jahren negative Schlagzeilen gebracht hat.[226] Anfang 2013 wurden Nestlé von einem Schweizer Gericht wegen Spionageaktivitäten verurteilt, die der Konzern bei ATTAC Schweiz zwischen 2003 und 2008 unternommen hatte.[227]

Das größte Einzelhandelsunternehmen der Welt ist der amerikanische Walmart-Konzern. Jede Woche kaufen 250 Millionen Kunden in seinen 11 000 Geschäften in 27 Ländern ein und werden dabei im

Jahr 2014 voraussichtlich 473 Milliarden Dollar ausgeben. Dieser Betrag ist höher als das Bruttoinlandsprodukt aller afrikanischen Länder südlich der Sahara zusammengenommen. Von den zwei Millionen Mitarbeitern des Unternehmens arbeiten 1,4 Millionen in den Vereinigten Staaten.[228] In den vergangenen Jahren konnte dieser Gigant des Einzelhandels ein sagenhaftes Wachstum verzeichnen: 2007 waren es noch 140 Millionen Kunden in 6 000 Geschäften bei einem Umsatz von 374 Milliarden US-Dollar.

25 Millionen Bauern und Landarbeiter produzieren den Kaffee, der weltweit von 500 Millionen Konsumenten getrunken wird. Dabei bedienen die drei wichtigsten Zwischenhändler allein 45 Prozent des Marktes. Dieses Ungleichgewicht hat äußerst schädliche Auswirkungen auf die größten Kaffeeanbauländer Brasilien, Kolumbien, Indonesien und Vietnam, deren Anteil am Endverkaufspreis von einem Drittel Anfang der 1990er-Jahre bis 2002 auf 10 Prozent zurückging, während der Gesamtwert dieser Einzelhandelsverkäufe sich im gleichen Zeitraum verdoppelte.[229] Der Großteil des Gewinns bleibt bei den Röstern sowie den Einzelhändlern hängen, die produzierenden Bauern erhalten heute gerade einmal sieben bis zehn Prozent des Umsatzes.[230]

François Houtart, der Gründer des belgischen Forschungszentrums CETRI, weist darauf hin, dass die Lobbyarbeit der transnationalen Unternehmen bei Parlamenten und Regierungen inzwischen gigantische Ausmaße angenommen habe. Er zieht daraus den Schluss, dass man die politischen Institutionen nicht länger als unabhängig oder als Gegengewicht zur Macht der Wirtschaft betrachten könne. Tatsächlich seien sie nur noch in begrenztem Maße unabhängig und autonom. In den USA nenne man dies den »Drehtür-Effekt«.[231]

Die transnationalen Unternehmen und die Menschenrechte

Laut dem Weltinvestitionsbericht der UNCTAD für das Jahr 2009 stiegen die ausländischen Direktinvestitionen in die Landwirtschaft von jährlich 600 Millionen Dollar in den 1990er-Jahren auf drei Milliarden Dollar in den Jahren 2005–2007. Wir haben gesehen, dass die transnationalen Unternehmen die landwirtschaftliche Wertschöpfungskette auf ganzer Länge beherrschen. Dabei sind jedoch die entsprechenden Unternehmen im Süden für die Agrarproduktion ebenso wichtig wie die im Norden des Planeten. So sind zum Beispiel in Malaysia große Firmen wie etwa Sime Darby Berhad[232] hauptsächlich auf dem Palmölmarkt tätig. Andererseits begrüßen zahlreiche afrikanische Staaten die Beteiligung ausländischer Privatunternehmen selbst an der Produktion von Grundnahrungsmitteln, weil sie hoffen, dadurch die nationale Produktion zu erhöhen und höhere Deviseneinnahmen zu erzielen. Zum Beispiel hilft OLAM, ein transnationales Unternehmen mit Sitz in Singapur, in Zusammenarbeit mit der US-Behörde für internationale Entwicklung (USAID) dem größten afrikanischen Reisimporteur Nigeria, seinen eigenen Reisanbau zu entwickeln.[233]

Im März 2010 stellte Olivier De Schutter dem UN-Menschenrechtsrat seinen Bericht über den Nahrungsmittelsektor vor. Dabei wies er darauf hin, dass die Konzentration innerhalb der Nahrungsproduktionskette und Nahrungshandelssysteme rapide zunehme. So stünden auf dem brasilianischen Sojamarkt 200 000 Produzenten fünf wichtigen Handelsunternehmen gegenüber, die diesen erst den Marktzugang ermöglichten. In der Elfenbeinküste »monopolisierten« nur drei Unternehmen (ADM, Cargill und Barry Callebaut) die Kakaoexporte. Auch die vertikale Integration schreite immer schneller fort. Die Aufkäufe erfolgten immer zentralisierter. Dadurch würden die Produzenten aus ganz unterschiedlichen Weltgegenden zu direkten Konkurrenten, während gleichzeitig die Absatzmärkte der Großverteiler unaufhörlich weiterwüchsen: In Großbritannien lägen 75 Prozent des Nahrungsmittelhandels in der Hand von nur vier Unternehmen.

In Deutschland teilen sich inzwischen nur fünf Supermarktketten – Aldi, Lidl, Rewe, Metro und Edeka – 90 Prozent des Absatzmarktes im Lebensmitteleinzelhandel. Sie sind das Nadelöhr, das Produzenten beim Absatz ihrer Ware auf dem Weg zu Millionen von Verbraucherinnen und Verbrauchern passieren müssen.[234]

Auch in Schwellenländern wie Brasilien oder Argentinien beherrschen die Einkaufszentralen der Supermärkte bereits über 60 bis 70 Prozent des Einzelhandels. Die Qualitätsanforderungen dieser Privatfirmen werden ebenfalls immer wichtiger und anspruchsvoller. Dies ist vor allem eine Reaktion auf die Befürchtungen der Verbraucher in den reichen Ländern, die immer mehr auf die Unbedenklichkeit und Sicherheit ihrer Nahrung achten.[235] Unter diesen Umständen ist es nicht erstaunlich, dass die große Masse der Kleinbauern keinen Zugang zu den Vertriebskanälen bekommt und sich deshalb auf eine reine Subsistenzlandwirtschaft beschränken muss. Bestenfalls können sie ihre Produkte auf den lokalen Märkten absetzen, die jedoch noch wenig entwickelt sind, weil sich die Politik lange Zeit nicht für sie interessiert hat.[236]

Welche politischen Optionen gibt es?

Die Regierungen, so Olivier De Schutter, könnten die Rechte der Landarbeitergewerkschaften stärken und allgemein die Einhaltung der Arbeitsgesetze in den ländlichen Gebieten besser überwachen. Es gibt in der ganzen Welt mehr als 450 Millionen angestellte Landarbeiter. Sie machen damit immerhin 40 Prozent der aktiven Agrarbevölkerung aus. Die fundamentalen Rechte dieser Landarbeiter werden oft verletzt. Es sei deswegen notwendig, die Arbeitsgesetzgebung besser anzuwenden und die ILO-Konventionen (International Labour Organization/Internationale Arbeitsorganisation) vollinhaltlich einzuhalten.

Die Staaten könnten die Arbeitgeber, die die Rechte der Landarbeiter missachten, maßregeln, indem sie ihnen Beihilfen oder Steuervorteile entziehen, wie Brasilien es im Januar 2010 gegenüber der Firma Cosan SA Industria e Comercio, einem der größten Ethanolproduzenten, tat.

Man könnte weit mehr zur Unterstützung der kleinen bäuerlichen Familienunternehmen unternehmen. Olivier De Schutter war von der Vitalität des Genossenschaftswesens in Brasilien und Nicaragua sehr beeindruckt. Er betonte die Notwendigkeit, die bäuerlichen Genossenschaftsorganisationen besser zu unterstützen, um damit die Verhandlungsposition der Kleinbauern zu stärken, aber auch um ihnen öffentliche Güter wie Bildung sowie die Fähigkeit, ihre eigenen Produkte weiterzuverarbeiten, und die Mittel, sie selbst zu vermarkten, zur Verfügung zu stellen.

Eine wichtige Rolle könnte dabei ein öffentliches oder staatliches Unternehmen spielen, das die Ernten den Produzenten zu einem auskömmlichen Preis abkauft und danach die Lebensmittel günstig an die Ärmsten weiterverkauft. De Schutter erwähnte in diesem Zusammenhang das Beispiel von Staatsunternehmen wie der CONAB (Companhia Nacional de Abastecimento/Nationale Gesellschaft für Versorgung) in Brasilien, dem staatlichen Unternehmen für Grundnahrungsmittel in Nicaragua und der ONASA (Office National d'Appui à la Sécurité Alimentaire/Staatliche Stelle für Ernährungssicherheit) in Benin. Allerdings sollte man die Bauernvereinigungen an der Gründung und Führung aller Genossenschaften und Vermarktungsbüros beteiligen, um deren Transparenz und Effizienz zu gewährleisten

Außerdem sollten die Staaten ein öffentliches Nahrungsmittelunternehmen einrichten, dass seine Einkäufe vor allem bei den kleinbäuerlichen Familienbetrieben tätigt. De Schutter führte hier als Beispiel das brasilianische Programm »Bolsa Familia« an, das ich in Kapitel 23 vorstellen werde. Um die Missbrauchsgefahr zu begrenzen, die bei einem zu großen Kräfteungleichgewicht zwischen Einkäufern und Händlern auf der einen und Produzenten auf der anderen Seite entstehen könnte, empfiehlt er diesen Erzeugern, als Alternative die lokalen Märkte weiterzuentwickeln, indem sie sich wieder eher auf die kurzen Vertriebswege stützen und die Verbindungen zu den örtlichen Verbrauchern erneuern.

Schließlich könnten und müssten die Regierungen das Verhalten aller Beteiligten am Produktions-, Verarbeitungs- und Vermarktungsprozess von Nahrungsmitteln besser regulieren.

In dieser Hinsicht sollte man den Entwicklungsländern bei der Erarbeitung einer wirksamen Wettbewerbsgesetzgebung helfen.

Schließlich sollten die Industrieländer selbst dafür sorgen, dass auch die Unternehmen, die den Ernährungsmarkt beherrschen, sich an die Wettbewerbsgesetze halten. Joseph Stiglitz hält eine Stärkung dieser Gesetze ebenfalls für nötig, um die Korruption durch Unternehmen und die Umwelt- und Gesundheitsschäden, die sie verursachen, besser bekämpfen zu können. Sie sollten jedoch auch durch neue Antitrust-Gesetze auf internationaler Ebene ergänzt werden. Neben einer Bewegung zur Förderung der gesellschaftlichen Verantwortung der Einzelunternehmen schlägt Stiglitz konkrete weltübergreifende Maßnahmen vor: »Die Globalisierung von Monopolen erfordert ein globales Wettbewerbsrecht und eine globale Wettbewerbsbehörde zu dessen Durchsetzung; die gewünschten Rechtsnormen sollten sowohl eine strafrechtliche Verfolgung als auch Zivilklagen in allen Fällen gestatten, in denen wettbewerbswidriges Verhalten mehr als ein Land betrifft.«[237]

Die Initiative »Fairtrade« ist eine weitere Alternative. Olivier De Schutter hält die Unterstützung dieses »fairen Handels« für absolut zwingend, da dieser Mindestpreise für Agrarrohstoffe garantiere, die manchmal weit über den entsprechenden Weltmarktpreisen lägen. Außerdem sei die Initiative insofern einzigartig, als ein Teil des vom Verbraucher bezahlten »fairen« Preises ausdrücklich den Erzeuger dazu bewegen soll, gewisse internationale Produktionsregeln einzuhalten.

9 Die Spekulation mit Agrarrohstoffen

Wie wir in Kapitel 2 gesehen haben, waren die Spekulation auf Lebensmittelprodukte und die Entwicklung der Agrartreibstoffe zwei wesentliche Ursachen der Preisexplosion und der daraus folgenden Welternährungskrise von 2008. Die weiter steigenden Preise im Lebensmittelbereich haben die Finanzwelt seither dazu bewogen, immer stärker in Ackerland, Agrarrohstoffe und Agrartreibstoffe zu investieren. Die Investitionen in das Welternährungssystem gelten als sicher, Risiko streuend und rentabel. Daher treten nun vermehrt internationale Finanzakteure auf, um Profite abzuschöpfen, und verursachen eine weitere Destabilisierung der Ernährungssicherheit in Entwicklungsländern, der Einkünfte der Bauern und des Agrarsystems insgesamt.[238]

Pensions-, Versicherungs-, Hedge-Fonds und große Banken

Insbesondere die Spekulation auf Agrarrohrstoffe hat eindeutig zur Preisvolatilität der Lebensmittel beigetragen, wie beispielsweise durch Studien der UNCTAD belegt wurde. Nahrungsmittelpreise werden verzerrt und zum Spielball von finanzmarktorientierter Spekulation und Renditemaximierung. Bei diesen Geschäften spielen Pensions- oder Versicherungsfonds eine wichtige Rolle. Goldman Sachs, UBS, Barclays, die Deutsche Bank, Morgan Stanley und JP Morgan und weitere große Banken beteiligen sich, indem sie ihren Kunde/Innen die Anlagen in Indexfonds anbieten und zugleich selbst mit Termingeschäften handeln. Riesige Rohstoffunternehmen wie Glencore oder Cargill, die schon heute den Agrarhandel dominieren, mutieren gleichzeitig immer mehr zu Finanzspekulanten. Schätzungen gehen davon aus, dass zwischen 2003 und 2011 fast

400 Milliarden US-Dollar in solche Fonds geflossen sind. Etwa ein Viertel davon entfällt auf Agrarrohstoffe.[239]

Daneben haben spezialisierte, aggressiv agierende Hedge-Fonds zunehmend die Rohstoffmärkte als Geschäftsfeld für sich entdeckt. So kaufte ein Hedge-Fonds Mitte 2010 den gesamten Kakaomarkt in London auf und trieb die Preise in die Höhe. Andere Hedge-Fonds setzen den computerisierten Handel ein, bei dem mithilfe mathematischer Formeln kurze und kürzeste Preistrends ausgenutzt werden, um Profite abzuschöpfen.[240]

An Warenterminbörsen, wie der von Chicago, wurden seit jeher Vereinbarungen über künftige Rohstofflieferungen (Futures) zu festgelegten Preisen getroffen. Sie sichern Lieferanten wie Abnehmer gegen sprunghafte Preisveränderungen etwa durch Unwetter ab. Die internationalen Handelspreise orientieren sich an diesen Preisen. Doch auch aus diesem Geschäft entwickelte sich in den letzten Jahren ein Casino für Anleger und Spekulanten, die mit Weizen, Soja, Mais oder Reis handeln, die sich weder für den Gegenstand ihrer Spekulation interessieren noch direkt damit zu tun haben. Erleichtert und gefördert wurde diese Entwicklung durch die Liberalisierung der Warentermingeschäfte in den USA in den 90er-Jahren. Damit strömten, insbesondere seit 2005, Finanzspekulanten in großer Zahl in den Markt. Der Teil der Händler, die tatsächlich Weizen handeln, ist von 88 Prozent im Jahr 1996 auf 35 Prozent in 2008 gesunken. Wurde 2002 hier das Elffache der real verfügbaren Weizenmenge gehandelt, war es 2007 bereits das Dreißigfache.[241] Ähnliche Warenterminbörsen entwickeln sich auch in den Schwellenländern, insbesondere in China.[242]

Gegen das »Geschäft mit dem Hunger«

Einige Spekulanten werden reich, während steigende Getreidepreise in den Entwicklungsländern Hunger und Armut für Millionen von Menschen bedeuten, die oft 50 bis 80 Prozent ihres Einkommens für Lebensmittel ausgeben müssen. In vielen europäischen Ländern haben Nichtregierungsorganisationen öffentliche Kampagnen gegen das »Geschäft mit dem Hunger« durchgeführt und fordern ein Verbot der Spekulationsgeschäfte. In Deutschland warnten Oxfam, Misereor und WEED 2011 mit ihrer Aktion »Bis die Spekulationsblase platzt« vor der Zunahme des Hungers in den armen Ländern, die durch maßlose Spekulation befördert werde. »Mit Essen spielt man nicht!«, erklärten sie und forderten die Abgeordneten auf, sich bei der Bundesregierung gegen die exzessiven Spekulationen auf Nahrungsmittel einzusetzen.[243] Für Kleinbauern und Kleinbäuerinnen ist die hohe Preisvolatilität besonders katastrophal, da sie langfristig stabile und berechenbare Preise benötigen, um ihre Produktion planen und ihre Lebensgrundlagen verbessern zu können.[244] In Deutschland sind die meisten Finanzinstitute, mit Ausnahme der Deutschen Bank und der Allianz, aus direkten Spekulationen mit Agrarrohstoffen ausgestiegen.[245] Die Organisation Wirtschaft, Ökologie & Entwicklung (WEED) fordert in jedem Fall eine dringend nötige Transparenz, Regulierung und Begrenzung der Rohstoffterminmärkte.[246]

In den USA wurde 2010 ein Finanzgesetz, das sogenannte »Dodd-Frank Wall Street Reform and Consumer Protection Act« verabschiedet, das für strengere Kontrollen des Handels mit Agrarrohstoffen sorgen soll. Regulatoren erhalten unter anderem das Mandat, den Finanzakteuren niedrigere Positionslimits, also die maximale Anzahl an Kontrakten, die eine Einzelperson zu einem bestimmten Zeitpunkt halten darf, vorzuschreiben (position limits).[247] Solche Grenzen sieht auch die EU in der 2014 verabschiedeten Reform der Richtlinie für Märkte für Finanzinstrumente (MiFID) vor. Für WEED ist die Wirksamkeit dieser Reform jedoch noch nicht absehbar, da sie erst noch in nationale Gesetze überführt werden und sich dort bewähren muss. Langfristig führe sie wohl kaum zu einer effektiven Neuregelung und Schrumpfung des Finanzmarktes. Dennoch, so WEED, beinhaltet die neue Richtlinie einige wichtige Besserungen in puncto Transparenz und Kontrolle sowie zur Eindämmung von Rohstoffspekulationen und dem gefährlichem Hochfrequenzhandel.[248]

10 Die Agrotreibstoffe

Die Entwicklung der Agrotreibstoffe soll einer doppelten Herausforderung begegnen: der allmählichen Erschöpfung der fossilen Energieträger und der Notwendigkeit, die Treibhausgase zu reduzieren. Die westlichen Regierungen fördern die Produktion dieser Agrotreibstoffe mit hohen Subventionen.

Die Produktion von Agrotreibstoffen ist in den letzten Jahren rasant gestiegen. Machte sie 2001 noch 20 Milliarden Liter aus, so lag sie 2011 bereits bei 100 Milliarden.[249] Die meisten Verbraucher wissen nicht, dass sie bereits heute an der Tankstelle Biosprit tanken. In Superbenzin sind rund fünf Prozent Ethanol beigemischt, das überwiegend aus Getreide hergestellt wird. Im handelsüblichen Diesel sind sogar sieben Prozent Biodiesel aus Ölpflanzen wie Soja, Raps oder Palmölpflanze enthalten.[250]

Dieses Modell ist aus mehreren Gründen immer stärker in die Kritik geraten.

Erstens steht die Produktion von Agrotreibstoffen in direkter Konkurrenz zur Nahrungsmittelproduktion, da sie die gleichen Boden- und Wasserressourcen verwendet. Tank oder Teller heißt hier die Alternative.

Für Lester Brown, Gründer und Direktor des *Earth Policy Institute* in Washington, ist es ein Skandal, wenn »die Besitzer der 800 Millionen Autos weltweit mit den 1,2 Milliarden Menschen, die von weniger als einem Dollar am Tag leben, um dieselben Lebensmittelrohstoffe konkurrieren«.[251]

Ethanol aus Mais oder Weizen sorgt für Hunger und schlechtere Lebensmittel, so ein Artikel von Spiegel Online, der sich auf eine internationale Studie des US-Amerikaners Timothy Searchinger von der Universität Princeton beruft. Die Hälfte der Fläche, die für den Anbau für Ethanol-Mais benutzt wird, sei vorher für den Anbau von Nahrungsmitteln genutzt worden. Beim Weizen liege diese Quote sogar bei 60 Prozent. Die Herstellung von Agrarkraftstoffen, vor allem aus Mais und Weizen, trage also direkt zur Senkung der Menge an verfügbaren Nahrungsmitteln bei, so das Fazit der Studie.[252] Hinzu kommt, dass etwa 40 Prozent der Ackerfläche, die im Zuge des sogenannten Land Grabbing verkauft oder verpachtet wurde, für die Produktion von Agrotreibstoffen genutzt wird und nicht für die Erzeugung von menschlichen Nahrungsmitteln.[253]

Eine zweite Kritik richtet sich an die hohen Kosten, die diese Entwicklung verursacht. Allein die EU unterstützt den Ausbau von Agrotreibstoffen mit jährlichen Subventionen von 6 Milliarden Euro.[254] In Frankreich verteilte 2011 die Regierung Subventionen in Höhe von 196 Millionen Euro für diese Produktion, während nur 17 Millionen für biologische Landwirtshaft bereitgestellt wurden.[255]

Drittens wird die Auswirkung des Ausbaus von Agrotreibstoffen auf die Preisentwicklung der Nahrungsmittel beklagt. Es besteht ein Konsens unter internationalen Institutionen, dass die Produktion von Pflanzentreibstoffen und die damit verbundenen Landnutzungsänderungen eine der Hauptfaktoren des starken Preisanstiegs bei Grundnahrungsmitteln in den letzten Jahren waren. Mit der Welthungerkrise von 2008 kam diese Entwicklung zu einem vorläufigen, traurigen Höhepunkt (siehe Kapitel 2). Die Organisation für wirtschaftliche Zusammenarbeit und Entwicklung (OECD) wies in einem gemeinsamen Bericht mit der FAO darauf hin, dass die derzeitigen Rekordpreise der Nahrungsmittelrohstoffe in absehbarer Zeit nicht zurückgehen werden.[256]

Viertens, der Aufbau von Nahrungsmittelkulturen für Agrotreibstoffe ist umweltschädlicher als fossile Energie, so eine der wichtigsten Kritikpunkte. Die Auswirkungen pflanzlicher Treibstoffe auf das Klima sind verheerend. Agrosprit bedeutet energieintensive industrielle Landwirtschaft. Stickstoffdüngung, Bodenbearbeitung, Schädlingsbekämpfung, Transport und die Raffination verbrauchen so viel Energie, dass zum Teil schon bei der Herstellung von Agrosprit mehr Klimagase produziert werden, als durch das Verbrennen fossiler Kraftstoffe.[257]

Laut einer vom Nationalen Institut für Agronomieforschung (INRA) durchgeführten Untersuchung sind sich die Mehrzahl der Experten einig, dass insbesondere aus Palmöl, Soja oder Raps gewonnener Biodiesel eine weitaus schlechtere Schadstoffbilanz aufweist als fossile Kraftstoffe.[258]

Seit langem fordern Umweltverbände, dass für eine saubere Gesamtberechnung der Klimagase von Biokraftstoffen auch indirekte Landnutzungsänderungen miteinbezogen werden. Denn Energiepflanzen verdrängen häufig den Anbau von Lebens- und Futtermitteln. Diese müssen auf neue Flächen ausweichen, zum Beispiel auf Waldflächen, die dafür erst in Ackerfläche umgewandelt werden müssen – verbunden mit massivem CO_2-Ausstoß und der Zerstörung wertvoller Ökosysteme.

Unterdessen schreitet die Agrotreibstoffindustrie mit großer Schnelligkeit mit der Kapitalmobilisierung und Machtkonzentration voran. In den letzten Jahren haben sich die Risikokapitalinvestitionen in diesem Sektor enorm erhöht. Die einschlägigen öffentlichen Forschungsinstitute werden von privaten Finanzmitteln regelrecht überschüttet, wie es die halbe Milliarde Dollar beweist, die BP der Universität von Kalifornien zur Verfügung stellte. Die großen Mineralöl-, Getreide-, Automobil- und Biotechnologiekonzerne schließen untereinander gewichtige Partnerschaftsabkommen ab: die Archer Daniels Midland Company (ADM) und Monsanto, Chevron und Volkswagen, BP, Dupont und Toyota. Diese Multis versuchen dadurch ihre Forschungs-, Produktions-, Weiterverarbeitungs- und Absatzaktivitäten auf dem Gebiet der landwirtschaftlichen Gewinnung von Treibstoffen zu konzentrieren.[259]

Auch die Agrarminister der G-20 Gruppe befassten sich mit dem Thema, verwiesen aber lediglich auf die Notwendigkeit neuer Studien und schwiegen zur notwendigen Neuausrichtung ihrer marktverzerrenden Subventionspolitik. Das zeigt für Olivier De Schutter, »wie kommerzielle Interessen gegenüber den Belangen der Nahrungsmittelsicherheit triumphieren«. Für ihn ist erwiesen, dass »von der Produktion von Pflanzentreibstoffen vor allem große Agro-Exportunternehmen profitieren, die die natürlichen Ressourcen des

Südens nutzen, um den Durst des Nordens nach erneuerbaren Energien zu befriedigen«. Zu den Wurzeln des Problems gehören für ihn auch die hochgradige Abhängigkeit der Nahrungsmittelmärkte von den Energiemärkten, unverantwortliche Bestrebungen zur Steigerung der Produktion und die Nutzung von Pflanzentreibstoffen sowie die unübersichtliche Vielzahl an Spekulationsgeschäften auf dem Agrarmarkt.[260] Europa sollte den Mut haben, die Agrotreibstoffe aufzugeben und die USA sollten dasselbe tun. Die Produktion von Agrotreibstoffen beruht auf Exportkulturen, also Landwirtschaften, von deren Ertrag die jeweiligen Länder nicht nachhaltig profitieren können und die den Kleinproduzenten wenig nutzen.[261]

Doch solange Länder wie Kanada, die USA, die EU, Brasilien und Argentinien die Produktion weiter unterstützen, bleiben die mahnenden Studien der WTO, Weltbank, FAO und weiterer UN-Organisationen wirkungslos.[262] Auch zahlreiche Entwicklungs- und Umweltorganisationen fordern regelmäßig einen Stopp jeglicher staatlicher Subventionen auf Agrotreibstoffe sowie die Abschaffung aller verbindlichen Beimischungsauflagen in Kraftstoffen – bislang jedoch ohne Erfolg.

Die Europäische Union

2008 verabschiedete die EU die »Dreimal-Zwanzig«-Ziele für erneuerbare Energien: Bis 2020 sollen die CO_2-Emissionen um 20 Prozent und im Falle einer weltweiten Übereinkunft sogar um 30 Prozent reduziert werden. Außerdem soll der Energieverbrauch um 20 Prozent gesenkt und der Anteil der erneuerbaren Energien auf 20 Prozent erhöht werden. Die EU hatte als Ziel, den Anteil des Agrosprits an der gesamten Transporttreibstoffmenge bis 2020 auf ein Zehntel zu steigern. Heute macht dieser Anteil 4,7 Prozent aus. 2012 hat die Europäische Kommission vorgeschlagen, den Anteil von Agrotreibstoffen bei den erneuerbaren Energiequellen von zehn auf fünf Prozent zu halbieren. Die Kommission kam zur Einsicht, dass der geplante Ausbau von Agrartreibstoffen unheilvolle Auswirkungen auf die globale Ernährungssicherheit und den Klimawandel haben könnte.[263]

Der Sinneswandel der Kommission erfolgte aufgrund einer Studie von Ökonom David Laborde, die er im Auftrag des Internationalen Forschungsinstituts für Nahrungsmittelpolitik (IFPRI) erstellte. Er kam zum Ergebnis, dass die von der EU verfolgten Ziele im Bereich Biotreibstoffe die Umwandlung in landwirtschaftliche Produktion von etwa zwei Millionen Hektar Land in Lateinamerika, Afrika und in Ländern der früheren Sowjetunion zur Folge hätten. Die Klimaschäden durch Landnutzungsänderungen zur Produktion von Biotreibstoffen sind numerisch schwer zu berechnen, aber Laborde schätzt, dass dadurch etwa zwei Drittel der zu erwartenden Schadstoffeinsparungen wieder zunichte gemacht werden.[264]

Eine endgültige Entscheidung, zu der sowohl der Rat als auch das EU-Parlament zuzustimmen haben, steht noch aus. Das Ziel könnte wieder nach oben erhöht werden, nachdem sich das Europäische Parlament in erster Lesung auf sechs Prozent geeinigt hat, der Energierat auf sieben Prozent.

Die Hälfte aller neuen Fahrzeuge in der EU ist mit einem Dieselmotor ausgerüstet, was erklärt, warum in der Hauptsache Ölsaaten wie Raps angebaut werden, welche im Diesel enthalten sind. Um jedoch die ehrgeizigen Biosprit-Ziele der EU zu erreichen, bräuchte man 70 Prozent der eigenen landwirtschaftlichen Fläche. Um die Ziele trotzdem erreichen zu können, treibt die europäische Politik nun die Globalisierung des Agrartreibstoffmarktes und der Rohstoffe für Agrosprit voran.[265]

Agrotreibstoffe zweiter Generation, die nicht aus Nahrungsmitteln, sondern aus Algen oder Zellulose sowie Holzabfällen oder Stroh gewonnen werden können, wären eine gangbare Alternative, sind aber noch lange nicht ausgereift.

Die Vereinigten Staaten

Im Bemühen, die Abhängigkeit von Benzineinfuhren zu verringern, verdoppelte der US-amerikanische Kongress im Jahr 2007 den Pflichtanteil der Treibstoffe aus erneuerbaren Energien von 9 Milliarden Gallonen (34,068 Milliarden Liter) im Jahr 2008 auf 15 Milliarden Gallonen im Jahr 2015. Im Jahr 2022 sollen es dann sogar 36 Milliarden Gallonen sein.[266]

Die Maisproduktion in den USA erreichte 2009 ein Rekordniveau von 332 Millionen Tonnen, fiel dann aber 2012 wegen der Trockenheit auf 273 Millionen zurück. Heute werden 40 Prozent der Maisproduktion in den USA für Ethanol verwendet, im Jahr 2000 waren es noch fünf Prozent.[267] Diese Agrotreibstoffproduktion wird massiv unterstützt. So beliefen sich die Subventionen allein für Ethanol im Jahr 2008 auf 8,8 Milliarden Dollar, was die Beihilfen von 2006 mehr als verdoppelte.[268] Der US-Kongress steht derzeit unter Druck, diese Politik zu ändern.

Brasilien

Brasilien nutzt das Zuckerrohr als wichtigsten Rohstoff für die Herstellung von Ethanol, mit dem es 40 Prozent seines internen Benzinbedarfs deckt. Das Land erzeugt jährlich etwa 24 Milliarden Liter. Dazu werden auf einer Fläche von rund sechs Millionen Hektar Zuckerrohr angebaut, das sind etwa zehn Prozent der landwirtschaftlichen Nutzfläche Brasiliens. Im Jahr 2014 exportiert Brasilien 1,5 Milliarden Liter Ethanol, 46 Prozent weniger als im Vorjahr.[269]

Grundsätzlich ist das Ethanol aus Zuckerrohr sowohl wirtschaftlich als auch ökologisch effizienter als das Ethanol aus Mais. Ersteres enthält die acht- bis zehnfache Energiemenge, die seine Produktion verschlingt. Darüber hinaus verringert es die Treibhausgasemissionen im Vergleich zu dem aus Mineralöl hergestellten Benzin um ungefähr 80 Prozent. Die Landnutzungsänderungen sind hierbei allerdings nicht berücksichtigt.[270]

Davon abgesehen unterscheiden sich die Auswirkungen dieses Anbaus unter Umweltgesichtspunkten nicht von denen anderer Monokulturen. Auch hier werden Düngemittel und Pestizide eingesetzt, die die Artenvielfalt, die Boden- und Wasserqualität und die menschliche Gesundheit schädigen. Besonders umweltschädlich ist dabei die Tatsache, dass 60 Prozent der sogenannten Bagasse[271] verbrannt werden, was eine beträchtliche Luftverschmutzung verursacht.[272] Gleichzeitig führt die Ausbreitung der Zuckerrohrplantagen vor allem in Amazonien zu einer Verdrängung der Weideflächen und Sojafelder in die bisherigen Waldgebiete.

Diese Bodenkonzentration zerstört auch die kleinbäuerliche Landwirtschaft. Die Kleinbauern werden von ihren Feldern vertrieben. Ein Teil von ihnen geht in die Wälder, um dort legale oder illegale Pflanzungen anzulegen, ein anderer Teil endet in den Elendsvierteln der Städte. Darüber hinaus sind die Arbeitsverhältnisse auf den Zuckerrohrfeldern äußerst schlecht. Die Löhne sind sehr niedrig und liegen meist am Rande des Existenzminimums, was einige von einer neuen Form der Sklaverei sprechen lässt.[273] Olivier De Schutter, der ehemalige UN-Sonderberichterstatter für das Recht auf Nahrung, empfiehlt der brasilianischen Regierung, einen Verfassungszusatz zu verabschieden, der es erlaube, landwirtschaftliche Betriebe entschädigungslos zu enteignen, in denen soziale Verhältnisse herrschten, die mit der Sklaverei vergleichbar seien.[274]

Malaysia und Indonesien

Palmöl kann in vielerlei Form genutzt werden. In erster Linie ist es ein Rohstoff für die Nahrungsmittelherstellung, für Margarine, Tafelöl, Eiskrem, Schokolade, Fertigmahlzeiten, Tiernahrung und so weiter. Die Chemieindustrie verwendet es zur Herstellung von Lacken, Farben und Waschmitteln. Der Palmölkuchen dient als Viehfutter. Erst seit kurzem wird es nach der Explosion der Mineralölpreise in großem Maße auch zu Agrodiesel weiterverarbeitet. Dies hat zu einer bedeutenden Ausdehnung der Palmölpflanzungen in den tropischen und subtropischen Ländern geführt.

Am Anfang des 21. Jahrhunderts betrug die Gesamtanbaufläche 20 Millionen Hektar. Indonesien und Malaysia sind für 86 Prozent der Palmölproduktion verantwortlich.[275]

Auf Sumatra und Borneo wurden etwa vier Millionen Hektar Wald in Palmölplantagen umgewandelt. Und man plant noch weitere Kahlschläge: Sechs Millionen Hektar in Malaysia und 16,5 Millionen in Indonesien. Fast alle noch vorhandenen Wälder sind bedroht – und mit ihnen die in ihnen lebenden Bauern. Die dortige Fauna, an erster Stelle der Orang-Utan, und Flora drohen ebenfalls zu verschwinden.[276] Die mächtigen Palmölproduzenten zögern nicht, diese Menschen von dem Land zu vertreiben, das sie seit zahlreichen Generationen bebauen. Darüber hinaus beuten sie die Landarbeiter und Kleinbauern skrupellos aus.[277] In der zweiten Junihälfte 2013 versank die malaysische Hauptstadt Kuala Lumpur unter einer dichten Dunstglocke. Im Süden des Landes galt wegen des Smogs der Ausnahmezustand. Singapurs Behörden erklärten es teilweise für lebensgefährlich, im Freien ohne Schutzmaske zu atmen. Grund waren enorme Brandrodungen in Indonesien. Naturschützer klagten an, die Brände seien unter anderem gelegt worden, um neue Ackerflächen für die boomende Palmölindustrie zu gewinnen. Kaum ein anderer Agrartreibstoff schadet dem Klima mehr als Palmöl. Und kein anderes Land liefert mehr Palmöl in die Welt als Indonesien, für Nahrungsmittel, Kosmetika und Agrosprit. Europa ist ein wichtiger Kunde – unter anderem weil die Europäische Union den Einsatz von Biotreibstoffen fördert.[278]

Die Jatropha

Diese Pflanze wächst auf Trockenböden. Im Prinzip stellt sie deswegen auch keine Konkurrenz zu den Nahrungspflanzen dar, die weit bessere Böden benötigen. Außerdem werden für sie keine Wälder abgeholzt. Ganz im Gegenteil ist sie ideal für die Wiederaufforstung und den Kampf gegen Erosion und Wüstenbildung geeignet. Darüber hinaus nimmt sie einen hervorragenden Platz unter den Energiequellen aus Biomasse ein, da ihr Anbau und ihre Verarbeitung nicht die Nachteile der Raps-, Sonnenblumen-, Soja- und Palmölkulturen aufweisen. Jatropha-Plantagen gibt es in Indien, China und Vietnam, aber auch in mehreren afrikanischen Ländern wie Mali, Burkina Faso, Senegal, Niger, Madagaskar und Ägypten.[279] Heike Lipper, Expertin für Agrotreibstoffe, relativierte jedoch in einem Aufsatz für Misereor Erfolg und Nutzen dieser »Wunderpflanze«. Sie weist dabei auf Beispiele in Indien und Nicaragua hin, wo sie auf bisherigen Nahrungspflanzenflächen angebaut wird.[280]

Eine wachsende Zahl von Ländern baut gerade die Palmölproduktion weiter aus. Dazu gehören Thailand, Papua-Neuguinea, Nigeria, die Elfenbeinküste, die Demokratische Republik Kongo und Kolumbien. Vor allem in Kolumbien geht der Anbau dieser Kulturen mit schweren Rechtsverstößen einher. Die Bauernfamilien, die zuvor diese Ackerflächen bebauten, werden von Paramilitärs oder gedungenen Söldnern des Agrobusiness von ihrem Land vertrieben oder sogar umgebracht.

11 Land Grabbing – der neue Kolonialismus

In den letzten zehn Jahren sind mindestens 50 Millionen Hektar bebaubare Ländereien in meist armen Entwicklungsländern gepachtet oder gekauft worden. Dies ist eine Fläche, die größer ist als die Deutschlands und der Benelux-Staaten zusammen. Dieses Phänomen ist vor allem unter dem Namen »Land Grabbing« (»Landaneignung«) bekannt geworden. Es sind Privatinvestoren oder von Nahrungsmittelunsicherheit bedrohte wohlhabendere Staaten, die sich riesige landwirtschaftliche Nutzflächen aneignen, um darauf Produkte für den Export anzubauen.

Das »Projekt Land Matrix«, eine Initiative von wissenschaftlichen Instituten und NGO-Plattformen, errechnete, dass seit 2000 weltweit 816 Verträge mit einer Gesamtfläche von 33,3 Millionen Hektar in Kraft waren, darunter über 40 Prozent in Afrika südlich der Sahara. So haben mindestens fünf Prozent der gesamten Ackerfläche Afrikas in den letzten Jahren ihren Besitzer gewechselt. 174 Projekte mit einer Fläche von 13,2 Millionen Hektar waren in Vorbereitung.[281]

Nur etwa ein Drittel der abgeschlossenen Verträge bezwecken die Nahrungsmittelproduktion, knapp ein Viertel wurde für die Herstellung von Agrotreibstoff und der Rest für Viehhaltung, Forstwirtschaft, Kautschuk- und Baumwollproduktion geschlossen.[282] Diese Landaneignungen sind meist gekoppelt mit dem Zugang zu Wasserressourcen – Seen, Flüssen, Wasserquellen.

An diesen Geschäften beteiligen sich auch eine Reihe aufsteigender Entwicklungsländer. Die UNCTAD gibt an, dass im Jahr 2008 40 Prozent der internationalen Investitionsoperationen im Agrarbereich zwischen Ländern des Südens stattfanden.[283] Oft werden die Vereinbarungen auch im Geheimen abgeschlossen und bleiben unbekannt. Deshalb ist auch eine Schätzung der Dunkelziffer nicht veröffentlichter Käufe kaum möglich. Hinzu kommt, dass viele dieser Transaktionen scheitern.

Teile der öffentlichen Meinung, viele NGO's, Bauernorganisationen, Wissenschaftler und Ökologen drückten bereits ihr Unbehagen über diese Entwicklung aus. Jacques Diouf, früherer Generaldirektor der FAO, sprach von einer neuen »Form des Neokolonialismus in Afrika«. Auch Olivier De Schutter äußerte schwerwiegende Bedenken.

Um welche Geschäfte geht es dabei?

Die Nachfrageländer für solche Pacht- oder Kaufverträge sind vor allem die Golfstaaten (Kuwait, Saudi-Arabien, Katar und die Vereinigten Arabischen Emirate), Südkorea, China und Japan. Sehr häufig werden diese Geschäfte auch von Privatfirmen abgeschlossen, die auf dem Nahrungsmittelsektor tätig sind, oder es sind Finanzinvestoren wie etwa Spekulations-, Investment- oder Pensionsfonds, Investmentbanken, Finanzholdings und so weiter daran beteiligt.

Die zwölf am meisten betroffenen Länder sind Papua-Neuguinea, Indonesien, Süd-Sudan, die Demokratische Republik Kongo, Mosambik, Brasilien, die Ukraine, Liberia, Sierra Leone, Sudan, Äthiopien und Madagaskar.[284] Große Teile der Bevölkerung in vielen dieser Länder leiden an Hunger und Unterernährung.

Katar, dessen Landesfläche nur zu einem Prozent landwirtschaftlich nutzbar ist, kaufte in Kenia 40 000 Hektar Ackerboden für die Nahrungsmittelproduktion. Das Land erwarb daneben Reisanbaurechte in Vietnam und Kambodscha und Mais- und Weizenanbauflächen im Sudan, wo es auch Erdölförderrechte besitzt. Die Vereinigten Arabischen Emirate, die 85 Prozent ihrer Nahrungsmittel importieren, kauften 324 000 Hektar Ackerland in den beiden pakistanischen Provinzen Punjab und Sindh. China hat sich vorgenommen, seine Reisproduktion in den nächsten Jahren zu erhöhen. Das Land erwarb 101 000 Hektar in Simbabwe und investierte 800 Millionen US-Dollar in Mosambik, um die dortige Landwirtschaft insoweit zu modernisieren, dass sie Reis für den Export zu produzieren vermag. Südkorea hat über die Firma Daewoo Logistics Corporation mit Madagaskar ein langfristiges Pachtabkommen geschlossen, das ihm für eine Summe von sechs Milliarden Dollar die Nutzung von 1,3 Millionen Hektar Boden erlaubt. Ob dieser Vertrag tatsächlich rechtsgültig abgeschlossen wurde, steht nicht ganz fest. Er hat jedoch zur Erbitterung der Einheimischen beigetragen, die sich in den Demonstrationen vom Januar 2009 Luft machte und schließlich zu einem gewaltsamen Regierungswechsel führte. Dasselbe koreanische Unternehmen erwarb mit weiteren Verträgen mehr als eine Million Hektar in Indonesien, Argentinien, dem Sudan und der Mongolei.

Der Inselstaat Mauritius kaufte 20 000 Hektar Boden in Mosambik, um ihn dann an Vitagrain, ein Unternehmen mit Sitz in Singapur, zu verpachten, das dort Reis anbauen will. Philippe Heilberg, der jetzige Chef des New Yorker Investmentfonds Jarch Capital und früherer Direktor des Hongkonger Büros des US-amerikanischen Versicherungsriesen AIG, soll angeblich im südlichen Sudan 400 000 bis eine Million Hektar Land vom dortigen Kriegsherrn Paulino Matip gepachtet haben.[285]

In seinem Buch *The Future* notiert Al Gore, früherer Vize-Präsident der USA, dass fast die Hälfte der 120 Millionen Hektar bebaubaren Landes der Demokratischen Republik Kongo bereits an Fremde abgegeben wurden! Auf Kosten der Bevölkerung, so Al Gore und fügt hinzu, es handele sich um eine Art neuer Kolonisierung.[286]

Dieses neue Landnutzungssystem wird von der Internationalen Finanz-Corporation IFC (International Finance Corporation), der Weltbank und dem IFAD, einer auf die Landwirtschaftsentwicklung spezialisierten UN-Sonderorganisation, unterstützt. Seit dem Ausbruch der Ernährungskrise bemüht sich die IFC, Privatunternehmen zu einer Investition in die Landwirtschaft zu bewegen, um dadurch die Agrarproduktion zu erhöhen. Sie arbeitet dabei eng mit dem FIAS (Foreign Investment Advisory Service), dem Investitionsberatungsdienst der Weltbank, zusammen. Zu diesem Zweck hat sie auch Agenturen zur Förderung dieser Investitionen eingerichtet, die ein »geschäftsfreundliches Klima« schaffen sollen.[287]

Diese internationalen Organisationen stellen ähnlich wie einige große Forschungsinstitute Landkäufe oder -pachtungen als eine »Win-win«-Operation dar, die sowohl dem »Gastland« als auch den fremden Investoren Vorteile bringe. Auch das IFPRI ist dieser Ansicht: Wenn dieser Handel transparent verlaufe und den lokalen Gemeinschaften und ausländischen Investoren in gleichem Maße nütze, könnten ausländische Investitionen der einheimischen Landwirtschaft wichtige Ressourcen zur Verfügung stellen, die unter anderem den Ausbau der notwendigen Infrastruktur ermöglichten. In diesem Fall erhalte die örtliche Bevölkerung neue Möglichkeiten, ihre Lebensbedingungen zu verbessern.[288]

Die Gründe für dieses neue Phänomen

Für diese Neuorientierung der weltweiten Landwirtschaft gibt es auf staatlicher und privater Ebene mehrere Gründe. Zahlreiche Länder wie etwa die Golfstaaten wollen durch den Kauf oder die Pacht von Ackerböden ihre Ernährungssituation sichern. Die meisten dieser Staaten können einfach nicht so viele Nahrungsmittel produzieren, wie ihre Einwohner verbrauchen. Bisher konnten sie sich diese ohne größere Probleme auf dem Weltmarkt besorgen. Die Ernährungskrise führte jedoch dazu, dass einige Exportnationen ohne Vorwarnung ihre Grenzen für alle Ausfuhren schlossen, um ihre eigene Ernährungssicherheit aufrechtzuerhalten. Plötzlich fiel es den Importnationen schwer, sich die nötigen Lebensmittel zu beschaffen. Außerdem stiegen deren Preise sprunghaft an. Dies untergrub ihr Vertrauen in die internationalen Märkte. Darüber hinaus stieg ihre Einfuhrrechnung für Nahrungsprodukte zwischen 2002 und 2007 von acht auf 20 Milliarden Dollar. Einige wasserarme Staaten wie zum Beispiel Saudi-Arabien mussten erkennen, dass eine inländische Weizenproduktion auf Bewässerungsland auf Grund des zunehmenden Wassermangels viel zu teuer war.[289] Andere Länder wie China und Südkorea sind bestrebt, ihre Nahrungsbezugsquellen zu diversifizieren.

Außerdem brachten die Finanzkrise und die daraus folgende Suche nach neuen Anlagemöglichkeiten, die höheren Preise für landwirtschaftliche Produkte und die Nachfrage nach Agrotreibstoffen viele Investoren dazu, in Ackerland zu investieren, das plötzlich ausgesprochen rentabel war. Nach Ansicht eines dieser Finanzexperten »ist Landerwerb eine Wertanlage wie Gold, nur besser«.[290]

Der Fall Äthiopien

Anfang 2012 hatte ich die Gelegenheit, Äthiopien zu besuchen und mich vor Ort über die Verhältnisse auf dem Land zu erkundigen. Ich begegnete dort Dessalegh Rahmato, Forscher bei einem Forum für Sozialfragen. Er hat sich eingehend mit der Frage der Landaneignung in seinem Land beschäftigt und dazu eine lehrreiche Studie veröffentlicht.[291] In Äthiopien wurden in zehn Jahren etwa 3,5 Millionen Hektar verpachtet, eine Fläche, die größer ist als Belgien. Ein weiteres, ähnlich großes Areal soll in den nächsten Jahren verpachtet werden.

Das größte ausländische Holding ist das indische Unternehmen Karuturi, mit Sitz in Bangalore, das 300 000 Hektar Land in der Provinz Gambella für 50 Jahre für den Anbau von Reis, Rohrzucker und Ölpalmen erwarb und zusätzlich 11 000 Hektar in Bako, Tibee in der Provinz Oromia. Karuturi hatte bereits eine bedeutende Rosenzucht nahe der Hauptstadt Addis Abeba, ähnlich wie auch in Kenia, in Betrieb. Ein anderer Akteur dieser Kategorie ist »Saudi Star«, ein Unternehmen mit starken saudischen Interessen, das einen Vertrag für 129 000 Hektar erhielt – zusätzlich zu den bereits erworbenen 10 000 Hektar in der Provinz Gambella. Das Land soll nun für die Produktion und den Export von Reis nach Saudi-Arabien und anderen Golfstaaten genutzt werden. »Saudi Star« gehört Al-Amoudi, der sowohl saudischer wie äthiopischer Herkunft und einer der reichsten Männer der Welt ist. Er hat sich ein regelrechtes Imperium in Äthiopien errichtet. Der Transfer von Land in der Provinz Gambella wurde begleitet durch die Umsiedlung von Hunderttausenden von Einheimischen. Die Mehrheit von ihnen wurde im Rahmen des sogenannten Siedlungsprogramms ohne jegliche Konsultierung in Auffanglager umgesiedelt.[292] Öffentliche Proteste bleiben aus Angst vor Repressionen durch die lokalen Behörden in der Regel aus.

Karuturi Ltd, die kenianische Blumenproduktionseinheit von Karuturi Global, ging Anfang dieses Jahres Bankrott und wurde unter

Konkursverwaltung gestellt. In Kenia lebten die Arbeiter seit Monaten unter unmenschlichen Bedingungen, ohne Bezahlung, ohne Wasser und Elektrizität. Obendrein schuldet Karuturi der kenianischen Regierung unbezahlte Steuern, die durch manipulierte Rechnungen und durch Transfer-Pricing hinterzogen wurden.[293]

In Äthiopien war Karuturi nicht in der Lage, mehr als einen kleinen Bruchteil der erworbenen Ländereien zu bebauen, und lokale Quellen berichten, dass die Höfe ihre Aktivitäten eingestellt haben. Die äthiopische Regierung hat Karuturi um eine Stellungnahme gebeten und gedroht, die gegebene Erlaubnis zurückzuziehen.[294]

Kleinbauern und Einheimische sind bedroht

Diese neue wichtige Entwicklung wirft jedoch ernsthafte Fragen auf. Das »Land Grabbing« bietet keine Lösung für das Problem des Hungers und der Mangelernährung, worunter die Bevölkerungen der »Gastländer« zu leiden haben. Außerdem führt der Kauf oder die Pacht riesiger Ackergebiete durch ausländische Investoren zu schwierigen politischen, wirtschaftlichen und sozialen Problemen. Die in den jeweiligen Gebieten siedelnden Bauernfamilien, Nomaden oder indigene Bevölkerungsgruppen werden vertrieben, fast immer ohne adäquate Entschädigung. Die meisten Menschen in der Region haben das Land seit Jahrzehnten bewirtschaftet, teils mit, teils ohne formales Eigentum – wie es in vielen Teilen der Welt üblich ist.[295] Öfters kommt es bei dem Besitzwechsel zu blutigen Auseinandersetzungen mit der Polizei oder mit der Armee, die die Einheimischen zum Verlassen ihrer bisherigen Ländereien zwingt. Diese verlieren das Land, das sie und ihre Vorfahren während Generationen benutzt haben, wo ihre Viehherden gegrast haben und Zugang zu Wasser fanden. So hat in Äthiopien, im Omotal, der Widerstand der Bauern und der Einheimischen, die sich einer fremden Landaneignung widersetzt haben, zum Tod von 140 Menschen geführt. Human Rights Watch zufolge mussten in diesem Land 1,5 Millionen Menschen ihr Land verlassen, davon allein 70 000 in der Provinz Gambella.

Ein nicht minder gravierendes Problem wird durch die Einführung eines völlig neuen landwirtschaftlichen Modells geschaffen: Auf riesigen Flächen wird eine industrielle Landwirtschaft entwickelt, begleitet durch den Einsatz von enormen Maschinen, großen Mengen von Pestiziden, chemischen Düngern und GMO-Saatgut. Alle Bemühungen werden zunichte gemacht, den Hunger und die Mangelernährung in den betroffenen Ländern durch eine Förderung der kleinbäuerlichen Familienbetriebe zu lindern.

Die Agrarstruktur wird entscheidend verändert durch einen Übergang von der kleinbetrieblichen Landwirtschaft hin zu einer Landwirtschaft auf breiter Ebene, die durch das Auslandskapital dominiert wird. Dies stellt langfristig gesehen eine ernste Bedrohung dar für die ländliche Wirtschaft, für die Lebensgrundlagen der Bauern und Hirten und für das Ziel der Nahrungssicherheit. Diese neue Landwirtschaft wird nach und nach die Kleinbauern ausgrenzen und ungleiche und entgegengesetzte Klassen schaffen. Die neuen Investoren sind nur durch Profitsuche motiviert und den Bedarf, ausländische Märkte zu bedienen. Daraus ergeben sich Monokulturen, die enorm umweltschädlich sind und die Böden langfristig auslaugen, was sie für zukünftige Generationen untauglich macht.

Die neuen Besitzer oder Pächter produzieren selten Nahrungsmittel, und wenn das vorkommt, dann nur für den Export. Es ist ein Paradox, dass Regierungen wie in Äthiopien in äußerst fragilen Gebieten den Zugang zu weiten Teilen der Ländereien und Wasserressourcen vergeben und so zur Ernährungssicherheit anderer Länder beitragen, statt die eigene zu fördern.

Die Regierungen der Entwicklungsländer wollen diese Geschäfte oft rechtfertigen mit dem Erlös neuer Devisen, dem Technologietransfer und der Arbeitsplatzbeschaffung. Diese Argumente sind allerdings nicht sehr stichhaltig. Wie in Äthiopien werden Investoren angezogen mit Steuern, die »lächerlich niedrig« seien, wie mir der Forscher Rahmato erklärte: sie schwanken zwischen einem Minimum von einem Dollar pro Hektar pro Jahr und einem Maximum von zehn Dollar. Es gebe auch keinen sinnvollen Technologietransfer, da die von der industriellen Landwirtschaft benutzte Technologie kaum für Kleinbauern nutzbar und wenig zugänglich ist.

Oftmals bieten Regierungen Flächen feil, welche sie als unverkauft und ungenutzt bezeichnen. Doch in den wenigsten Fällen liegt das Land tatsächlich brach; meist wird es von mittellosen Familien zum Anbau von Nahrungsmitteln verwendet.[296]

Im Mai 2012 verabschiedete der Ausschuss für Welternährungssicherheit der FAO »Freiwillige Leitlinien für die verantwortungsvolle Verwaltung von Boden- und Landnutzungsrechten, Fischgründen und Wäldern«. Sie zeigen Staaten und auch Investoren, wie legitime Rechte geschützt, dokumentiert und verwaltet, wie Besitzwechsel organisiert, öffentliche Prioritäten und Ziele der Landnutzung definiert und Konflikte geregelt werden sollten. Die Richtlinien definieren Landzugang als Bestandteil von Menschenrechten, fordern Gleichberechtigung, Rechtssicherheit, Transparenz, Respekt vor unterschiedlichen Rechts- und Wertesystemen, frühzeitige Beteiligung aller Betroffenen, friedliche Konfliktlösung sowie öffentliche und private Verantwortung für Nachhaltigkeit, Ernährung und Beschäftigung. Die meisten Absätze beginnen mit den Worten »Staaten sollten …«.[297]

Die Frage ist nur, was mit solchen »freiwilligen« Richtlinien geschieht. Es ist zu befürchten, dass Privatinvestoren sich überhaupt nicht daran gebunden fühlen, die betroffenen, oft autoritären Regierungen ebenfalls nur wenig. Beispiele für eine konkrete Umsetzung gibt es jedenfalls bisher nicht.

12 Die Biotechnologien

Wie der Diebstahl an den Bauern organisiert wird

Der amerikanische Ökonom und Publizist Jeremy Rifkin, Gründer und Vorsitzender der FOET (Foundation on Economic Trends/Stiftung für Wirtschaftstrends), betont, dass die Bauern schon immer über ihr eigenes Saatgut verfügten. »Seit vielen tausend Jahren hielten sie einen Teil der Ernte für die nächste Vegetationsperiode zurück. Saatgut konnte mit entfernteren Familienmitgliedern und Nachbarn geteilt und gelegentlich gegen andere Güter getauscht werden.«[298]

Vandana Shiva ist in Indien eine Galionsfigur der ökologischen und feministischen Bewegung. Sie verteidigt das Recht der Bauern, die altüberlieferte Verfügungsgewalt über ihr Saatgut zu behalten, und kämpft für die Rettung der Biodiversität. Als eine der Ersten wandte sie sich gegen die Aneignung des Lebendigen durch die multinationalen Konzerne. Sie schildert ihre Beweggründe und ihren Kampf auf nationaler und internationaler Ebene in einem Buch mit dem bezeichnenden Titel *Geraubte Erde*. Darin schreibt sie: »Die indischen Bauern haben im Lauf der Jahrhunderte 200000 Reissorten entwickelt. Sie züchteten Reissorten, die als Basmati bekannt sind, sie züchteten roten Reis, braunen Reis, schwarzen Reis... Für den Bauern ist das Saatgut nicht nur die Quelle künftiger Ernte und Nahrung, sondern auch ein Speicher von Kultur und Geschichte. Die Saat ist das erste Glied in der Nahrungskette, sie ist das Symbol von Ernährungssicherheit.«[299]

Im Jahr 1987 wurde in den USA eine Direktive veröffentlicht, die die Möglichkeit eröffnet, »Entdeckungen in der Natur« als Erfindung zu betrachten, und für Bestandteile von Lebewesen – Gene, Chromosomen, Zellen und Gewebe – Patente zu vergeben. »Sie können seither als das geistige Eigentum desjenigen behandelt werden, der ihre Eigenschaften als Erster isoliert, ihre Funktionen beschrieben und auf dem Markt lohnende Anwendungen gefunden hat.«[300]

Bereits ein Jahr zuvor war unter Präsident Reagan das entscheidende Prinzip der »substantiellen Äquivalenz« eingeführt worden. Dieses legt fest, dass ein genetisch veränderter Organismus (GVO), dessen chemische Zusammensetzung sich vom Organismus, von dem er abgeleitet wurde, nicht »substantiell unterscheidet«, über seine Einordnung und Beschreibung hinaus nicht umfassend geprüft werden muss, wie es normalerweise bei neuen Medikamenten und Nahrungszusatzstoffen zwingend vorgeschrieben ist.[301] Damit war der Sündenfall geschehen: Das Lebendige wurde patentierbar und konnte zum Privateigentum werden.[302]

Der äthiopische Spezialist für Pflanzenökologie, Tewolde Berhan Gebre Egziabher, ein Teilnehmer der UNO-Konferenz über Umwelt und Entwicklung, die 1992 in Rio de Janeiro stattfand, hatte über die Bedeutung dieser Entwicklung Folgendes zu sagen: »Wenn Sie das Saatgut patentieren, kontrollieren Sie den Bauern bis ins kleinste Detail hinein. Er ist dann nicht mehr Herr über seine eigenen Entscheidungen und Aktivitäten. Dabei ist in den Entwicklungsländern die Landwirtschaft fast unser einziger Tätigkeitsbereich.«[303]

In einer zweiten Phase erreichten es weniger als zehn Jahre später die USA mit tätiger Hilfe der transnationalen Unternehmen, dass das Prinzip, auch lebende Organismen patentieren zu können, in das TRIPS-Abkommen (Agreement on Trade-Related Aspects of Intellectual Property Rights/Übereinkommen über handelsbezogene Aspekte der Rechte am geistigen Eigentum) der WTO aufgenommen wurde. Seitdem können die USA jedes Mitgliedsland der WTO zur Rechenschaft ziehen, das auf seinem Staatsgebiet die Patente der amerikanischen Unternehmen nicht beachtet. Auf diese Weise wurde es den transnationalen Unternehmen möglich, das traditionelle Saatgut, die überkommenen Nahrungsressourcen und die althergebrachten Arzneimittel der Entwicklungsländer zu patentieren. Vandava Shiva spricht in diesem Zusammenhang von »Biopiraterie«.[304] Joseph Stiglitz weist darauf hin, dass »sich fast die Hälfte der 4 000 Patente auf Pflanzen, die die US-Behörden in den letzten Jahren gewährten, auf traditionelles Wissen aus den Entwicklungsländern bezieht«.[305] Nicht zuletzt deswegen spricht er sich für eine Änderung der Patentgesetzgebung und einen Schutz dieser uralten Kenntnisse aus.

Jeremy Rifkin gibt seinerseits zu bedenken, dass die Patentierung des Saatgutbestands der Erde der Bioindustrie das Mittel in die Hand gebe, einen Großteil der weltweiten Landwirtschaftsproduktion zu kontrollieren. »Sie sind die einzigen Anbieter, und jeder Landwirt weltweit wird zum Nutzer, der für den Zugang zu Saatgut in jeder Vegetationsperiode bezahlen muss.«[306] Damit werde die grundlegende Beziehung zwischen Bauer und Saatgut aufgelöst. »Patentiertes Saatgut wird nicht mehr im konventionellen Sinn des Wortes verkauft, sondern den Bauern für den einmaligen Einsatz in einer Pflanzperiode vermietet. Das bei der Ernte gewonnene Saatgut gehört – als Saatgut – dem Patentinhaber, deshalb darf der Bauer die Frucht zwar verkaufen, aber er darf sie nicht als Saatgut für die nächste Saison verwenden. Er hat nur befristeten Zugang zum geistigen Eigentum anderer. Saatgut wird weder im technischen noch im juristischen Sinne ver- oder gekauft, es wird nur vermietet.«[307]

Die amerikanische Soziologin Susan Wright schrieb bereits im Jahr 1994: »Als die Gentechnik als Investitionsgelegenheit entdeckt wurde, führte das zu einer Anpassung der Normen und wissenschaftlichen Praktiken zugunsten der Unternehmen. Der Aufstieg der Gentechnik geht mit der Entstehung einen neuen Ethik einher, die auf radikale Weise von Wirtschaftsinteressen bestimmt wird.«[308]

Die falschen und nutzlosen Vorteile der genetisch veränderten Organismen

Die medizinisch genutzten oder zu Forschungszwecken entwickelten genetisch veränderten Organismen sind kaum umstritten. Dies ist bei den landwirtschaftlich oder industriell genutzten gentechnisch veränderten Pflanzen (GVP) jedoch ganz anders.[309]

Die einzigen genetisch veränderten Organismen, die gegenwärtig in der Landwirtschaft genutzt werden, haben eine höhere natürliche Resistenz gegen Insekten (das Insekt stirbt, wenn es die Pflanze frisst, weswegen man den Insektizideintrag stark reduzieren kann) oder gegen ganz bestimmte Herbizide.[310]

Die Verfechter der genetisch veränderten Organismen malen regelmäßig das Hungergespenst an die Wand. Sie behaupten dann, man könne diese Geißel der Menschheit weltweit durch ertragreichere, gentechnisch veränderte Produkte besiegen. Im April 2009 ergab jedoch eine Studie, die Doug Gurian-Sherman für die UCS (Union of Concerned Scientists/Vereinigung besorgter Wissenschaftler) erstellte, dass die transgenen Veränderungen selbst nach zwanzigjähriger Forschung und dreizehnjähriger Vermarktung noch nicht zu merklich höheren Ernteerträgen geführt haben. Die Studie trägt den bezeichnenden Titel *Failure to yield* (Das gescheiterte Ertragsversprechen).[311] Für den Weltagrarbericht sind unmittelbar gentechnisch bewirkte Ertragssteigerungen bisher nicht nachzuweisen. GVP spielen zur Bekämpfung des Hungers bisher also keine besondere Rolle und nützen Kleinbauern kaum.[312]

Dreijährige methodische Untersuchungen im indischen Bundesstaat Andhra Pradesh zeigten sogar, dass die Bauern, die traditionelle Baumwollsorten anbauten, dort eine höhere Ernte eingefahren hatten als diejenigen, die mit transgener Baumwolle experimentierten. Im übrigen benötigten die Bt-Baumwollsorten[313] nur unwesentlich weniger Pestizide als die konventionellen Baumwollarten. Die höheren Kosten des Bt-Saatguts führten zusammen mit den enttäuschenden Erträgen zum Ruin zahlreicher Kleinbauern, die danach oft Selbstmord begingen. Als Monsanto sämtliche Entschädigungsforderungen kategorisch ablehnte, verbot der Bundesstaat Andhra Pradesh dieser Firma jede weitere Tätigkeit auf seinem Territorium.[314] Anfang 2010 erkannte Monsanto offen den Misserfolg seiner Bt-Baumwolle in Indien an.[315]

Laut einem weiteren Mythos stellen die genetisch veränderten Organismen keinerlei Gesundheitsgefahr dar. So stellt Monsanto selbst in seiner »Pledge« (Eigenübersetzung der Firma: »verbindliche Aussage«) kategorisch fest: »Überall auf der Welt sind die Konsumenten der Beweis für die Unbedenklichkeit der biotechnologischen Sorten.« Nichts könnte falscher sein.

Im Jahr 1989 stellte die japanische Firma Showa Denko ein Nahrungsergänzungsmittel, Tryptophan, aus einer Bakterie, dem *Bacillus amyloliquefaciens,* her. Sie hatte diese Bakterie genetisch so verändert, dass sie mehr Tryptophan produzieren konnte. Das Produkt, L-Tryptophan, kam im selben Jahr 1989 auch in den USA auf den Markt. Bald darauf tauchte eine ganz neue Krankheit auf, die den Tod von 37 Menschen verursachte und bei mehr als tausend Erkrankten zu dauerhaften Behinderungen führte. Als sich zweifelsfrei herausstellte, dass das L-Tryptophan dafür verantwortlich war, wurde es wieder vom Markt genommen.[316]

Eine Freilanduntersuchung der Universität von Iowa über die Auswirkungen des Bt-Maises auf den Monarchfalter ergab, dass diejenigen Schmetterlinge, die in Kontakt mit diesem genetisch veränderten Mais kamen, eine siebenfach erhöhte Sterblichkeitsrate hatten.[317]

Marc Dufumier stellte fest, dass die Bauern der Dritten Welt über ein »natürliches Know-how« verfügten, das viel zu wenig genutzt werde. Nichts deute darauf hin, dass die natürliche Genetik der Nutzpflanzen ein Hindernis für die Erhöhung der Agrarerträge sei und dass die genetisch veränderten Organismen den armen Bauern wirklichen Nutzen bringen würden. Man könne auch mit den einheimischen Sorten gute Ergebnisse erzielen und das Risiko sehr schlechter Ernten begrenzen, wie es der Erfolg des Regenreises NERICA (New Rice for Africa/Neuer Reis für Afrika) in Westafrika bewiesen habe. Dieser Reis war nicht genetisch verändert worden, sondern durch eine klassische Kreuzung zwischen afrikanischen und asiatischen Reissorten entstanden. Dabei ist er nicht nur reich an Proteinen, sondern kann auch Trockenheitsperioden gut überstehen.[318]

Auch der senegalesische Bauernführer Mamadou Cissokho drückte bereits seine Skepsis gegenüber den genetisch veränderten Organismen aus, als er darauf hinwies, dass die europäische Landwirtschaft ohne Rückgriff auf solche genetisch veränderten Pflanzen ihren Kontinent weitgehend selbst ernähren könne. Warum sollte das dann in Afrika nicht gelingen?

Eine schnelle und gefährliche Konzentration

2008 beherrschten zehn große Unternehmen über 50 Prozent des globalen Handels mit geschützten Sorten. Fünf Jahre später sind es nur noch drei Unternehmen – Monsanto, Dupont Pioneer und Syngenta –, die 53 Prozent dieses Marktes kontrollieren.[319] »Monsanto allein erwarb in den letzten Jahren für über acht Milliarden US-Dollar Samenhersteller und auf dem Agrarsektor arbeitende Life-Science-Unternehmen und wurde so zu einem der Branchenführer. 33 Prozent des Sojabohnen-, 15 Prozent des Maissamenmarktes und 85 Prozent des US-amerikanischen Marktes für Baumwollsamen kontrolliert dieser Gigant des Life-Science-Sektors.«[320]

Die Etablierung eines wirtschaftlich profitablen Saatgutmarktes gehört zu den zentralen Strategien der von Kofi Annan angeführten »Allianz für eine grüne Revolution in Afrika«(AGRA), die von der Bill&Melinda Gates und Rockefeller-Stiftung ins Leben gerufen wurde[321] (mehr zu AGRA in Kapitel 15).

Gefahren und Widerstände

Wir erleben gerade die Entwicklung einer begrenzten Anzahl von immer mächtigeren Multis, die den Markt ganzer Sektoren der weltweiten Landwirtschaft und Nahrungsproduktion beherrschen. Die große Gefahr für die ganze Menschheit besteht nun darin, dass diese

Unternehmen künftig entscheiden, was die Bauern aussäen können und dürfen, und in der Folge natürlich auch, was die Verbraucher weltweit dann zu essen bekommen. Eine weitere ernste Gefahr stellt die fortlaufende Verminderung der Saatgutarten dar, die die Artenvielfalt schädigt. Dies alles ist die logische Folge der Tatsache, dass diese Multis in ihrem Bestreben, Monopole zu errichten, auf allen Kontinenten dieselben Erzeugnisse und Saatgutsorten anbieten. Für den Weltagrarbericht ist die Konzentration beängstigend: Drei Viertel der im Jahr 1900 noch verfügbaren Sortenvielfalt ist heute verloren, während 75 Prozent aller Lebensmittel der Welt von nur zwölf Pflanzen- und Tierarten stammen.[322]

Das vielleicht größte Problem sind jedoch die neuen Abhängigkeitsbeziehungen zwischen diesen Firmen, die gleichzeitig das Saatgut, die Düngemittel und die Pestizide liefern, und den Bauern, die seit unvordenklichen Zeiten gewohnt waren, einen Teil ihrer eigenen Ernte im nächsten Jahr als Saatgut zu verwenden. Im übrigen benötigen diese genetisch veränderten Samen den Einsatz großer Mengen an Kunstdünger, die die Landwirte von den gleichen Multis beziehen müssen und die zu einer fortschreitenden Auslaugung des Bodens führen, von der Wasserverschmutzung gar nicht zu reden. Schließlich gibt es darüber hinaus noch das ernste ethische Problem, das die Manipulation und vor allem die Vermarktung lebender Organismen aufwerfen.

Mittlerweile wird auch immer häufiger festgestellt, dass die Natur sich anpasst und immer mehr Unkräuter den Herbiziden trotzen. Deshalb vervielfachte sich der Herbizideinsatz auf Gentechnikflächen und macht einen ganzen Cocktail von Giften erforderlich. Auch Insekten werden zunehmend resistent gegen die Bt-Toxine.[323]

Anbauflächen für genetisch veränderte Organismen

Die am häufigsten angebauten genetisch modifizierten Pflanzen sind Sojabohnen (52 Prozent), Mais (31 Prozent), Raps (fünf Prozent), und Baumwolle (12 Prozent). Die meisten dieser Pflanzen werden zu Tierfutter, zu Agrarsprit oder zu Textilien verarbeitet. Die weltweite Anbaufläche für genetisch veränderte Organismen (GVO) beträgt 175 Millionen Hektar. Dies sind 10 Prozent der gesamten Weltanbaufläche von 1,5 Milliarden Hektar. Die GVO-Fläche lag 1996 noch bei 1,7 Millionen Hektar. Der Anbau konzentriert sich auf sechs Länder: die Vereinigten Staaten, Brasilien, Argentinien, Indien, Kanada und China. Allein in den USA kommen auf 70 Millionen Hektar GVO zum Einsatz. Dabei sind 70 Prozent dieser angebauten genetisch veränderten Organismen gegen Roundup, Monsantos wichtigstes Pflanzenschutzmittel, resistent.[324]

Herbizidresistente Sojabohnen werden weltweit auf 60 Prozent der mit GVO-Kulturen bepflanzten Flächen angebaut. Mehr als die Hälfte des auf der Welt produzierten Sojas ist inzwischen genetisch verändert. In Argentinien sind es sogar fast 100 Prozent. Dennoch müssen immer mehr Pestizide eingesetzt werden. 2011 kamen 335 Millionen Liter Pestizide zum Einsatz – fast neun Mal so viel wie im Jahr 1990. Und genügten 1996 noch drei Liter je Hektar des unter dem Namen Roundup vertriebenen Herbizids Glyphosat, liegt der Durchschnitt heute bei 12 Litern, in manchen Gebieten weit darüber.

Ituzaingò ist ein Viertel am Rande Cordobas, vollständig von Sojafeldern umgeben. Aufgrund des Drucks der Mütter von Ituzaingò wurden 2012 erstmals ein Sojafarmer und der Pilot eines Sprühflugzeugs verurteilt. Das Gericht sah es als erwiesen an, dass sie durch das Ausbringen von Agrochemikalien aus der Luft die Gesundheit der Bewohner gefährdet hatten.[325]

Auch ein beträchtlicher Teil der in China angebauten Baumwolle gehört zu den genetisch veränderten Pflanzen. Die Kosten des chinesischen Baumwollanbaus sind nicht zuletzt deswegen angeblich um 28 Prozent gesunken.[326]

Die großen Agromultis, vor allem das US-amerikanische Unternehmen Monsanto und die schweizerische Firma Syngenta, üben einen sehr starken Druck auf die afrikanischen Länder aus, ihren Agrarsektor zu industrialisieren und ihre Märkte den transgenen Kulturen zu öffnen. Hierbei geht es vor allem um die Bt-Baumwolle, die ein wirksames Gift gegen bestimmte Schädlinge produziert, was zumindest theoretisch den Pestizidbedarf reduziert und den Bauern bessere Ernten garantiert. Diese Firmen werden dabei von der staatlichen USAID unterstützt, in deren Haushalt 100 Millionen Dollar für die Einführung der Biotechnologien in den Ländern des Südens vorgesehen sind.

Obwohl von Hunger bedroht, weigerte sich Sambia, die Lebensmittelhilfe des Welternährungsprogramms (WFP) anzunehmen, da sie bekanntlich in hohem Maße aus US-amerikanischem gentechnisch verändertem Überschussmais bestand. In Afrika werden GVO-Kulturen in Südafrika, Burkina Faso und im Sudan angebaut; in sieben anderen Ländern werden bereits Versuche vorgenommen.[327]

Widerstände

Gegen die genetisch veränderten Organismen findet eine beispiellose Mobilisierung statt. Sie vereinigt Nichtregierungsorganisationen aus allen Erdteilen, von denen einige erst gegründet wurden, um diesen Widerstand auf nationaler, regionaler oder internationaler Ebene zu organisieren. Inzwischen gibt es eine enge Vernetzung zwischen Bauernbewegungen wie Via Campesina, Verbraucherverbänden, Frauenorganisationen und wissenschaftlichen Vereinigungen. Auch Politiker, Parlamentsabgeordnete und Regierungen gliedern sich in dieses Widerstandsnetz ein. So sind die meisten Regierungen der EU-Mitgliedsstaaten Gegner des GVO-Anbaus.

Beispielsweise gründete Vandana Shiva die indische Navdanya-Bewegung, die in ganz Indien 54 Saatgutbanken angelegt hat. Diese Bewegung besteht aus mehr als 500 000 Kleinbauern, die sich für einen Erhalt der Artenvielfalt und für eine organische Landwirtschaft einsetzen. Sie hat das größte Direktvermarktungsnetz für biologische Produkte geschaffen. Navdanya weigert sich auch, die Patente auf lebende Organismen, unter anderem auf Saatgut, anzuerkennen. Die Organisation möchte ein bäuerliches Produktionssystem ohne Patente, Chemikalien und Gentechnik aufbauen. Sie verlangt eine radikale Veränderung der Patentgesetzgebung und der Praxis der Patentämter, durch die jede Patentierung von Pflanzen und Nutztieren ein Ende findet. Die Kampagne »Monsanto, Quit India« (»Monsanto, verlass Indien«) lenkte im Jahr 1999 die Aufmerksamkeit des ganzen Landes auf diese Firma und die Gentechnik.[328]

Das »Gen-ethische Netzwerk« veröffentlichte am 11. März 2010 im Namen von »weit über 100 Organisationen aus vielen Teilen der Welt« eine »Globale Erklärung gegen die ›Monsantosierung‹ von Saatgut, Pflanzen, Tieren und Lebensmitteln«, in der ein Ende der entsprechenden Patentierungen gefordert wird, da sie zu einer »zunehmenden Monopolisierung in der Landwirtschaft und Lebensmittelproduktion« führten.

Das auf dem »Biodiversitätsabkommen« von Rio de Janeiro aus dem Jahr 1992 aufbauende »Cartagena-Protokoll über die biologische Sicherheit« wurde im Jahr 2000 in Montreal verabschiedet und trat am 11. September 2003 in Kraft. Bisher wurde es von 166 Staaten ratifiziert. Es regelt erstmals völkerrechtlich bindend den grenzüberschreitenden Transport, die Handhabung und den Umgang mit gentechnisch veränderten Organismen. Dieses Protokoll macht zum ersten Mal das »Vorsorgeprinzip« völkerrechtlich bindend zu einer politischen Handlungsmaxime. Es setzt alle Mitgliedsstaaten in die Lage, eigenständig über die Einfuhr von genetisch veränderten Organismen zu entscheiden. Dabei ist allerdings sein Verhältnis zu den WTO-Regeln nicht ganz klar. Bisher haben weder die USA noch Länder wie Kanada oder Argentinien das Protokoll ratifiziert.[329]

Die Frage der Unabhängigkeit von Forschern und Experten

2012 erregte eine von der Fachzeitschrift *Food and Chemical Toxicology* veröffentlichte Studie des französischen Molekularbiologen Eric-Gilles Séralini großes Aufsehen. Über zwei Jahre fütterten Séralini und Kollegen Ratten mit gentechnisch verändertem Mais (Sorte NK603) und die Kontrollgruppe mit konventionellem Mais. Sie kamen zu dem Schluss, dass die Nager eher an Krebs starben, wenn sie NK603-Mais fraßen. Auch das ebenfalls von Monsanto vertriebene Herbizid Roundup, das in Kombination mit dem Mais verwendet wird, entfaltete diese tödliche Wirkung. Fotos zeigten die enormen Tumore, die diese Ratten entwickelt hatten.[330]

Die Studie wurde von vielen Regulierungs- und Zulassungsbehörden untersucht und verworfen, unter anderem von der Europäischen Behörde für Lebensmittelsicherheit (EFSA). Nachdem Richard Goldman, ein früherer Monsanto-Angestellter, in den Redaktionsausschuss der Zeitschrift aufgenommen wurde, beschloss diese sogar die Publikation der Séralini-Studie zurückzuziehen. Als Grund für den Rückzug gab der Herausgeber an, zwar würde kein schwerwiegender Fehler vorliegen, aber die gemachten Analysen ließen keine Schlussfolgerung zu (»non conclusive«). Die Entscheidung war umstritten und intransparent, die Begründung war wenig überzeugend.[331]

Die Studie wurde erstmalig über eine Zeitdauer von zwei Jahren durchgeführt, wohingegen alle früheren toxikologischen Analysen sich nur über drei Monate erstreckten. Seitdem haben sich mehrere Expertengremien zu der Notwendigkeit einer Zwei-Jahres-Dauer für zukünftige Untersuchungen bekannt.

Ende 2012 wurde in der französischen Zeitung *Le Monde* ein von 140 Wissenschaftlern unterzeichneter Brief veröffentlicht, in dem die Wissenschaftler die Attacken auf Séralini scharf verurteilen und eine Ausweitung der Forschungsanstrengungen auf dem Gebiet der gentechnisch veränderten Lebensmittel fordern.

»Ich habe in meinem Leben zu viele faule Kompromisse erlebt, um noch weiter schweigen zu können«, schreibt Séralini in einem zur selben Zeit herausgegebenen Buch *Alles Versuchskaninchen!* (*Tous cobbayes!*), in dem er die Studie ausführlich erklärt. Er prangert eine Handvoll von Industrieriesen an, unter ihnen Monsanto, Bayer, Aventis, Dupont, Syngenta, BASF, Dow Chemical und Zeneca, die unsere Teller mit Farbstoffen, Konservierungsmitteln, Kunststoffen, GVO's, Pestiziden und Antibiotika füllen. Die »Kriminellen und ihre Komplizen«, mit denen er es zu tun hatte, seien der Gesellschaft nicht bekannt und entkämen regelmäßig der Justiz. Ihren Ursprung fänden diese faulen Kompromisse in wirtschaftlichen und machtpolitischen Interessen, auch im Lager der Wissenschaft, so Séralini und er beklagt besonders die Zensur der internen Debatten.[332]

Séralini und José Bové, französischer Europaparlamentarier bei den Grünen, werfen auch die Frage der Unabhängigkeit der sogenannten wissenschaftlichen Experten auf. Sie stellt sich vor allem in Bezug auf EFSA. Die Europäische Kommission wird von ihr beraten und beruft sich regelmäßig auf die Stellungnahmen dieser Behörde, wenn sie sich zu Normen im Nahrungsmittel- oder GVO-Bereich äußert. José Bové deckte Verbindungen mehrerer Mitglieder der EFSA mit Industrieverbänden auf. So hatte Diana Banati, die Präsidentin dieser Behörde, einen offenen Interessenkonflikt, da sie zur gleichen Zeit im Aufsichtsrat der ILSI (International Life Science Institute) saß. ILSI ist ein Lobby-Institut, das 1978 von großen Konzernen wie Coca-Cola, Heinz, Kraft, General Foods, Procter&Gamble, Danone, Mars, McDonald's, Kellogg's, Monsanto, DuPont und Novartis gegründet wurde. ILSI teilte 2012 mit, Diana Banati hätte ihre Präsidentschaft bei EFSA aufgegeben, um den Direktorenposten bei ILSA-Europa zu übernehmen. Die Arbeit von José Bové führte unter anderem dazu, dass das Europaparlament kurz danach der EFSA die rechtliche Entlastung verweigerte.[333] Des Weiteren stellte der Parlamentarier das Prinzip der »substantiellen Äquivalenz« in Frage, welches über die OSZE in Europa seinen Einzug fand und auf das sich die EFSA in mehreren Stellungnahmen stützte, um die Zulassung neuer GVO-Maissorten zu begründen.[334]

Teil II
Was tun?

Das Recht auf Nahrung

»Jeder hat das Recht auf einen Lebensstandard, der seine und seiner Familie Gesundheit und Wohl gewährleistet, einschließlich Nahrung ...«

Artikel 25 der Allgemeinen Erklärung der Menschenrechte

Die Staaten verpflichten sich, »geeignete Maßnahmen zu ergreifen«, um »das Recht eines jeden auf einen angemessenen Lebensstandard für sich und seine Familie einschließlich angemessener Ernährung zu sichern«. Anerkannt wird zudem »das Grundrecht eines jeden, frei von Hunger zu sein«. Artikel 11 des Internationalen Paktes über wirtschaftliche, soziale und kulturelle Rechte, auch Sozialpakt genannt (ICESCR).

Für Jean Ziegler, den ehemaligen UN-Sonderberichterstatter für das Recht auf Nahrung, ist das Recht auf eine angemessene Ernährung ein für alle geltendes Menschenrecht, es beinhaltet »das Recht auf einen regelmäßigen, dauerhaften und freien Zugang entweder direkt oder über käuflichen Erwerb zu einer quantitativ und qualitativ angemessenen und ausreichenden Ernährung, die den kulturellen Traditionen des jeweiligen Volkes entspricht. Sie muss ein angstfreies, zufriedenstellendes und würdiges psychisches wie physisches, individuelles wie kollektives Leben gewährleisten.«[1]

Allerdings zielt das Recht auf Nahrung nicht primär darauf ab ernährt zu werden. Garantiert werden soll vielmehr das Recht, dass jeder die Möglichkeit hat, sich selbst ernähren zu können. Nahrung muss also nicht nur *verfügbar* (das heißt in ausreichenden Mengen für die Bevölkerung erzeugt werden), sondern auch *zugänglich* sein. Damit müsste beispielsweise jeder Haushalt über die Mittel verfügen, die Lebensmittel seines Bedarfs entweder selbst zu erzeugen oder sie dank ausreichender Kaufkraft selbst zu erwerben.[2]

2004 nahm die FAO die freiwilligen Leitlinien zur progressiven Verwirklichung des Rechts auf angemessene Ernährung an.

13 Die Lebensmittelhilfe

20 Prozent der Hungernden und Mangelernährten leben in den Elendsvierteln der Städte. Häufig sind es Landbewohner, die Armut und Verzweiflung, schlechte Ernten, Dürren oder Heuschreckenplagen, aber immer häufiger auch der Klimawandel aus ihrer Heimat vertrieben haben. Zu einem kleinen Prozentsatz kommen diese Menschen – insbesondere Opfer von Naturkatastrophen, Bürgerkriegen oder ethnischen sowie religiösen Spannungen – in Lagern wie in Darfur im Westsudan oder in Dadaab in Nordkenia unter, wo sie nur dank Hilfe von außen, hauptsächlich Lebensmittelhilfen, überleben.[3]

Weltweit werden jedes Jahr zehn Millionen Tonnen Getreide – weniger als ein Prozent der Weltproduktion – im Gegenwert von zwei Milliarden Dollar an 100 Millionen Empfänger verteilt.[4] Lebensmittelhilfen finden in verschiedener Form statt. Zumeist werden Güter von außen ins betroffene Land transportiert, zuweilen aber auch vor Ort mit Spendengeldern gekauft. Die Abwicklung der Nahrungsmittelhilfe wird gewährleistet durch internationale Organisationen wie das UN-Welternährungsprogramm (WFP), UNICEF oder das Internationale Komitee vom Roten Kreuz (IKRK) oder Nichtregierungsorganisationen (NRO) wie OXFAM (Oxford Committee for Famine Relief), die Caritas oder andere Staaten, die bilaterale Hilfe leisten.

Das Welternährungsprogramm WFP wurde 1961 von der UN-Generalversammlung und der FAO gegründet und ist die weltweit größte humanitäre Organisation im Kampf gegen den Hunger. Im Jahr 2012 verteilte sie 3,5 Millionen Tonnen Lebensmittel in 80 Ländern an 97 Millionen Menschen. Nicht alle von der FAO als bedürftig eingestufte Staaten profitierten davon. Geleistet wird diese Unterstützung als Nothilfe (56 Prozent im Jahr 2000), als langfristige Hilfe und für Entwicklungsprojekte. Seit den 1980er-Jahren wird der größte Teil der Hilfe aufgebracht, um humanitäre Krisen, etwa in Darfur, Somalia, Afghanistan, Pakistan, der Demokratischen Republik Kongo, zu bewältigen. In den letzten Jahren entstanden durch die Konflikte in Syrien, Südsudan, Mali und der Zentralafrikanischen Republik zusätzliche Krisengebiete.

Das WFP stellt jedes Jahr in ungefähr 70 Ländern für fast 20 Millionen Kinder Mahlzeiten in Schulen bereit, die Hälfte davon für Mädchen. Die Hilfen sollen Familien dazu ermutigen, ihre Kinder weiter und insbesondere Mädchen überhaupt zur Schule zu schicken. Auch können sich satte Schüler besser auf den Lernstoff konzentrieren. Zudem betreibt das WFP Programme wie Nahrung für Arbeit (Food for Work), bei denen besonders Bedürftige mit Nahrungsmitteln versorgt werden, wenn sie in einem Projekt mitarbeiten, das die Infrastruktur ihres Landes aufbaut oder verbessert.

Im Jahr 2012 verteilte das WFP Hilfen im Wert von 4,1 Milliarden Dollar, die von Regierungen, Unternehmen oder Einzelpersonen in Form von Geld und Naturalien bereitgestellt wurden. 93 Prozent seiner eigenen Mittel stammen von nur zwölf Gebern. Größter Beitragszahler sind, weit abgeschlagen, die USA. Sie kamen im Jahr 2012 für über ein Drittel des Gesamtbudgets auf.[5] Als wichtigster Beitragszahler bedingt sich Amerika aus, regelmäßig den Exekutivdirektor des WFP zu stellen.

Ein großer Teil der Nahrungsmittelhilfe fließt einer kleinen Anzahl an Empfängerländern zu.[6]

Dank der Verteilung von Lebensmitteln und Mahlzeiten erhalten einige besonders schutzbedürftige Bevölkerungsgruppen ein »Ernährungssicherheitsnetz«. Verteilt werden die Hilfen unter anderem als Schulmahlzeiten, als Lebensmittelhilfen für Schwangere und Stillmütter, in öffentlichen Straßen- oder Stadtviertelkantinen oder in Form von Essen und Saatgut an Landarbeiter, die sich im Rahmen eines Programms »Nahrung für Arbeit« an Arbeiten für den Aufbau ihres Landes beteiligen.[7]

Die Nothilfe kann auch besonders teuer und unangemessen sein. So wurden in die Region um die Großen Seen in Afrika Lebensmittel transportiert, die 15-mal so teuer waren wie auf den lokalen Märkten. Grund dafür waren hauptsächlich die hohen Transportkosten aus Europa oder Amerika. Und nach dem Tsunami wurde unnötig

massenhafte Hilfe nach Sri Lanka gebracht, obwohl es weiter land-
einwärts völlig intakte Ernten gab.[8]

In der Internationalen Nahrungsmittelhilfe-Konvention – oder
auch London-Konvention – von 1967 verpflichten sich die Mitgliedsstaaten – ausschließlich Geberländer –, eine Mindestmenge an Nahrungsmitteln für Hilfen bereitzustellen. Die Reform dieser Konvention trat am 1. Januar 2013 in Kraft. Wichtigste Neuerungen der
Konvention sind erstens die Klausel, dass bei Lebensmittelhilfen lokale Märkte nicht gestört werden dürfen und zweitens das Bekennt-
nis zu lokalen und regionalen Märkten, die ausdrücklich gefördert
und gestärkt werden sollen.

Die Gefahren einer langfristigen Nahrungsmittelhilfe

Bei einer guten Umsetzung leisten Nahrungsmittelhilfen den hungernden und mangelernährten Bevölkerungsgruppen unstrittig wertvolle Dienste. Bei schlechtem Management (zum Beispiel wenn sie
den traditionellen Essgewohnheiten widersprechen oder gegen er-
nährungswissenschaftliche Prinzipien verstoßen) können sie die Ernährungsunsicherheit langfristig sogar noch verschärfen, indem sie
einen Preisverfall herbeiführen, die regionalen Märkte destabilisieren
und so zum Hemmnis für eine lokale Erzeugung von Lebensmitteln
werden. Mitunter verändert die Verteilung großer Mengen an Gütern
die Struktur des Welthandels und macht Länder von Importen abhängig.[9] Die Nahrungsmittel-Nothilfe, so hebt Marcel Mazoyer hervor,
kann bei Hungersnöten entscheidend sein, wenn Menschenleben ge-
rettet und die Unterernährung von Bevölkerungsgruppen verhindert
werden sollen. Dagegen erscheint sie als ein ineffizientes Instrument
zur langfristigen Bekämpfung der Armut und zur Förderung der Entwicklung vor allem deshalb, weil die Bedingungen ihrer Vergabe
durch die Geber festgelegt werden und weil sie nicht auf Dauer angelegt ist.[10]

Die Nahrungsmittelhilfe darf nicht länger als Mittel für Geberländer herhalten, um Agrarüberschüsse loszuwerden und in neue

Märkte einzubrechen. Wo sie in Konkurrenz zur lokalen Produktion der Nehmerländer tritt, verursacht sie Störungen der Märkte. Deswegen muss sie den Bedürfnissen der Empfängerländer entsprechen, ohne Bedingungen erfolgen und hauptsächlich als Geldtransfers geleistet werden (es sei denn, die benötigten Nahrungsmittel sind im Land nicht verfügbar).[11]

Die Nahrungsmittelhilfe der Europäischen Union

Artikel 214 des Vertrags von Lissabon sieht vor, dass die Aktivitäten der EU in Sachen humanitäre Hilfe punktuell darauf abzielen, die Opfer natürlicher oder von Menschen gemachter Katastrophen in Drittländern zu unterstützen, sie zu schützen und den entstandenen humanitären Notlagen zu begegnen. Diese humanitären Aktionen sollen nach den Prinzipien des internationalen Rechts, der Unparteilichkeit, der Neutralität und der Nichtdiskriminierung erfolgen.[12]

Die Europäische Union als Ganzes (Mitgliedsländer und Kommission) ist bei der humanitären Hilfe einer der wichtigen Geber weltweit. Das 1992 ins Leben gerufene Amt für humanitäre Hilfe der Europäischen Kommission (ECHO) soll eine gute Durchführung und Koordination der Hilfen gewährleisten, die sie und die Mitgliedsländer gewähren. Das Jahresbudget des Amtes beträgt ungefähr eine Milliarde Euro. Für Nahrungsmittelhilfe gibt die EU jährlich 500 Millionen Euro aus, die auch etwa 20 Millionen armen Europäern zugutekommt. Die EU unterstützt das WFP jährlich mit fast 400 Millionen Dollar.

Die Aktivitäten vor Ort zu den Ernährungsprogrammen und zur kurzfristigen Ernährungssicherung werden mehrheitlich von Nichtregierungsorganisationen wie der Action contre la faim oder den Ärzten ohne Grenzen, Oxfam, CARE, Save the Children, dem Arbeiter-Samariter-Bund Deutschland, der Cooperazione Internazionale, dem Roten Kreuz und dem Internationalen Komitee vom Roten Kreuz durchgeführt.

2007 verabschiedeten der Rat der EU und die Vertreter der Mitgliedsländer, das Europäische Parlament und die Europäische Kommission die gemeinsame Erklärung »Europäischer Konsens zur humanitären Hilfe«. Demnach ist »die humanitäre Hilfe ein moralischer Imperativ und der grundlegende Ausdruck des universellen Wertes der Solidarität zwischen den Völkern«. Unter den guten Praktiken hebt die Erklärung hervor, dass die Nahrungsmittelnothilfe auf einer »strengen und transparenten Einschätzung der Bedürfnisse« erfolgen und »das Risiko einer nicht gerechtfertigten Störung der Märkte im Betracht ziehen« muss. Die Nahrungsmittelhilfe muss einhergehen mit anderen Formen der Unterstützung, die die Fähigkeiten der betroffenen Bevölkerung stärken, sich aus der Notlage zu befreien. Sie muss sich, wann immer möglich, »auf die lokalen oder regionalen Ressourcen und Vorratsbestände stützen«, um die dortige Wirtschaft anzukurbeln.[13]

Die Politik der Nahrungsmittelhilfe der USA

Die USA geben für Nahrungsmittelhilfe jedes Jahr zwischen 1,4 und 2 Milliarden Dollar aus. Damit werden etwa 1,45 Millionen Tonnen Lebensmittel bereitgestellt.

Die humanitären Praktiken der USA werden jedoch noch immer weitgehend von deren wirtschaftlichen Interessen als großer Erzeuger und Exporteur von Getreide in dem Bestreben bestimmt, neue Märkte zu erschließen. Neben ihrem Beitrag zum WFP verteilen die USA über mehrere Programme zusätzlich auf bilateraler Basis 4,96 Millionen Tonnen Nahrungsmittelhilfe. Deren Organisation ist nach dem Gesetz PL 480 geregelt. Dessen erster Teil zielt auf die Entwicklung des Handels ab, während die im zweiten Teil definierte Unterstützung die Nothilfe sicherstellen und die Ernährungssicherheit und Wirtschaftsentwicklung fördern soll. Dank der unter Artikel 416 (b) formulierten Hilfe, die durch das Agrargesetz von 1949 ermöglicht wird, dürfen die USA landwirtschaftliche Überschüsse exportieren. Die US-Nahrungsmittelhilfe wird folglich nicht ganz umsonst gewährt. Die vom Gesetz PL 480 definierten Lieferungen werden mit Dollar oder in lokalen Währungen bezahlt, häufig mit langlaufenden

Krediten zu einem geringen Zinssatz. Als wichtigstes Element müssen die Empfängerländer nachweisen, dass sie zu Absatzmärkten für US-amerikanische Agrarprodukte werden können.[14]

Die amerikanische Gesetzgebung legt somit fest, dass die Hilfe nicht über Geldzahlungen – mit denen sich die Betroffenen auf den lokalen Märkten eindecken könnten –, sondern in Naturalien erfolgt, die in den USA gekauft und auf Schiffen unter amerikanischer Flagge transportiert werden müssen.[15] Die Hilfe ist so vor allem eine Karte im diplomatischen und handelspolitischen Spiel mit Ländern, die für die USA von strategischem Interesse sind oder in Zukunft Importeure für die gelieferten Getreidearten werden könnten, die später unter kommerziellen Vorzeichen ins Land kommen sollen.[16] Durch solche Art geleistete Nahrungsmittelhilfe verlor Ecuador die Fähigkeit, sich selbst mit Weizen zu versorgen, und seine lokalen Erzeuger büßten ihre Erwerbsquelle ein.[17] Studien wiesen nach, dass der amerikanische Beitrag durch diese Art der Abwicklung bis zum Eintreffen in den Bestimmungshafen für das Land die Hälfte seines Werts verloren hat. Die Bemühungen der US-Regierung, wenigstens einen Teil dieser Hilfen auf den lokalen Märkten zu kaufen, scheiterten bisher im Großen und Ganzen an der Agrarlobby im US-Kongress. Die Anfang 2014 angenommene Farmbill erlaubt einige Fortschritte. So wird forthin ein bescheidenes Budget von 125 Millionen Dollar für Käufe auf den lokalen oder regionalen Märkten verwendet werden.[18] Nicht zu vergessen, auch jeder siebte US-Bürger braucht Lebensmittelhilfe.

14 Der Zugang zu Boden

Im Jahr 2014 ist der Boden für knapp die Hälfte der Weltbevölkerung nach wie vor die wichtigste Quelle für Nahrung und Einkommen. Die Fähigkeit, mit Hilfe des Bodens Nahrung zu erzeugen, verlieh der Beziehung zwischen Mensch und Boden lange Zeit einen sakralen, religiösen und mystischen Charakter. Noch heute haben zahlreiche indigene Völker ein von Ehrfurcht und Verehrung geprägtes Verhältnis zum Boden.

Lange Zeit in der Menschheitsgeschichte war der Boden Gemeingut, und bis heute gibt es in zahlreichen Ländern Afrikas, Asiens oder Lateinamerikas das »Gemeineigentum«, das von allen gesellschaftlichen Gruppen gemeinschaftlich genutzt wird. Die Privatisierung des Gemeineigentums stellt in diesen Ländern derzeit ein wichtiges gesellschaftliches Thema dar.[19]

In Europa entstand seit dem Ende des Mittelalters mit der fortschreitenden Entwicklung einer Agrarproduktion und deren Einbindung in den Markt eine neue Beziehung zum Boden: Das Privateigentum bildete sich heraus. Es entwickelt sich zunächst mit dem Akt der »enclosures« in Großbritannien, bei dem eine bislang offene Parzelle umfriedet wurde, und breitete sich anschließend auf dem europäischen Kontinent aus. Damit wurde der Boden zur Ware, und im Vergleich zur bis dahin herrschenden Auffassung kam die Überführung von Land in Privateigentum einer Art Entweihung gleich.

Der Status des Bodens nimmt in den jeweiligen Ländern eine unterschiedliche, komplexe und sich ständig verändernde Form an und ist abhängig von den besonderen historischen, politischen, wirtschaftlichen, sozialen und kulturellen Besonderheiten, die sich in den jeweiligen Gesellschaften herausgebildet haben.

In der Sowjetunion und in den meisten ehemaligen sozialistischen Ländern galt Boden in Privatbesitz als unzulässige Aneignung von Produktionsmitteln, die gegen die Prinzipien der Revolution verstieß. Dies führte zu großangelegten Enteignungen und zur Gründung riesiger bäuerlicher Staatsbetriebe, die sich durch Bürokratisierung und Ineffizienz auszeichneten. Nach dem Zerfall der UdSSR tun sich Russland und die Nachfolgestaaten der ehemaligen Sowjetrepubliken mit der Überwindung dieses Erbes bis heute schwer – auch wenn in einigen Staaten ein Prozess der Privatisierung in Gang gekommen ist.

In Afrika, Amerika, Asien und Ozeanien wurden die Agrarstrukturen nachhaltig durch die Kolonialisierung geprägt, und nicht immer wurde das Land im Zuge der Entkolonialisierung an die indigene Bevölkerung zurückgegeben. Häufig sicherten sich die Nachfahren der einstigen Kolonialherren endgültige Rechtsansprüche auf ihren kolonialen Landbesitz. Besonders in Lateinamerika blieben die Strukturen der Ungleichheit aus der Kolonialära auch noch nach der Unabhängigkeit bestehen und erlaubten den neuen Eliten, ihre Macht zu konsolidieren.[20] In mehreren Ländern – etwa in Südafrika und Simbabwe – ist bis heute ein schwieriger, schleppender und umstrittener Prozess der Landreform zu beobachten, durch den die enteignete indigene Bevölkerung ihren Boden zurückerhalten soll. Insbesondere in Palästina wurden 1948 Hunderttausende palästinensischer Bauern gewaltsam, durch Zwang oder Einschüchterung von ihrem Land und aus ihrer Heimat vertrieben. Israel führt derlei Enteignungen für seine Siedlungspolitik in den besetzten Gebieten Palästinas bis heute systematisch fort, obschon die internationale Gemeinschaft diese als illegal erklärt.

Das Privateigentum an Boden ist weltweit höchst ungleich verteilt. Schätzungen zufolge verfügt beispielsweise in Lateinamerika eine 1,5 Prozent starke Schicht von Großgrundbesitzern über zwei Drittel des gesamten Bodens. Auf der anderen Seite wird die Zahl der landlosen Bauern auf der Welt auf mehrere hundert Millionen geschätzt.[21] In Paraguay herrschen bei der Verteilung des Landes bisweilen deutlich größere Unterschiede als beim Einkommen.[22]

Der Bevölkerungsdruck, die ungleiche Verteilung des Grundbesitzes und Erbregelungen, die eine Zersplitterung begünstigen, führen in zahlreichen Regionen Asiens und Afrikas zu einer rapiden Verkleinerung der Nutzflächen für die Bauern. In China und Bangladesch beträgt die mittlere Größe der Höfe inzwischen circa 0,5 bis 0,6 Hektar, in Äthiopien und Malawi etwa 0,8 Hektar. Inzwischen stellt sich die Weltbank die Frage, ob die Höfe zu klein werden.[23] In Indien ist seit 1960 die mittlere Größe des Grundeigentums von 2,6 Hektar auf 1,6 im Jahr 2000 gesunken, und sie sinkt weiter. Der gleiche Trend ist auf den Philippinen, in Bangladesch und in Thailand zu beobachten. In Bangladesch hat sich die Anzahl der bäuerlichen Betriebe in 20 Jahren verdoppelt, während die Anzahl der bewirtschafteten Flächen von unter 0,2 Hektar überproportional gestiegen ist. Dabei gehört dort der Großteil des Bodens insgesamt großen Agrarbetrieben. Auch hat ein großer Anteil der ländlichen Haushalte gar keinen Zugang zu Boden.[24]

Eine Studie zu Pakistan befasst sich mit der ungünstigen Verteilung der Einkommen auf dem Land, die sich aus einer besonders starken Konzentration des Grundbesitzes ergibt. Die Verpachtung von Land trägt wahrscheinlich zu circa 50 Prozent der Wertschöpfung bei. Dagegen beziehen die Armen ihr Einkommen zu nur fünf Prozent aus der Verpachtung. Auf den Philippinen war die ungleiche Verteilung des Grundeigentums ein Hauptgrund für das relativ schwache Wachstum im Agrarbereich.[25]

In Subsahara-Afrika herrschen nebeneinander ein Regime des Staatseigentums und ein Gewohnheitsrecht, bei dem die Stammesführer bezüglich der Verwaltung und in Streitfragen nach wie vor eine – wenn auch immer umstrittenere – Rolle spielen. In der Sahelzone, aber auch in Ländern wie Nigeria brechen zwischen viehhaltenden Nomaden und Kleinbauern immer häufiger blutige Konflikte aus. Die Ursachen sind vielfältig: unklare Besitzverhältnisse hinsichtlich des Bodens, der Vormarsch der Wüste, das Bevölkerungswachstum, die Ausweitung der landwirtschaftlichen Flächen oder die Vergrößerung der als Weideland genutzten Gebiete.[26] Sie machen eine Verbesserung des Landrechts dringend notwendig. Auch führt eine Verkleinerung der Fläche pro bäuerlichem Betrieb in der dicht besiedelten Region um die Großen Seen Afrikas immer häufiger zu gewalttätigen Konflikten um den Zugang zu Boden. Hungersnöte und Massenabwanderung sind die Folgen.[27]

Hinzu kommt, dass Frauen häufig nur beschränkt über Boden verfügen – wegen diskriminierender Gesetze im Ehe- und Erbrecht, wegen familiärer und gesellschaftlicher Normen und wegen eines ungleichen Zugangs zu den Märkten. Insgesamt verfügen Frauen seltener über Boden, und sie besitzen ihn auch seltener. In Lateinamerika etwa stellen sie nur 11 bis 27 Prozent der Grundbesitzer. In Uganda erzeugen Frauen den Großteil der landwirtschaftlichen Produkte, nennen aber nur fünf Prozent des Bodens ihr Eigen, wobei diese Besitzverhältnisse häufig prekär sind. In Malawi beispielsweise droht Witwen der Verlust ihres Bodens, da die Familie des verstorbenen Ehemanns auf ihn Zugriff hat. Und auch nach dem oftmals herrschenden Gewohnheitsrecht haben Frauen geringere Ansprüche auf Land als Männer.[28]

Die Gegner der Landreform

Nur wenige Fragen bergen so viel Sprengstoff wie die Umverteilung von Grundbesitz zugunsten Landloser und Kleinbauern auf Kosten von Großgrundbesitzern und Verpächtern. Häufig verfügten Letztere über enge Beziehungen zu den machthabenden Eliten, leisteten stets erbitterten Widerstand gegen eine Umverteilung – häufig auch mit blutiger Gewalt – und brachten so zahlreiche Landreformen zu Fall.

Die Landreformen, die in den 1960er-Jahren angestoßen wurden, sind heute fast überall zum Stillstand gekommen. Insbesondere in Lateinamerika konnten die Großgrundbesitzer den Prozess rasch auf politischem Wege stoppen und trieben die armen Bevölkerungsschichten so dazu, sich als Pioniere auf ungenutztem Boden Existenzen aufzubauen.[29] Nach den Feststellungen der OECD führten in Lateinamerika allein Kuba und Costa Rica Landreformen erfolgreich zu Ende.

Die Notwendigkeit der Agrarreform zur Verringerung der Armut, des Hungers und der Unterernährung

Die Mitgliedsstaaten des Internationalen Abkommens über wirtschaftliche, soziale und kulturelle Rechte (ICESCR) haben sich verpflichtet, unter den notwendigen Maßnahmen und Programmen, die jeden Menschen vor Hunger schützen sollen, auch die »Reform der Agrarordnungen« in Angriff zu nehmen.[30]

Für Michel Griffon liegt die erste Ursache der Unterernährung und Armut auf dem Land darin, dass Menschen auf Grund von Diskriminierungen wegen ihrer ethnischen Herkunft, ihrer Kaste, ihres gesellschaftlichen Status (Witwen), ihrer sozialen Schichtzugehörigkeit oder ihrer Nationalität der Zugang zu Boden und Wasserressourcen erschwert oder verweigert wird.[31] Jedes Programm zur Verringerung der Unterernährung beinhaltet folglich eine Umverteilung von Boden an Landlose oder Bauern mit zu wenig Land. Überall da, wo verfügbares Land einer Vielzahl landloser Bauern gegenübersteht – so in Lateinamerika und Südafrika –, ist dessen Umverteilung einleuchtenderweise noch immer die beste Antwort auf die Unterernährung – aus ethischer Sicht wie auch mit Blick auf die wirtschaftliche Effizienz.[32]

Wenn die Armen in einem ländlich geprägten Entwicklungsland passable Lebensbedingungen bekommen und sich angemessen mit Nahrung versorgen können sollen, benötigen sie Zugang zu Boden.[33] Doch die Zuteilung von Land allein garantiert noch nicht den Erfolg. Eine echte Bodenreform muss dem Landarbeiter – zum Beispiel über ein System von Kooperativen – auch Zugang zu Produktionsmitteln wie landwirtschaftlichen Geräten, Krediten, Know-how, aber auch zu Märkten mit angemessenen Preisen sichern. In zu vielen Dörfern in Asien sind die Klein- und die landlosen Bauern der Willkür allmächtiger Wucherer ausgeliefert, die sich bei Kreditvergaben, beim Verkauf von Produktionsmitteln und beim Ankauf der Ernten Monopole verschafft haben.[34]

Die Weltbank geht davon aus, dass die Agrarreform den Kleinbauern den Marktzugang erleichtern, die Ungleichheiten bei der Bodenverteilung verringern, die Effizienz steigern und durch eine bestimmte Organisationsweise den Rechten der Frauen mehr Geltung verschaffen kann. Eine Umverteilung extensiv bewirtschafteter Großflächen zur Ansiedlung von Kleinbauern kann nur dann funktionieren, wenn damit einhergehende Reformen auch die Wettbewerbsfähigkeit der Begünstigten erhöhen. Dieses Ziel hat sich allerdings als schwer realisierbar erwiesen.[35]

Die Rolle des Staates und des Marktes

Jede Agrarreform muss Antwort auf eine Vielzahl komplexer Fragen geben: Wie soll der Boden verteilt werden? Wer soll von der Umverteilung profitieren? Wie sind die Altbesitzer zu entschädigen und mit welchem Beitrag von den neuen Eigentümern? Welche Rechte sollen diese einschließlich der Frauen erhalten? Wie sehen die Verbriefung und die Registrierung aus? Mit welchen Gesetzen und Verordnungen soll die Reform festgeschrieben und von welcher Agrarpolitik (Zugang zu Krediten, Bildung, Subventionen auf Rohstoffe und so weiter) begleitet werden?

Nicht weniger heikel ist zudem die Frage, welche Rolle der Staat und welche der Markt spielen sollen. Die Weltbank fördert »marktorientierte« Agrarreformen, wie sie augenblicklich in Brasilien und Südafrika in Gang sind.[36] Staatlich unterstützte Reformen sieht sie als zu schwer umsetzbar und zu teuer an. Im Zentrum dieser Reform steht deshalb nicht der Staat, sondern – zusammen mit einer Dezentralisierung – der Markt, also die Beziehung zwischen Käufer und Verkäufer. Mit Blick auf Brasilien und Südafrika kommt das Centre Tricontinental (CETRI) mit Sitz im belgischen Louvain-la-Neuve allerdings zu dem Schluss, dass die dort betriebene Art der Agrarreform eine Umverteilung des Bodens völlig außer Acht lasse. Sie basiere nicht auf dem Prinzip der sozialen Gerechtigkeit und orientiere sich nicht vornehmlich an den Bedürfnissen der Armen.[37] Und die »vom Markt unterstützte« Agrarreform in Südafrika mutet Marc Dufumier höchst »theoretisch« an.[38] Er kommt zu dem Schluss, dass die armen Bauern zu wenig Geld haben oder vom Staat bekommen, um sich Land aneignen zu können.

Der ägyptische Ökonom und Autor Samir Amin hebt hervor, dass sich die Debatte um die Zukunft der bäuerlichen Landwirtschaften an zentraler Stelle um die Frage drehe, welches Statut den Zugang zu Boden regeln solle. Die Agrarfrage stehe mehr denn je im Zentrum der zukünftigen Entscheidungen, welche Entwicklung die Länder der Dritten Welt einschlagen werden.[39] Samir Amin zufolge müsse die politische Strategie zur Entwicklung des ländlichen Raums darauf beruhen, dass alle Bauern gesicherten Zugang zu Land haben. Der Umstand, dass der Zugang der Bauern zu Boden nicht gewährleistet ist, und die Verschärfung des Migrationsdrucks stünden in einem unmittelbaren Zusammenhang.[40] Die notwendigen Reformen des Landrechts in Afrika und Asien müssen Amin zufolge in eine gesamtgesellschaftliche Entwicklungsperspektive eingebettet sein, insbesondere mit Blick auf die Arbeiter- und die unteren sozialen Schichten, einschließlich der Bauern. Entwicklung müsse dabei auf eine Verringerung der Ungleichheiten und die radikale Ausrottung der Armut abzielen.[41]

Das Beispiel der asiatischen Länder: China, Vietnam, Südkorea und Taiwan

Zahlreiche Autoren, darunter Joseph Stiglitz, stimmen darin überein, dass in mehreren asiatischen Ländern wichtige Agrarreformen erfolgreich umgesetzt wurden: etwa in China, Vietnam, Südkorea, Taiwan und Japan. In diesen Ländern wurden die Grundlagen geschaffen, um substantielle Ertragssteigerungen, eine drastische Verringerung der Armut und zugleich einen fulminanten Wirtschaftsaufschwung zu erreichen. Ähnlich erfolgreich war die demokratisch gewählte, fortschrittlich orientierte Regierung des indischen Unionsstaats Kerala mit einer Agrarreform.[42] Nach Hartmut Brandt und Uwe Otzen gab es überall dort, wo nach dem Zweiten Weltkrieg Landreformen zur Etablierung einer kleinbäuerlichen Agrarstruktur erfolgreich durchgeführt wurden, ein rapides Wirtschaftswachstum sowie eine drastische Verringerung der Armut, wie die Beispiele Japans, Südkoreas, Taiwans und Chinas zeigten.[43] In all diesen Ländern forcierte der Staat die Umsetzung der Reformen. Entscheidend unterstützt wurden diese Reformen zuweilen von den USA, die so in den Jahren des Kalten Krieges den Vormarsch des Kommunismus in den betreffenden Ländern einzudämmen hofften.

Muss jede Agrarreform die Übertragung von Privateigentum an ihre Nutznießer beinhalten? Für Samir Amin liefern China und Vietnam das einzigartige Beispiel für ein System zur Verteilung des Bodens, das nicht auf Privateigentum oder einem »Gewohnheitsrecht«, sondern auf einem revolutionär neuen Recht beruht, das nirgendwo sonst bekannt ist: das Recht aller Bauern – die als Bewohner eines Dorfes anerkannt werden – auf gleichwertigen Zugang zu Boden. Dieses Recht ist die schönste Errungenschaft der chinesischen und der vietnamesischen Revolutionen.[44]

Joseph Stiglitz merkt in diesem Zusammenhang an, dass die jüngste Forschung die Vorteile gesicherter Rechtsverhältnisse beim Grundeigentum in Frage stellt. So steigerte beispielsweise China seine Agrarproduktion lange vor Einführung gesicherter Eigentumsrechte. Und noch heute gibt es das Pacht- anstelle des Eigentumsverhältnisses (»Leaseholds, keine freeholds«). Stiglitz fügt hinzu, dass ironischerweise gesicherte und übertragbare Eigentumsrechte die Anzahl der landlosen Bauern tatsächlich erhöhen könnten.[45]

15 Die Landwirtschaft wieder für die Lebensmittelproduktion ankurbeln

Um das Jahr 2050 werden auf der Erde um die neun Milliarden Menschen leben. Anfang des 20. Jahrhunderts waren es noch 1,5 Milliarden, 50 Jahre später 2,5 Milliarden. Wieder 50 Jahre später, zu Beginn des 21. Jahrhunderts, wurde die Sechs-Milliarden-Schwelle überschritten, und im Jahr 2025 könnte die Marke von acht Milliarden Menschen erreicht werden. Auch wenn dieses Wachstum eine gewaltige Herausforderung darstellt, so verläuft es inzwischen gegenüber der Entwicklung von vor 30 Jahren deutlich gebremst. In den 1960er-Jahren betrug es noch zwei Prozent pro Jahr, 2013 waren es weniger als 1,2. Ende der 1960er-Jahre bekamen die Frauen im globalen Mittel fünf Kinder. Heute sind es nur noch 2,5.[46] Dieser Rückgang vollzieht sich weltweit gleichermaßen. In Ländern wie Bangladesch ist das Bevölkerungswachstum in weniger als 45 Jahren von 6,25 Prozent im Jahr 1970 auf 1,2 Prozent im Jahr 2013 zurückgefallen. Tunesien und der Iran haben inzwischen die gleiche Geburtenziffer wie Frankreich. 90 Prozent des weltweiten Bevölkerungswachstums findet in den Entwicklungsländern statt, insbesondere in den ärmsten, etwa in Ländern des subsaharischen Afrikas. Aber selbst in Afrika sinkt die Kinderzahl pro Haushalt und hat eine durchschnittliche Geburtenzahl von 5,3 Kindern pro Frau erreicht. Dieser Trend dürfte angesichts der gegenwärtigen rapiden Verstädterung anhalten. Er ist eng mit den Fortschritten im Bildungsbereich insbesondere bei den Mädchen verknüpft.[47]

Aber wie Marcel Mazoyer hervorhebt: Während die Weltbevölkerung zwischen 1950 und 2000 um den Faktor 2,4 zugelegt hat, stieg die landwirtschaftliche Produktion an Nahrungsmitteln um den Faktor 2,6 und damit so schnell wie noch nie.[48] Um die weitgehend hungernde und mangelernährte Bevölkerung von heute und die zukünftige Bevölkerung ausreichend mit Nahrungsmitteln zu versorgen, ist eine weitere Steigerung der landwirtschaftlichen Erzeugung unumgänglich. Die wichtige Frage lautet dabei, wer diese Produktion sicherstellen soll: die Länder des Nordens und bestimmte Schwellenländer oder die Entwicklungsländer? Sehr häufig wird die Ernährungskrise so dargestellt, als eröffne sie den Ländern, die bereits über eine große Lebensmittelproduktion und einen entsprechenden Export verfügen, völlig neue Perspektiven. Mittel- bis langfristig ist eine Entwicklung, die die Länder des Südens in die Lage versetzt, die benötigten Nahrungsmittel selbst zu erzeugen, von entscheidender Bedeutung. Die Völker der Dritten Welt müssen ihre Nahrungsmittelproduktion erhöhen können, und zwar überproportional zu ihrem demographischen Wachstum – eine beachtliche Herausforderung für die Menschheit.[49]

Dennoch kann man nicht oft genug betonen, dass Hunger und die Unterernährung weniger eine Frage der Produktionskapazität ist, sondern eher ein Problem der gerechten Verteilung und der Kaufkraft. Denn die Gesamtproduktion von Getreide reicht eigentlich aus, jedem genügend Essen zu geben.

Die Landwirtschaft in den Entwicklungsländern zeichnet sich hauptsächlich durch eine große Vielfalt aus. Sie entwickelte sich im Verlauf der Jahrhunderte nach Maßgabe des Klimas, der landwirtschaftlich-ökologischen und sozioökonomischen Verhältnisse sowie der Agrarpolitik, die in den jeweiligen Ländern betrieben wurde. Jede landwirtschaftliche Politik muss folglich die Besonderheiten des jeweiligen Landes berücksichtigen.

Die Verantwortung der Regierungen in den Entwicklungsländern

Angesichts der Lehren aus der Vergangenheit und insbesondere der Ernährungskrise von 2008 müssen die Entwicklungsländer dem Ausbau ihres landwirtschaftlichen Sektors erneut hohe Priorität einräumen, wenn sie ihre Strategien für die zukünftige Entwicklung formulieren. Diese müssen auf zwei politischen Prinzipien beruhen.

Nach dem ersten Prinzip, welches auf Ernährungssouveränität beruht, muss das Land den Bedarf an Grundnahrungsmitteln möglichst weitgehend selbst abdecken können.

Ernährungssouveränität

»Ernährungssouveränität (food sovereignty) ist das Recht der Völker auf gesunde und kulturell angepasste Nahrung, nachhaltig und unter Achtung der Umwelt hergestellt. [...] Sie ist das Recht der Bevölkerung, ihre Ernährung und Landwirtschaft selbst zu bestimmen. Ernährungssouveränität stellt die Menschen, die Lebensmittel erzeugen, verteilen und konsumieren, ins Zentrum der Nahrungsmittelsysteme, nicht die Interessen der Märkte und der transnationalen Konzerne.«

Nyéléni-Erklärung des weltweiten Forums für Ernährungssouveränität, Mali, Februar 2007[50]

Als erster UN-Prozess hat der Weltagrarbericht mit seinen 58 Unterzeichnerstaaten den Begriff der Ernährungssouveränität in die Debatte eingeführt und verbindlich definiert.[51] Entwickelt wurde er von der internationalen Kleinbauernorganisation La Via Campesina. Sie präsentierte ihn 1996 zum Welternährungsgipfel in Rom als antikoloniale Kritik an der Fremdbestimmung von Staaten durch die internationalen Handelsregeln der WTO und die neoliberalen Kreditauflagen des Internationalen Währungsfonds und der Weltbank. Ausgangspunkt dieser Souveränität ist die selbstbestimmte Produktion von Lebensmitteln, ihre Trägerinnen und Träger sind deshalb auch zuerst die Produzenten und dann die Konsumenten.[52]

Dagegen definierte der Welternährungsgipfel Ernährungssicherheit als passiven Versorgungszustand, bei dem »alle Menschen jederzeit physischen und wirtschaftlichen Zugang zu ausreichender, sicherer und nahrhafter Ernährung haben, die ihre Bedürfnisse und Vorlieben befriedigt und ihnen ein aktives und gesundes Leben ermöglicht«.[53]

Alle Anstrengungen müssen sich darauf richten, den Importbedarf im Agrarsektor so weit wie möglich zu verringern. Diese strategische Entscheidung trafen die Europäer während des Wiederaufbaus nach dem Zweiten Weltkrieg. Statt den Weg des Wirtschaftsliberalismus zu gehen und ihre Märkte für Nahrungsmittelimporte – insbesondere aus den befreundeten USA mit ihren gewaltigen Produktionskapazitäten – zu öffnen, einigten sie sich auf eine Gemeinsame Agrarpolitik (GAP) mit dem Ziel, sich selbst mit Nahrungsmitteln zu versorgen (Ernährungssicherheit zu garantieren). Außerdem sollten für die Bauern der Gemeinschaft gerechte Lebensverhältnisse hergestellt werden. Ein Land wie China traf die gleiche Wahl und hält trotz seiner rasanten Wirtschaftsentwicklung weitgehend an ihr fest.

Als zweites Prinzip müssen die ärmsten Länder dringend für Beschäftigung sorgen und die Einkünfte der ländlichen Bevölkerungsgruppen sichern, die zumeist noch die Mehrheit stellen. Daraus ergibt sich, dass bei jeder neuerlichen Ankurbelung des Agrarsektors die Erzeugung von Nahrungsmitteln für die eigene Bevölkerung im Zentrum stehen sollte. Genau hier muss jede Politik im Kampf gegen Armut und Hunger ansetzen, wenn sie Hunger und Unterernährung beseitigen will. Eine solche Politik kann zudem die Landflucht bremsen und einer zahlreicheren Jugend für die Zukunft bessere Lebensperspektiven schaffen.

Dazu bedarf es einer neuerlichen Aufwertung der Landwirtschaft, um den Agrarsektor und die Landbevölkerung aus ihrer Randexistenz zu befreien und die kulturellen Gräben zwischen Stadt und Land zu überbrücken. Der bäuerliche Familienbetrieb, das Kleinbauerntum (small scale farmer), muss ins Zentrum der Aufmerksamkeit rücken. Aber hat ein solcher Familienbetrieb überhaupt Überlebenschancen? Marc Dufumier hebt hervor, dass die bäuerliche Landwirtschaft in zahlreichen Regionen weltweit gerade deshalb dominiert, weil ihre Fähigkeit zur Anpassung unstrittig ist. In Thailand, dem einzigen asiatischen Land, das niemals kolonisiert wurde, herrscht noch immer der bäuerliche Familienbetrieb vor. Die rasanten Fortschritte im chinesischen und vietnamesischen Reisanbau, die gleich nach der Wiedereinführung der Familienbetriebe erfolgten, belegen sehr gut die außergewöhnliche Flexibilität von Bauern, die ein gewisses Maß an Freiheiten zurückerhielten, um Produktionssysteme aufzubauen. Begleitet wurden diese Erfolge von einer starken Diversifizierung in der Landwirtschaft und Viehzucht, wobei auch im Obstbau und in der Kleinviehhaltung bedeutende Ertragssteigerungen erreicht wurden.[54]

Der Ansatz, der gewählt wird, um eine solche Agrarpolitik einzuführen, ist dabei ebenso wichtig wie deren Inhalt. Sie muss transparent, demokratisch und unter Einbindung der betroffenen Parteien umgesetzt werden. Die Regierungen der betreffenden Länder haben Interesse daran, sich dabei auf sämtliche verfügbaren Fakten, Kenntnisse, Erfahrungen und Expertisen zu stützen. Sämtliche betroffene Gruppen und insbesondere die organisierten Vertreter der Bauern müssen in die Ausarbeitung dieser Politik eingebunden werden. Sie verlangt zudem, um für eine sozial und wirtschaftlich ausgewogene Entwicklung zu sorgen, ein gewisses Maß an politischer, institutioneller und finanzieller Dezentralisierung.[55]

In ihrem Bericht von 2009 stellt die FAO in zahlreichen Ländern ein wiedererstarktes Interesse daran fest, hinsichtlich der Nahrungsmittel Selbstversorgung zu erreichen – als Mittel der nationalen Ernährungssicherung.

Zugleich sagte die FAO aber auch eine neuerliche Tendenz voraus, dass sich die Abhängigkeiten im Bereich der Nahrungsmittel verschärfen würden. Eine größere Anzahl von Staaten im asiatisch-pazifischen Raum und in Afrika wird sich in die Reihen der Nettoimporteure zurückbegeben. Das bedeutende Defizit, das in den am wenigsten entwickelten Länder insbesondere in Afrika fortbesteht, weckt schon deshalb Besorgnisse, weil es sich in den nächsten zehn Jahren real um 50 Prozent erhöhen und so die Abhängigkeit von ausländischen Importen bedeutend verschärfen wird.[56]

Als ihr Hauptziel muss die Politik das Recht jedes Bürgers auf Ernährung sicherstellen und dazu die Erzeugung von Nahrungsmitteln fördern, die den natürlichen Ressourcen des Landes angemessen sind. In Ländern, die sich bislang vor allem auf eine exportorientierte Produktion konzentrierten, muss wieder mehr für den Eigenbedarf angebaut werden, um beides so wieder stärker ins Gleichgewicht zu bringen.

Wie die Produktion erhöhen?

Eine Produktionssteigerung kann mit zwei Mitteln erreicht werden: entweder durch eine Ausweitung der bebaubaren Flächen oder durch eine Ertragssteigerung pro Hektar. In dicht besiedelten Ländern, in denen kaum noch Brachland verfügbar ist, stößt die erste Lösung rasch an ihre Grenzen. Das ist in den Ländern Ost- und Südostasiens der Fall. Möglichkeiten dafür gibt es dagegen noch in Lateinamerika und Subsahara-Afrika. So werden in Benin der FAO zufolge von den circa 322 000 Hektar Boden, die für den Reisanbau geeignet sind, derzeit nur acht Prozent genutzt. Die Umsetzung dieser Option könnte allerdings zu einer Bedrohung für die Wälder und für die Artenvielfalt in dem Land werden.

Eine Agrarpolitik, die auf Produktionssteigerung setzt, muss sich hauptsächlich mit den Fragen befassen, wie die Bauern an hochwertigeres Saatgut, bessere, jedoch unschädliche Düngemittel und Pflanzenschutzmittel sowie Werkzeug kommen. Das Beispiel Malawi zeigt, welche beträchtlichen Auswirkungen staatliche Subventionen hier haben können. Außer in Subsahara-Afrika ist der Einsatz chemischer Düngemittel fast überall in der Dritten Welt bedeutend gestiegen. Stärksten Gebrauch davon machen die asiatischen Bauern – mit der erheblichen Steigerung von durchschnittlich sechs Kilogramm pro Hektar 1961 bis 1963 auf 143 Kilogramm 2000 bis 2002.[57] Wie im folgenden Kapitel allerdings zu sehen sein wird, zwingen die ökologischen Verhältnisse zu einer Neuorientierung hinsichtlich der Düngemittel und einer Ausrichtung des Agrarsektors in Richtung einer Biolandwirtschaft.

Aufklärungsarbeit und Schulungen können den Bauern das notwendige Know-how darüber vermitteln, wie sie ihren Boden am besten nachhaltig bewirtschaften.

Weltweit lebt fast eine Milliarde sehr armer Menschen von Viehzucht. Daran wird sich in naher Zukunft nichts ändern. Vieh stellt für zahlreiche Kleinbauern vor allem eine soziale Absicherung dar und erfüllt zur Sicherung ihrer Existenz gleich mehrere Aufgaben. Tierprodukte leisten einen bedeutenden Beitrag zur Ernährung der Haushalte und versorgen insbesondere Mütter und Kleinkinder mit wertvollen Proteinen. Allerdings geraten die Kleinzüchter, die von etwas Geflügel, einigen Schweinen oder Kühen leben, zusehends unter Druck durch die Konkurrenz von Großbetrieben, die auf eine Tierart spezialisiert sind, ihr Viehfutter von Lieferanten beziehen und Massentierhaltung betreiben. Letztere schafft Umweltprobleme und kann die Gesundheit von Tier und Mensch bedrohen. Um diesen Herausforderungen zu begegnen, müssen die Behörden zum Schutz der gesamten Gesellschaft – bislang oft vernachlässigt – tiermedizinische Dienste zur Verfügung stellen und Kontrollen durchführen.[58]

Die Infrastruktur entwickeln

Die Abgeschiedenheit ländlicher Regionen wirkt sich gravierend auf die Transportkosten, die Qualität von Dienstleistungen und den Grad der Abhängigkeit von der Subsistenzwirtschaft aus. Vor allem in den afrikanischen Entwicklungsländern leben weniger als 50 Prozent der Landbevölkerung in der Nähe einer Straße, die ganzjährig befahrbar ist. 16 Prozent leben in Zonen, in denen sie nur einen beschränkten Zugang zu Märkten haben – mit fünf oder mehr Stunden Fahrt bis zur nächsten Stadt mit mindestens 5 000 Einwohnern. Ungefähr die Hälfte der bebaubaren Böden in abgelegenen Regionen besitzt ein gutes landwirtschaftliches Potential, ist aber wegen der fehlenden Infrastruktur an keinen größeren Wirtschaftsraum angebunden.[59]

Die Bedeutung der Entwicklung von Infrastrukturen für den Transport und insbesondere des Baus von Straßen in ländlichen Gebieten kann nicht genug hervorgehoben werden. Dass die Bauern die Möglichkeit haben, ihre Erzeugnisse zu einem Markt zu transportieren, entscheidet häufig darüber, ob sie sie verkaufen können und Zugang zu anderen Produkten und Dienstleistungen – insbesondere im Bereich von Bildung und Gesundheit – bekommen. Eine gute Infrastruktur belebt die Erzeugung von Nahrungsmitteln und den Handel mit ihnen in der gesamten Region, da sie ermöglicht, Waren und Dienstleistungen überall auf den Dörfern anzubieten. Angesichts der bisweilen riesigen Entfernungen der Ansiedlungen und Dörfer zur nächsten Provinzstadt oder gar zur Hauptstadt sind für den Aufbau dieser Infrastruktur bedeutende Investitionen notwendig. Auch das Know-how zur Instandhaltung von Straßen und Pisten auf dem Land ist ein wichtiger Aspekt, der in der Vergangenheit nur allzu häufig vernachlässigt wurde. Der Aufbau von Infrastrukturen ließe sich an ein großangelegtes Programm zur Schaffung von Arbeitsplätzen koppeln und könnte so als Katalysator für die Entwicklung dienen. Solchen Infrastrukturmaßnahmen räumt die Weltbank denn auch eine ihrer drei Prioritäten auf dem Landwirtschaftssektor ein.

Die Internationale Arbeitsorganisation (IAO) fördert seit Jahren arbeitskraftintensive Techniken für Investitionen in Straßenbau, Bewässerungssysteme, Landentwicklung, Aufforstung, nachhaltige Entwicklung und Schutz der natürlichen Ressourcen, soziale Infrastrukturen, um bei den jeweiligen Projekten ein Maximum an Arbeitsplätzen zu schaffen. Mit angemessener Ausbildung können diese Arbeiten von lokalen Klein- und Mittelbetrieben, aber auch von partizipativ organisierten Interessengruppen oder Dorfgemeinschaften ausgeführt werden. Die nachhaltige Auswirkung auf deren Produktion, Kaufkraft, Ausbildung, Organisations- und Verhandlungsfähigkeit ist unvergleichbar höher als die kapitalintensiveren und oft importabhängigen Praktiken.

Die Grüne Revolution in Asien in den 1970er-Jahren stützte sich weitgehend auf die Entwicklung von Bewässerungssystemen. In Subsahara-Afrika ist das beträchtliche Bewässerungspotential dagegen noch immer weitgehend ungenutzt. Nur vier Prozent der bebauten Gesamtfläche wird bewässert, mit einem spärlichen Zuwachs von vier Millionen Hektar in den letzten 40 Jahren. Dagegen werden in Südasien 39 Prozent und in Südostasien 29 Prozent der Flächen künstlich bewässert.[60]

Darüber hinaus bildet die Einrichtung eines nationalen, regionalen und lokalen Netzwerks zur Vorratshaltung eine wirkungsvolle Absicherung gegen Ausfälle und für eine geregelte Versorgung mit Nahrungsmitteln über das gesamte Jahr hinweg, insbesondere auch zur Überbrückung von Zeiten der Knappheit. Dank einer lokalen Lagerung können die Erzeuger ihre Produkte vor allem dann verkaufen, wenn es sich besonders lohnt, und sich so von Zwischenhändlern unabhängig machen. Der Aufbau eines solchen Netzwerks an Vorratslagern kann auch wichtiger Bestandteil einer Politik zur Regulierung des landwirtschaftlichen Marktes sein (siehe Kapitel 17).

Zugang zu Krediten und die Rolle der Mikrofinanz

Vor allem in Subsahara-Afrika ist das Filialnetz der Banken auf regionaler und dezentraler Ebene äußerst dünn angelegt. Die Kreditinstitute verlangen exorbitante Zinssätze – in manchen afrikanischen Regionen bis zu 20 Prozent. Die Bauern verfügen nur selten über hinterlegbare Sicherheiten. Um ihnen den Zugang zu Darlehen zu erleichtern, propagiert die UNCTAD die Einrichtung von Agrarbanken nach Art der in Europa gegründeten Raiffeisenbanken. Eine Politik, die die Vergabe von Bankdarlehen fördert, würde den Bauern Investitionen erleichtern und den Kauf wichtiger Ausrüstungsgüter ermöglichen.

Die Bereitstellung von Mikrofinanz-Dienstleistungen verschafft Zugang zu Krediten ohne formelle Sicherheiten. Durch sie kamen Millionen Arme, insbesondere Frauen, bereits an Darlehen, bislang allerdings selten im Agrarbereich – außer bei eher kurzfristig angelegten Aktivitäten wie der Kleintierzucht oder dem Gemüseanbau. Der Einsatz von elektronischer Datenverarbeitung reduziert die Kosten für Transaktionen und Kredite in den ländlichen Zonen.[61] In den letzten zwei Jahrzehnten wurden bereits zahlreiche Systeme der Mikrofinanz erprobt, um Bauern und der Landbevölkerung Zugang zu Kleinkrediten mit Zinssätzen zu verschaffen, die unter denen der Händler und Geldverleiher mit Monopolstellung liegen: über Sparkassen und Genossenschaftsbanken, Banken, die nach dem Solidaritätsprinzip arbeiten und sich mehr oder weniger am Vorbild der Grameen Bank in Bangladesch orientieren, sowie über rotierende Fonds,[62] die von Nichtregierungsorganisationen aufgelegt wurden. Die Mikrofinanz zeigt nicht zu unterschätzende Wirkungen. Bauern, die sich hier finanzieren können, sind vor Wucherzinsen und vor dem Zwang, ihre Tiere oder Werkzeuge zu verkaufen, geschützt, um fällige Schulden zu begleichen.[63]

Forschung und Bildung

Ohne bahnbrechende wissenschaftliche Durchbrüche wären die Steigerungen der landwirtschaftlichen Produktion der vergangenen 50 Jahren undenkbar gewesen.[64]

Die oft umstrittene Grüne Revolution wurde in Asien mit Getreidesorten angestoßen, die man wegen ihrer hohen Erträge pro Hektar ausgewählt hatte. Norman Borlaug, ein Agrarwissenschaftler, der sich mit der Züchtung ertragreicherer Getreidesorten befasste, gilt als wesentlicher Initiator der Grünen Revolution in den Entwicklungsländern. 1970 erhielt er für seine Arbeit den Friedensnobelpreis. Dies unterstreicht die Wichtigkeit von Forschungen zur landwirtschaftlichen Ertragssteigerung angesichts knapper werdender Ressourcen. Angemessene staatliche Investitionen in Forschung und Entwicklung sind folglich von entscheidender Bedeutung. Und die Ergebnisse sind beachtlich. In China und Indien wurden in den letzten 20 Jahren die entsprechenden Investitionen verdreifacht. Dass sie in Subsahara-Afrika nur um ein knappes Fünftel stiegen, erklärt weitgehend die Stagnation der dortigen Erträge.[65] Wie in Kapitel 3 dargelegt, entstand durch die Vernachlässigung des landwirtschaftlichen Sektors auch ein gravierendes Problem hinsichtlich des nötigen Know-how, ohne das die notwendigen Reformen nur schwer plan- und umsetzbar sind.

Der Weltagrarbericht beklagt, dass einem Übermaß an Daten, Informationen und Spezialisten, die den Blick aufs Wesentliche eher verstellen, ein bitterer Mangel gegenübersteht. Es fehlt an Allgemeinwissen und landwirtschaftlicher Ausbildung, an Beraterinnen und Landwirtschaftsschulen, an Wissenschaftlern, die sich den Problemen vor Ort widmen, an Kompetenz, das verfügbare Wissen unterschiedlicher Bereiche ergebnisorientiert zusammenzubringen und da einzusetzen, wo es gebraucht wird.[66]

Es ist daher notwendig, die Ausbildung entsprechender Kompetenz auf nationaler und dezentraler Ebene voranzutreiben. Jede Regierung muss sich auf eine Mindestanzahl von Agraringenieuren, Agrarökonomen und Experten in den verschiedenen Zweigen der Nahrungsmittelproduktion stützen können. Hier gilt es, verstärkt Ausbildungsprogramme für Führungskräfte in den verschiedenen Bereichen zu schaffen.

Der Weltagrarbericht fordert eine massive Steigerung öffentlicher Investitionen in landwirtschaftliches Wissen und dessen Vermittlung auf allen Ebenen. Staatliche Subventionen müssten sich gezielt auf öffentliche Güter von strategischer Bedeutung für Ernährungssicherheit, Klimawandel und Nachhaltigkeit konzentrieren, weil hier privatwirtschaftliche Investitionen praktisch nicht zur Verfügung stehen.[67]

Ebenso sollte die enorme Fülle traditionellen und lokalen Wissens in den zukünftigen Forschungsarbeiten mit der Beteiligung von Landwirten, Gemeinden, Hirten, Fischern, Gärtnern und Heilern aufgezeigt und verwertet werden.[68]

Wie ist die erneute Ankurbelung des Nahrungsmittelanbaus zu finanzieren?

Die neuerliche Ankurbelung des Nahrungsmittelanbaus muss sich in jedem Staatshaushalt angemessen widerspiegeln. Indem sie die Bedeutung der Landwirtschaft für die Entwicklung Afrikas anerkannte, verabschiedete die Afrikanische Union (AU) 2003 in Maputo eine Empfehlung an ihre Mitgliedsländer, mindestens zehn Prozent ihres Staatshaushaltes für die Landwirtschaft zu reservieren. Zehn Jahre später geben die afrikanischen Staaten im Durchschnitt nur vier Prozent ihres Haushaltes für Landwirtschaft aus. Lediglich acht der 54 Staaten erreichen das Zehn-Prozent-Ziel.

Die afrikanischen, karibischen und pazifischen Staaten (AKP), die ein Partnerschaftsabkommen mit der EU haben, müssen diese Priorität in den Nationalen und Regionalen Indikativprogrammen (NIP und RIP) umsetzen, die sie mit den Geberländern der Entwicklungshilfe und insbesondere mit der EU erstellt haben. Auch sind die AKP-Staaten gefordert, die Möglichkeiten des Europäischen Entwicklungsfonds (EEF) besser auszuschöpfen, um die Landwirtschaft zu einem der bevorzugt zu finanzierenden Sektoren zu machen. Die Weltbank und der IWF müssen sich flexibler zeigen, damit die Regierungen der Entwicklungsländer eine Politik betreiben können, bei der vor allem in den Ausbau der Agrarkapazitäten für Familienbetriebe investiert wird.

Die Verantwortung der Geber

Eine der Hauptursachen der Ernährungskrise 2008 war die Vernachlässigung der lebensmittelerzeugenden Landwirtschaft. Deren Wiederankurbelung beinhaltet, dass die bilateralen und multilateralen Geber die seit langem bestehende Tendenz korrigieren, die Hilfen für den Agrarbereich zurückzufahren, und stattdessen diesem Sektor einen bedeutenden Teil ihrer öffentlichen Entwicklungshilfe (ODA) zukommen lassen. Manche Länder, wie Belgien, haben beschlossen, für den Agrarsektor zehn Prozent und längerfristig sogar fünfzehn Prozent ihrer öffentlichen Entwicklungshilfe bereitzustellen. Erleichtert würde die Umsetzung dieses Beschlusses, wenn die reichen Länder ihren eingegangenen Verpflichtungen nachkommen und ihre Entwicklungshilfe auf mindestens 0,7 Prozent ihres Bruttonationaleinkommens steigern würden.

Im Kampf gegen die Ernährungskrise wurden weltweit verschiedene Initiativen gestartet. Ende 2008 berief UN-Generalsekretär Ban Ki-moon eine hochrangige Arbeitsgruppe zur globalen Ernährungskrise (HLTF/High Level Task Force). Sie sollte die Bemühungen der damit befassten UN-Institutionen – insbesondere der FAO, des Internationalen Fonds für landwirtschaftliche Entwicklung (IFAD), des Welternährungsprogramms (WFP) und der UNICEF – sowie der internationalen Finanzinstitutionen, vor allem Weltbank und IWF, im Kampf gegen die Krise verstärken. Nach Schätzungen der Arbeitsgruppe müssten in die Entwicklung der Landwirtschaft weltweit jährlich 25 bis 40 Milliarden Dollar zusätzlich investiert werden, um die Weltbevölkerung gesichert ernähren zu können.

Die FAO organisierte zwei Gipfel – einen im Juni 2008 und einen im November 2009. Spanien veranstaltete im Januar 2009 in Madrid ein hochrangiges Treffen zur weltweiten Ernährungssicherung. Im Juli 2009 fand im italienischen L'Aquila ein G8-Treffen mit den Führern der wichtigsten Industriestaaten statt. Der von ihnen verabschiedeten Erklärung zur Ernährungssicherheit schlossen sich 26 weitere Staaten und 14 internationale Organisationen an. »Die Verpflichtungen zur öffentlichen Entwicklungshilfe«, heißt es in der Erklärung, »müssen [must] eingehalten werden. Der Trend zur Verringerung der ODA und der nationalen Finanzierungen zugunsten der Landwirtschaft muss [must] umgekehrt werden.« Die Organisationen begrüßten die Verpflichtung der Teilnehmerstaaten von L'Aquila, über drei Jahre 20 Milliarden Dollar bereitzustellen. Demnach müssten für jedes Jahr knapp sieben Milliarden Dollar zu Verfügung stehen.

Leider stehen die G8-Staaten nicht im Ruf, ihre Verpflichtungen in Sachen Entwicklungshilfe auch einzulösen. In ihrem Bericht von 2012 bemängelt die FAO die fehlende Verbindlichkeit dieser Zusage und stellt fest, dass zwischen 2009 und 2010 die Verpflichtungen der öffentlichen Entwicklungsgelder für die Landwirtschaft nur um etwa 330 Millionen Dollar zugenommen haben.[69] Schon zu viele Versprechen an Afrika wurden gebrochen.

Als Reaktion auf die Krise richtete die EU eine Nahrungsmittelfazilität mit einem Budget von über einer Milliarde Euro für zwei Jahre ein. US-Außenministerin Hillary Clinton kündigte an, für die nächsten drei Jahre 3,5 Milliarden Dollar in die Landwirtschaften besonders armer Länder zu investieren, die drei Bedingungen erfüllen: Die Landwirtschaft trägt zu über 30 Prozent zum Bruttoinlandsprodukt sowie zu über 60 Prozent zur Erwerbstätigkeit bei, und die Ausgaben für Lebensmittel machen über 70 Prozent des durchschnittlichen Familieneinkommens aus.[70] Die Hilfen der Weltbank für die Entwicklung der Landwirtschaft und des ländlichen Raums stiegen von durchschnittlich 4,1 Milliarden Dollar für den Zeitraum von 2006 bis 2008 auf 8–10 Milliarden jährlich für den Zeitraum 2013–2015. Die USA, Kanada, Australien, Japan, Spanien, die Niederlande, das Vereinigte Königreich, die Republik Korea und die Bill & Melinda Gates Foundation haben zusammen ungefähr 1,3 Milliarden Dollar an Hilfen für das von der Weltbank geleitete Programm zur Sicherung der Agrarentwicklung und Welternährung (GAFSP/Global Agriculture and Food Security Program) zugesagt . Allerdings bleiben diese Hilfen weit hinter den 25 bis 40 Milliarden Dollar jährlich zurück, die von der UN-Arbeitsgruppe für notwendig erachtet werden, um Ernährungssicherheit herstellen zu können.

Die neue Allianz für Nahrungssicherheit und Ernährung

2012 hat Präsident Obama beim G8-Gipfel in Camp David die »Neue Allianz für Nahrungssicherheit und Ernährung« ausgerufen, die über eine Partnerschaft mit dem Privatsektor Investitionen für die Landwirtschaft in Afrika fördern soll. Sie wurde 2013 unter Premierminister Cameron weiter verstärkt. Bis zum Jahre 2022 soll sie insgesamt 50 Millionen Menschen in Subsahara-Afrika aus der Armut befreien – mittels privater Investitionen in die Landwirtschaft. Partnerschaftsabkommen wurden bisher mit zehn afrikanischen Ländern abgeschlossen. Etwa hundert lokale und globale Firmen hätten sich verpflichtet, über 3,75 Milliarden Dollar bereitzustellen. Es

bleibt allerdings sehr fragwürdig, was geschieht, wenn Hungerbekämpfung zum Geschäftsmodell wird, ob und wie größere, oft multinationale Unternehmen die Entwicklung von Klein- und Familienbetrieben unterstützen wollen und können – zumal diese
Kleinbauern, die eigentlich von diesem Vorhaben profitieren sollten,
nicht eingebunden sind.

AGRA

AGRA, Allianz für eine grüne Revolution in Afrika, ist eine Zivilgesellschaft, die 2006 mit dem Ziel gegründet wurde, Landwirtschaft und Ernährung in Afrika zu fördern und Millionen Kleinbauern aus Hunger und Armut herauszuhelfen. AGRA verfügt
über einen 400-Millionen-Dollar-Jahreshaushalt.

2011 organisierte Olivier De Schutter, damaliger UN-Sonderberichterstatter für das Recht auf Ernährung, in Luxemburg ein
Seminar, wo die Aktivitäten AGRA's im Mittelpunkt standen.
Viele Vertreter europäischer und afrikanischer NGO's und Bauernorganisationen äußerten Zweifel an dem AGRA-Unterneh-
men. Wir, die Vertreter der afrikanischen Kleinbauern, so klagte
ein Bauernvertreter aus Mali, werden in keiner Hinsicht an der
Ausarbeitung der Politik AGRA's beteiligt. Schlimmer noch, er
erhob den Verdacht, AGRA könnte als trojanisches Pferd dienen
zur Einführung einer nicht nachhaltigen Landwirtschaft in
Form von Hybridsaatgut, GVO's, chemischen Dünger und Pestiziden zugunsten von Multis des Agrobusiness, wie Monsanto.
Die Bill und Melinda Gates Foundation verwaltet ein Kapital
von 30 Milliarden Dollar und zählt zu den stärksten Geldgebern
von AGRA. 2010 kaufte die Stiftung 500 000 Monsanto-Aktien
im Wert von 23 Millionen Dollar. Bill Gates erklärte 2011 seine
Vorstellung folgendermaßen vor dem Chicago Council for Global Affairs, einem amerikanischen Thinktank : »Die Außenhilfe
bedeutet, dass die Geldgeber nationale Pläne unterstützen, den

Bauernfamilien neues Saatgut, Geräte, Techniken und Märkte verschaffen. (...) Unsere Vorgehensweise hat mit dem alten Konzept der Geldgeber und Empfänger nichts zu tun. Es handelt sich um Business und Investoren (...) und einer Sache, die die Interessen der Vereinigten Staaten weiterbringt.« Dies erklärt auch, warum bei der Gates-Stiftung jemand wie Robert Hosch, der während 25 Jahren in den Diensten von Monsanto stand, an die Spitze des »Programms der globalen Entwicklung« ernannt wurde, der AGRA zugeteilt ist.[71]

Vor zwei Jahren verfassten die Entwicklungsorganisationen Luxemburgs eine Broschüre »Fair politics« mit Forderungen an die Regierung in Sachen Kohärenz in der luxemburgischen Entwicklungspolitik. Sie verlangten von der Regierung, die Zusammenarbeit mit AGRA aufzugeben. Das Entwicklungsministerium ist der Aufforderung inzwischen nachgekommen.

Eine Studie, von Terra Nuova und dem Transnational Institute belegt, dass Programme wie AGRA dazu führen, dass Kleinbauern von ihren Ländereien vertrieben werden oder gezwungen werden, sich in eine globale Lebensmittelversorgungskette einzuschließen, die zu ihrer weiteren Verarmung führt. Sie zeigt, wie Gesellschaften, philanthropisch-kapitalistische Stiftungen, dem Privatsektor nahestehende Foren, bi- und multilaterale Hilfsprogramme sowie afrikanische Autoritäten zusammenspielen, um letztlich die Macht der Großkonzerne auszuweiten. Die Studie enthüllt die Falschheit einer Rhetorik, die behauptet, Nahrungsunsicherheit abbauen zu wollen, während in Wahrheit Gemeinschaftsressourcen privatisiert werden, von denen die ländliche Bevölkerung abhängt. Das Risiko besteht, dass beispielsweise im Saatgutbereich bestimmte Produkte von Privatfirmen gefördert, die Rechte der Bauern, ihr eigenes Saatgut zu benutzen, jedoch eingeschränkt werden. Kurzum, die Investitionen des Privatsektors werden geschützt, nicht aber die der Bauern, die für 90 Prozent aller Investitionen in der Landwirtschaft verantwortlich sind.

Afrikanische Bauernorganisationen, wie das ROPPA-Netz, haben klar Stellung bezogen gegen diese sogenannte »Grüne Revolution«, wie sie von der G8-Gruppe und von AGRA in Afrika deklariert wird.[72] Letztlich besteht die größte Herausforderung der internationalen Gemeinschaft nicht nur darin, die Agrar- und Nahrungsmittelproduktion der Kleinbauern zu steigern. Die so ausgeweitete Landwirtschaft muss auch ausreichende Einkommen für die Bedürftigsten abwerfen und zudem eine nachhaltige Bewirtschaftung der natürlichen Ressourcen ermöglichen. Das Problem liegt weniger darin, *die Weltbevölkerung zu ernähren,* als vielmehr darin, diese in die Lage zu versetzen, dass sie sich entweder von eigenem Anbau oder von eigener Arbeit selbst ernähren kann. Oder besser, *dass sie nicht daran gehindert wird, sich selbst zu ernähren.*[73] Dies beinhaltet letztlich auch, dass die urbane Bevölkerung ihre Denkweisen und Ernährungsgewohnheiten zugunsten lokaler Produkte verändert, anstatt Importwaren zu konsumieren. Wie sich zeigt, bevorzugen Städter inzwischen immer häufiger importierte Sorten Reis, Weizen und Mais gegenüber Hirse, Sorghum oder Maniok aus landeseigenem Anbau. Die Frage nach profitablen Erzeugerpreisen, die sich in diesem Kontext stellt, wird in Kapitel 17 behandelt.

16 Eine nachhaltige Landwirtschaft

Weiter wie bisher ist keine Option

Agroökologie wird oft auch als biologisch-dynamische oder organisch-biologische Landwirtschaft bezeichnet und steht im Gegensatz zur konventionellen oder industriellen Landwirtschaft. Als wissenschaftliche Disziplin, Praxis und wirtschaftliches Erfolgskonzept gewinnt sie seit den 1980er-Jahren weltweit immer mehr Anhänger. Dass der Weltagrarbericht ihr eine zentrale Rolle bei der Gestaltung künftiger, nachhaltiger Landwirtschaft zuspricht, belegt, dass sie heute in der Mitte der wissenschaftlichen und politischen Debatte angekommen ist.[74]

Auf Initiative der UNO und der Weltbank veröffentlichten im April 2008 Vertreter von ungefähr 30 Regierungen einen Bericht mit dem Titel »Landwirtschaft am Scheideweg. Internationale Bewertung der Agrarwissenschaft und Agrartechnologie für die Entwicklung« (IAASTD/International Assessment of Agricultural Knowledge, Science and Technology for Development). Über 400 Expertinnen und Experten aus allen Kontinenten und Fachrichtungen arbeiteten vier Jahre intensiv daran, gemeinsam die folgende Frage zu beantworten: »Wie können wir durch die Schaffung, Verbreitung und Nutzung von landwirtschaftlichem Wissen, Forschung und Technologie Hunger und Armut verringern, ländliche Existenzen verbessern und gerechte und sozial nachhaltige Entwicklung fördern?« Der Weltbank sollte diese aufwendige Bestandsaufnahme vor allem die Frage beantworten, wo und wie sie nach Jahrzehnten sträflicher Vernachlässigung des Agrarsektors in die landwirtschaftliche Entwicklung der ärmsten Länder investieren sollte.[75]

Die klare und einfache Botschaft des Berichts lautet zunächst: »Weiter wie bisher ist keine Option.« Wir müssen radikal umdenken und umsteuern, wenn wir den enormen Herausforderungen des

21. Jahrhunderts gerecht werden wollen. Denn die Herausforderungen der kommenden Jahrzehnte sind mit den Methoden der vergangenen nicht zu bewältigen.[76]

Agroökologische Konzepte gründen auf traditionellem Wissen und lokalen Kulturen und verbinden diese mit Erkenntnissen und Methoden moderner Wissenschaft. Die Stärke der Agroökologie liegt in der Verbindung von Ökologie und Agrarwissenschaften, aber auch in der Einbeziehung von Erkenntnissen aus der Ernährungskunde, Medizin und den Sozialwissenschaften. Die Einbeziehung des Wissens aller Beteiligten ermöglicht das Zusammenspiel, der vor Ort verfügbaren Ressourcen, wie Sonne, Wasser und Boden, die natürliche und kultivierte Arten- und Sortenvielfalt und das Wissen von Menschen und Gemeinden, zur Lösung komplexer Probleme.[77]

»Agroökologie ist eine Lebensweise«, sagt Nelda Martinez, eine Bäuerin aus Nicaragua.[78]

Um das Hungerproblem zu lösen, hat Olivier De Schutter im Abschluss seiner achtjährigen Amtsperiode als Sonderberichterstatter für Recht auf Ernährung den Übergang zur Agroökologie als erste Empfehlung aufgestellt.[79] Wie er sagt, muss dieser Wandel sehr dringend erfolgen. Schließlich habe Agroökologie auch soziale und gesundheitliche Vorteile, indem sie eine Lebensmittelproduktion ermögliche, die ausgeglichener und nahrhafter ist.[80] Denn diese Nahrung hat keine Pestizid- oder sonstige Pflanzenschutzmittelrückstände, wie sie in konventionell produzierten Produkten wie Obst und Gemüse in erheblichen Mengen zu finden sind.

Bereits 2011 legte De Schutter den Vereinten Nationen einen Bericht zur Agrarökologie vor. Sie liefere bei der Bekämpfung von Hunger schnelle und überzeugende Ergebnisse, auf die der Schwerpunkt weiterer Entwicklung gelegt werden sollte. Nicht wie viel, sondern vor allem wie in landwirtschaftliche Entwicklung investiert werde, mache den entscheidenden Unterschied.[81]

Wake up before it is too late

Eine ähnliche Botschaft vermittelt der Trade and Environment Report 2013 der UN-Welthandels- und Entwicklungskonferenz UNCTAD. Mit dem Titel »Wake up before it is too late«[82] (Wacht auf bevor es zu spät ist) will auch dieser Bericht als Weckruf dienen. Landwirtschaft solle nachhaltig umgestaltet werden, um Hunger und den Klimawandel effektiv zu bekämpfen. Die rund fünfzig Wissenschaftler und Experten, die zu diesem Bericht beigetragen haben, fordern eine sofortige Abkehr von der industriellen Agrarproduktion. Ländliche Armut, das ungelöste Hungerproblem, steigende Bevölkerung sowie immer gravierendere Umweltprobleme sollen als Teile desselben Problems betrachtet werden. Vielfalt statt Monokulturen, agrarökologische Methoden statt Mineraldünger und Pestizide – aber vor allem mehr Unterstützung für Kleinbauern. Schnelles Handeln sei geboten angesichts des Klimawandels und dessen Folgen für die landwirtschaftliche Produktion. Die Transformation der Landwirtschaft ist eine der größten Herausforderungen des Jahrhunderts, so der Bericht.[83]

Der biologische Landbau ist ein kleiner, aber besonders prominenter Teil der Agroökologie, der auf standardisierte und zertifizierte Methoden aufgebaut ist. Es entwickelt sich im Kleinen, auch international, zum hoffnungsvollen Markt für nachhaltig und fair produzierte Produkte mit nachweisbarer Herkunft, eigener Geschichte und besonderer Regionalität und Qualität. Als wichtiges Merkmal verzichtet er auf synthetische Pestizide und Düngemittel. Dieser Verzicht ist nachprüfbar und ermöglicht so internationale Vermarktung und die Errichtung eines weltweiten Netzwerkes von Produzenten und Konsumenten, von Informationsaustausch, Ausbildung und wissenschaftlicher Fortentwicklung. Dennoch entzieht sich die Vielfalt der Agrarökologie auch solchen Standardisierungsversuchen. Sie ist weder ein perfektes System noch eine universelle Ideologie, sondern eine ständige, nie vollendete Annäherung an bestmögliche Lösungen und Kompromisse und die jeweiligen örtlichen, ökologischen, kulturellen und sozialen Bedingungen.[84]

Wesentlich höhere Erträge

Für Ulrich Hoffmann, Koordinator des UNCTAD-Berichtes und zuständiger Leiter der UNCTAD-Abteilung für Handel und nachhaltige Entwicklung, ermöglichen biologische Praktiken eine Steigerung der Erträge zwischen 120 und 130 Prozent innerhalb von drei bis zehn Jahren. Und die Steigerung ist umso stärker, je weniger chemische Hilfsstoffe eingesetzt werden.[85] Olivier De Schutter hält eine Verdoppelung der Nahrungsmittelproduktion innerhalb von zehn Jahren für möglich.[86] Zu ähnlichen Ergebnissen kommt 2007 die Universität Michigan auf Grund von durchgeführten Studien.[87] Ulrich Hoffmann tritt ebenfalls dafür ein, die wissenschaftliche Forschung zu unterstützen und die Bauern dazu anzuregen sich zu organisieren, damit sie ihr Wissen austauschen können. Im Süden wie im Norden müssen Bauernhofschulen vermehrt werden, die Wissenschaftler müssen auf die Felder zurückkehren und lernen, mit den Bauern zusammenzuarbeiten.[88] Wo Kleinbauern genügend Land, Wasser, Geld und Handwerkszeug zur Verfügung haben, produzieren sie einen deutlich höheren Nährwert pro Hektar als industrielle Landwirtschaft, in der Regel mit erheblich niedrigerem externen Input und geringeren Umweltschäden.[89]

Die Entwicklung zu einer agroökologischen Landwirtschaft steht erst am Anfang. Der internationalen Föderation biologischer Landwirtschaftsbewegungen (IFOAM) zufolge wurde 2012 in 164 Ländern organische Landwirtschaft betrieben. Die angebaute Fläche betrug 37,5 Millionen Hektar, 1999 waren es erst 11 Millionen. Dies stellt lediglich bescheidene 0,87 Prozent der Gesamtfläche dar. Dabei waren 1,9 Millionen Produzenten beteiligt, 0,2 Millionen mehr als 2010. Die meisten von ihnen leben in Indien (600 000), gefolgt von Uganda (190 000) und Mexico (170 000). Der Umsatz für biologische Nahrungsmittel betrug etwa 50 Milliarden Euro, mehr als das Vierfache im Vergleich zu 1999.[90]

Allerdings sind diese Statistiken mit einer gewissen Vorsicht zu betrachten. Manche armen Bio-Bauern kommen in keiner Statistik vor. Bestehende Zertifizierungsmethoden sind stetig zu überprüfen und zu verbessern.

Milpa, »Push-pull« und »Campesino a Campesino«

Dennoch ist nicht zu übersehen, dass sich die Beispiele erfolgreicher Anwendungen agroökologischer Methoden mehren. In zunehmendem Maß wissen Bauern sich eigenständig zu organisieren und nehmen die Verbreitung der Agroökologie selbst in die Hand.

So beispielsweise in Mexiko, wo ökologischer Maisanbau in der kleinbäuerlichen Landwirtschaft zu nachhaltiger Bodenbewirtschaftung, Ernährungssicherheit und -souveränität beitragen kann. Das traditionelle Mischanbausystem Milpa kann mit einer Vielfalt einheimischer Mais-Landrassen und vielen anderen Gemüse- und Fruchtarten an die verschiedenen Umweltbedingungen und auch Klimaveränderungen angepasst werden. In der typischen Milpa werden neben Mais auch Bohnen und Kürbisse kultiviert. Je nach Standort sind verschiedene Ausprägungen möglich: Gemüse, Gewürze, Obstbäume kommen dazu. Dieser diversifizierte Anbau ergänzt den Speiseplan, mindert Ernteausfälle und trägt zum Erhalt der Nutzpflanzen bei. Für Forscher der Universität Berkeley ist Milpa ein Modell der Anpassung an den Klimawandel und trägt zu dessen Abschwächung bei.[91]

»Push-pull« ist eine Technologie, die in Kenia erfunden wurde. Sie erlaubt es, die Maiserträge und die Fruchtbarkeit des Bodens ohne den Gebrauch von Dünger, Herbiziden oder chemischen Pestiziden signifikant zu erhöhen. Die Leguminose »Desmodium« und Elefantengras werden mit Erfolg als natürliche Düngemittel, zur Unkrautbekämpfung und als Futtermittel eingesetzt. Heute praktizieren 50 000 Bauern »Push-pull« in Kenia. Die Ernährungssicherheit von zehn Millionen Personen allein in Kenia ist so gesichert, ihre Gesundheit geschützt. »Push-pull« erlaubt die Produktion zu verstärken und gleichzeitig Biodiversität und die Umwelt zu retten.[92]

»Campesino a Campesino« (»von Bauer zu Bauer«) ist eine soziale Bauernbewegung, die 1987 in Zentralamerika, zuerst unter Kleinbauern aus Mexico und Nicaragua, entstanden ist. Sie besteht im Austausch von angepassten agroökologischen Technologien unter Kleinbauern. Die Methode beruht auf der Rolle von sogenannten

»promotores« (Förderern), also Bauern, die mit Erfolg eine bestimmte Technik auf ihrem Hof erprobt haben und dann andere Bauern darüber ins Bild setzten, indem sie sich auf ihre eigene Erfahrung berufen. So wird ein Prozess der Verbreitung von agroökologischem Wissen durch die Bauern selbst in Gang gesetzt. Diese Bewegung wurde auch mit Erfolg in Kuba durchgeführt. Dort hat ANAP, die nationale Vereinigung der Kleinbauern, Anfang der 1990er-Jahre tausende technischer Berater und solche »promotores« auf dem ganzen Land eingesetzt, um agroökologischen Praktiken zu verbreiten. In einem Land, das bis dahin 70 Prozent seiner Lebensmittel importieren musste, verstanden es etwa 100 000 Bauernfamilien, innerhalb von 15 Jahren 65 Prozent des Nahrungsbedarfs zu produzieren auf nur einem Viertel des Bodens.[93]

MASIPAG auf den Philippinen

Auf den Philippinen wohnt die große Mehrzahl der Bevölkerung (73 Prozent) auf dem Land. Hier gibt es das von Bauern gegründete und verwaltete nationale Saatgut-Netzwerk MASIPAG, das sich seit 1986 für eine bauernorientierte Agrarpolitik und die Nahrungssicherheit der Bevölkerung einsetzt. Zentraler Bestandteil der Arbeit ist die Entwicklung einer Vielzahl lokaler Reissorten als Alternative zu den von der Regierung geförderten Hybrid- und GMO-Sorten. Die ökologisch wirtschaftenden MASIPAG-Mitglieder berichten anlässlich der 2009 durchgeführten Untersuchung »Ernährungssicherheit und Empowerment« über stabilisierte Erträge, verbesserte Gesundheit, halbierte Produktionskosten, zunehmende Bodenfruchtbarkeit, höhere Biodiversität und Erträge, die je nach Landesregion ebenso hoch oder höher sind als die der konventionell wirtschaftenden Bauern. Neben Reis bauen sie verschiedene Gemüsesorten an. Obstbäume, Bambus oder Kokospalmen haben zudem den Vorteil, dass sie den Wind abhalten und eine Erosion des Bodens verhindern.[94]

Agroökologie in Afrika

Anfang 2013 konnte ich mich bei einem Besuch in Äthiopien davon überzeugen, wie sich auch hier Wissenschaftler für Agroökologie einsetzen. Ich konnte dort Dr. Getatchew Tikubet, Gründer der »BioEconomy Africa«, treffen, einen sehr überzeugten und engagierten Verfechter der biologischen Landwirtschaft. Er empfing unsere Gruppe in zwei seiner sieben bereits errichteten biologischen Farmschulen, wo sich Kleinbauern, Studenten und angehende Berater vor Ort die Vielfalt agroökologischer Praktiken ansehen und erklären lassen können.

Einige Monate später besuchte ich zusammen mit anderen Mitgliedern von ASTM (»Action Solidarité Tiers Monde«), einer luxemburgischen NGO, in Burkina Faso das ARFA-Projekt (»Association pour la Recherche et la Formation en agroécologie« – Vereinigung für Forschung und Ausbildung in Agroökologie), das wir dort seit zehn Jahren unterstützen. Burkina zählt zu den ärmsten Ländern Afrikas; etwa 80 Prozent der Bevölkerung leben auf dem Land und hängen direkt oder indirekt von der Landwirtschaft ab. Mathieu Sawodogo betreut dieses Projekt seit zwanzig Jahren in seiner Heimatgegend Fada N'Gourma zusammen mit etwa zehn Mitarbeitern. Hier werden Kleinbauern und -bäuerinnen in rund dreißig Dörfern mit agroökologischen Methoden vertraut gemacht.

Agroökologie und Humus

In Frankreich zählt Pierre Rahbi zu den Vorreitern der Agroökologie. Für ihn »besteht die Agroökologie darin, den Boden mit ausgesuchten organischen Materialien zu düngen. Diese – Dung, Stroh und so weiter – werden durch eine besondere Schichtung und Befeuchtung einem Prozess der Verrottung ausgesetzt, bei dem nach zwei Monaten Humus entsteht. Dieser hat mehrere Vorzüge: Als ein physikalischer Vorteil gibt er zum Beispiel zu sandigen Böden mehr Volumen. Auch lockert er zu

harte Böden mit hohem Lehmanteil auf. Humus kann das Fünffache und bei manchen Arten sogar das Zehnfache seines Eigengewichtes an Wasser speichern – eine ideale Lösung im
Kampf gegen die Austrocknung.

Im übrigen enthält Humus sämtliche Nährstoffe, die Pflanzen benötigen. Dies gilt auch für die besonders wichtigen Bodenbakterien. Ausgereifter Humus impft den Boden quasi mit
revitalisierenden Mikroorganismen, wodurch die Agroökologie das Wachstumsmilieu der Pflanzen regeneriert. Beim Management des Regenwassers werden Techniken eingesetzt, die
die Erosion bekämpfen und das Wasser in den Böden speichern. Aufforstungen leisten ein Übriges, denn Bäume sind
aus vielerlei Gründen besonders wichtig. Neben alldem befasst sich die Agroökologie auch mit dem Schutz des Saatguts.
Durch die Auswahl angepasster Sorten gingen bislang bedeutende Mengen an traditionellen Arten von Saatgut verloren,
zu deren Schutz aber alle Möglichkeiten ausgeschöpft werden
müssen.«[95]

Das Erlernen von Kompostanbau, der Bau und Unterhalt von Brunnen und Gärten, der Aufbau einer Agroforstwirtschaft gehören zu
den wichtigsten Bestandteilen dieses Projektes. Wir sahen, wie sinnvoll auch die Errichtung von Erd- oder Steinwällen ist, die den Abfluss bei starken Regenfällen bremsen, die Infiltration wieder fördern und so die Bodenerosion stoppen. Daneben werden sogenannte
zweckmäßige Alphabetisierungskurse in lokaler Sprache für diejenigen angeboten, die bisher keine Schule besuchen konnten. Wir wurden in verschiedenen Dörfern von begeisterten Frauen empfangen,
Mitgliedern einer lokalen Frauenorganisation, die Partner des Projektes ist. Wir konnten vor Ort sehen, wie sie erstmals Obst und Gemüse anbauen und ernten, und das während der trockenen Jahreszeit. Sie erklärten uns später unter einem kühlen, Schatten
spendenden Baobab-Baum, dass dieses Projekt ihnen gute Ernten

und zusätzliche Einkünfte sichert. Außerdem werde ihren Kindern der Zugang zu Schulen und zu gesundheitlicher Betreuung erleichtert. Somit ist der Prozess eingeleitet, der es ihnen ermöglicht, aus ihrer großen Armut herauszukommen.

Der Holländer Chris Teij hat eine Aufforstungsbewegung (»Re-Greening«) in der Sahelzone in Gang gebracht. In einem Land wie Niger sind so, seit 1985, 200 Millionen neue Bäume gewachsen. Bauern können mittlerweile fünf Millionen Hektar bewirtschaften – eine Fläche so groß wie Niedersachsen. Inzwischen gedeihen im Schatten dieser Bäume jährlich bis zu 500 000 Tonnen Nahrungsmittel – genug für 2,5 Millionen Menschen. Die Bäume selbst liefern Feuerholz und Viehfutter, Früchte und traditionelle Arzneimittel.[96]

Haupthindernisse

Es ist nicht weniger wichtig, dass auch in Europa der Landwirtschaft der Übergang zu biologischen Verfahren gelingt. Olivier De Schutter ist der Meinung, dass dieser Übergang im Norden schwieriger als im Süden sein wird. Wir haben eine Landwirtschaft, die stark von Pestiziden, chemischem Dünger und vermarktetem Saatgut abhängig ist. Um einen anderen Kurs einzuschlagen, müssen wir eine Entziehungskur für unsere Äcker, aber auch für unsere Bauern durchführen. Das wird nicht leicht sein, ist aber unvermeidlich.[97]

Im Jahr 2011 gab es in Frankreich knapp 20 604 eingeschriebene biologische Bauern, die 700 000 Hektar bewirtschafteten, was nur 3,08 Prozent der gesamten Anbaufläche ausmacht.[98] Die Nachfrage nach Bio-Produkten steigt aber jedes Jahr um 10 Prozent und kann nur über steigende Importe gedeckt werden, die heute schon 40 Prozent des Bedarfs ausmachen.[99]

Agrarökologische Bewirtschaftungsformen sind keine guten Kunden für Agrarchemie, industrielles Saatgut und Großmaschinen, so der Weltagrarbericht. Deshalb ist die internationale Agrarindustrie an ihrer Ausweitung nicht interessiert. Es sind diese wirtschaftlichen Interessen, die als eines ihrer Haupthindernissen gelten.[100] Dies ist auch die Ansicht von Olivier De Schutter, für den die Zulieferer von chemischen Produkten kein Interesse daran haben, dass man den Bauern beibringt, auf das zu verzichten, was sie produzieren und verkaufen. Es sind äußerst mächtige Interessen, die Druck auf die Staaten ausüben. Letztere folgen der Vision einer produktivistischen Landwirtschaft, denn sie entspricht den Interessen ihrer nationalen Industrie und Wirtschaft. Des Weiteren sind die Fabrikanten der chemischen Produkte eng verbunden mit den Großkonzernen, die die Verteilung und Vermarktung von Nahrungsmitteln auf den internationalen Märkten dominieren. Die Unterwerfung der Landwirtschaft unter die Spielregeln des internationalen Handels ist ein großes Hindernis für eine diversifiziertere Landwirtschaft, die die Umwelt schont und somit nachhaltiger ist. An dieser Stelle haben die Staaten eine wichtige Rolle zu spielen. Sie müssen verstehen, dass es ihre Aufgabe ist, im Sinne der gesamten Bevölkerung zu handeln und nicht im Interesse von wenigen Multis, die heute ein Machtmonopol im Agrarsystem ausüben.[101] Dabei können diese Multis sich oft auf Verbündete wie die Weltbank, die lieber Großprojekte und Chemie-Forschung subventioniert als nachhaltige Landwirtschaft.[102]

Olivier De Schutter sieht darüber hinaus auch Probleme bei den Bauern selbst. Häufig hegen sie Misstrauen gegenüber allem, was nicht der Vorstellung einer Modernisierung entspricht, die auf der industriellen Landwirtschaft beruht. Bei vielen ist die Idee, Agroökologie bedeute einen Rückfall in die Vergangenheit, fest in den Köpfen verankert – eine Ansicht, die auch von unseren Regierungen geteilt wird. Es handelt sich demnach auch um ein kulturelles Hindernis.[103] Natürlich stehen Bauern ebenfalls unter dem Einfluss ihrer Organisationen, die jahrzehntelang die konventionelle Landwirtschaft mitgefördert haben, sich mit ihr identifizieren und sich oft schwer tun, die Probleme der konventionellen Landwirtschaft einzusehen und sich zu einer Umstellung durchzuringen. Hinzu kommt, dass auf diesem Niveau Interessenverflechtungen das Bild weiter verzerren. So steht in Frankreich Xavier Beulin an der Spitze des größten Bauernverbandes, der FNSEA (»Fédération nationale des syndicats d'exploitants agricoles«). Er ist zugleich Präsident der Sofiprotérol, eines Unternehmens, das Agrotreibstoffe produziert und 2011 den größten Teil der für diese Produkte bereitgestellten 196 Millionen Euro Zuschüsse in Anspruch nahm. Zusätzlich hat Sofiprotérol auch finanzielle Interessen an intensiver Schweinemast.[104]

Der Agraringenieur Marc Dufumier behauptet ohne zu zögern, dass es durchaus möglich sei, im Jahr 2050 neun Milliarden Menschen ohne die Nutzung von Pestiziden zu ernähren. Das Gegenargument diene lediglich den Interessen des Agrobusiness und beruhe keineswegs auf seriösen wissenschaftlichen Daten. Was fehle, sei lediglich der politische Wille. Die Reform der Gemeinsamen Agrarpolitik der EU hätte die Möglichkeit geboten, neun Milliarden Euro Zuschüsse für eine nachhaltige Landwirtschaft einzusetzen, die auch die Natur besser schützen würde. Damit wäre auch eine Form der Landwirtschaft verbunden, die aufhören würde, Überschüsse an Milchpulver, Getreide und Fleisch von mittelmäßiger Qualität zu produzieren, die den Ländern im Süden einen so großen Schaden zufügt. Sie würde sich gut bezahlten Qualitätsprodukten zuwenden, die den Bauern erlauben würden, in Würde zu leben und zu arbeiten und für die Dienste, die sie der Allgemeinheit leisten, Anerkennung zu finden.[105]

Der Mythos der Überlegenheit industrieller Landwirtschaft

»Der Weltagrarbericht räumt mit dem Mythos der Überlegenheit industrieller Landwirtschaft aus volkswirtschaftlicher, sozialer und ökologischer Sicht gründlich und ehrlich auf. Als neues Paradigma der Landwirtschaft des 21. Jahrhunderts formulierte er stattdessen: Kleinbäuerliche, arbeitsintensivere und auf Vielfalt ausgerichtete Strukturen sind die Garanten und Hoffnungsträger einer sozial, wirtschaftlich und ökologisch nachhaltigen Lebensmittelversorgung durch hinlänglich widerstandsfähige Anbau- und Verteilungssysteme«.[106]

Der Bericht hält Investitionen in kleinbäuerliche Produktion für das dringendste, sicherste und vielversprechendste Mittel, um Hunger und Fehlernährung zu bekämpfen und zugleich die ökologischen Auswirkungen der Landwirtschaft zu minimieren. Verbesserte Anbaumethoden, meist einfache Technologien und Kenntnisse, geeigneteres Saatgut und eine Vielzahl agrarökologischer Strategien bergen ein gewaltiges Produktivitäts- und Nachhaltigkeitspotential.[107]

Es kommt vor allem darauf an, die Anfälligkeit der jeweiligen Agrarsysteme für extreme Bedingungen zu reduzieren und ihre Widerstandsfähigkeit durch Diversifizierung zu erhöhen. Monokulturen sind ganz offensichtlich gefährdeter und anfälliger für viele der beschriebenen Herausforderungen als Anbausysteme, die auch dann noch auskömmliche Erträge liefern, wenn die Ernte einzelner Pflanzen in einer Saison Einbußen erlebt oder ganz entfällt.

Leider scheinen die Landwirtschaftsministerien und Politiker in der Europäischen Union und anderen Industriestaaten die Botschaft des Weltagrarberichts für eine rein entwicklungspolitische zu halten. In den armen Ländern des Südens, so die Lesart, mögen kleinbäuerliche Strukturen ein probates Mittel gegen den Hunger sein. Die moderne »wissensbasierte Bioökonomie« der Industriestaaten dagegen erfordere eine fortgesetzte »Strukturanpassung«. Über ein Viertel aller landwirtschaftlichen Betriebe in Deutschland und ein Fünftel in der EU haben allein von 2003 bis 2010 aufgegeben. Die 2013 abgeschlossene Reform der Gemeinsamen Agrarpolitik (GAP) für 2014 bis 2020 wird diesen Trend weiter verstärken.[108]

Viele Bewohner ländlicher Gebiete in den besonders betroffenen Regionen haben bis heute nie etwas über den Klimawandel erfahren. Es besteht nicht nur Bedarf an Aufklärung und Informationen, sondern auch an praktischen Konzepten, sich frühzeitig genug auf Veränderungen einzustellen, die noch nicht eingetreten sind und deren Ausmaße schwer zu antizipieren sind. Es geht im wesentlichen um die Lern- und Aktionsfähigkeit von Gemeinden und sozialen Netzwerken. Frühwarnsysteme, die die vom Klima verursachten ökologischen und politischen Krisen beobachten, sind aufzubauen. Damit sich die ländlichen Gemeinden den Herausforderungen des Klimawandels stellen können, sind enorme Investitionen erforderlich. Je früher sie getätigt werden, desto effektiver und kostengünstiger sind sie. Dass sie nicht von den Armen auf dem Land und nur zum Teil von ihren Regierungen aufgebracht werden können, ist unbestritten. Doch die bisher von der internationalen Gemeinschaft bereitgestellten Mittel sind nicht einmal ein Tropfen auf den heißen Stein.[109]

Die Initiativen von Agronomen, Professoren, Bürgern und Bauernverbänden, Agroökologie zu erklären, zu begründen und zu fördern, vermehren sich. Eine Reihe guter Bücher wurde in letzter Zeit zu diesem Thema publiziert und mehrere beachtliche Dokumentarfilme wurden gedreht. So zeigt »La era del buen vivir« (Das Zeitalter des guten Lebens), wie sich in Guatemala Maya-Gemeinschaften auf das Kulturerbe ihrer Vorfahren besinnen, deren Leben durch eine innige Verbindung zwischen Mensch und Natur geprägt war. Dies führt sie zu einer natürlichen Übernahme der agroökologischen Praxis, was eine Bereicherung für die ganze Gesellschaft und eine treffende Antwort auf die Herausforderungen der Globalisierung und der Konsumgesellschaft bedeutet.

Marie-Monique Robin hat den hervorragenden Dokumentarfilm mit dem Titel »Les moissons du futur« (Die Ernten der Zukunft) gedreht. Begleitend erschien zudem ein Buch mit dem gleichen Titel. Der Film zeigt eine Reihe konkreter Anwendungen der agroökologischen Landwirtschaft auf vier Kontinenten, die demonstrieren, dass eine Landwirtschaft auch ohne Pestizide auskommt, sogar viel höhere Erträge und bessere Einkommen sichert und zugleich eine effektive Antwort zum Klimawandel darstellt.

Der Staat und die EU sind gefordert

Wie kann der große Transformationsprozess in den reichen Ländern gefördert werden? Felix zu Löwenstein zufolge werden staatliche Ge- und Verbote, Steuern, Anreizprogramme und Zertifizierungssysteme benötigt, die es – zum Teil wenigstens – auch schon gibt. So könnte die Erhebung einer Stickstoffsteuer zu einer spürbaren Reduktion des Stickstoffeinsatzes beitragen. Der Erlös könnte in die Förderung der biologischen Landwirtschaft fließen.[110]

Der Anbau von Leguminosen – wie Ackerbohnen, Erbsen, Klee, Wicken, Luzerne und Lupinen – ermöglicht die natürliche Düngung mit Stickstoff und die Erzeugung eiweißreicher Futtermittel. Er führt außerdem zum Aufbau von Humusböden und damit zur Bindung von CO_2. Die Förderung könnte über die Zahlung von Prämien erfolgen und durch EU-Agrarfördermittel bei der Fruchtfolge. Eine angemessene GAP hätte Wesentliches beizusteuern.[111] Marc Dufumier schlägt eine Besteuerung der Sojaimporte vor, auch wenn dies das Blair-House-Abkommen von 1992 mit den USA in Frage stellen würde.[112] Leider ist die 2013 erfolgte Neuorientierung der GAP hinter den Erwartungen zurückgeblieben, auch weil das EU-Parlament manche sinnvollen Vorschläge der Kommission abgelehnt oder allzu stark verwässert hat.

Bio-Produkte erfordern oft stärkeren Arbeitsaufwand. Dies erklärt wenigstens zum Teil, warum die Preise für diese Produkte oft höher liegen als die der nach der konventionellen Methode produzierten Lebensmittel. Die höheren Preise sind aber auch dadurch bedingt, dass es eine Reihe von Umwelt- und Gesundheitskosten gibt, die einfach nicht im Preis dieser Lebensmittel miteinbegriffen sind. Es handelt sich hier um sogenannte externe Kosten. Um eine gerechtere Konkurrenz zu gewährleisten, kommt es darauf an, diese in die Preise einzubeziehen.

Weniger Fleisch essen

»Bitte esst weniger Fleisch! Fleisch ist ein sehr CO_2-intensiver Rohstoff«, so lautete der Aufruf, den der Friedensnobelpreisträger und Vorsitzende des Weltklimarates, der Ökonom Rajendra Pachauri, an die Menschheit richtete. Damit meinte er nicht seine indischen Landsleute, sondern hauptsächlich uns Europäer und die Amerikaner, die am meisten Fleisch essen.[113] Für Felix zu Löwenstein ist klar, dass in den Industrienationen und zunehmend auch in den Schwellenländern zu viel Fleisch gegessen wird und dass beim »Veredelungsprozess« von Futtergetreide zu Fleisch wertvolle, weil knappe

Nahrungskalorien vergeudet werden. Wir müssen also die Ernährungsstile dieses Teils der Bevölkerung ändern. Wir müssen weniger Fleisch essen.

Für den Weltagrarbericht ist die Reduzierung des Verbrauchs von Fleisch und anderen tierischen Produkten in Industrieländern und ihre Begrenzung in den Schwellenländern der dringendste und effektivste Schritt zur Sicherung der Ernährung, der natürlichen Ressourcen und des Klimas.[114]

In den Industrieländern werden zwischen 30 und 50 Prozent aller Lebensmittel in Fabriken, im Handel, in Restaurants und privaten Haushalten weggeworfen und in vielen tropischen und ärmeren Ländern gehen bis zu 30 Prozent der Ernte als Nachernteverluste verloren, bevor sie verarbeitet werden können. In der Öffentlichkeit ist das Bewusstsein dieser Verschwendung in den letzten Jahren deutlich gestiegen. Auch in diesem Bereich sind bedeutende Effizienzsprünge möglich.[115]

17 Eine angemessene Regulierung der Agrarmärkte

Die Bauern können nur dann von Hunger und Mangelernährung befreit werden, wenn ihre Produkte zumindest kostendeckende Preise erzielen. Die durchschnittlich erzielten Produzentenpreise sind Elend erzeugende Preise.

Liegen die Preise für Lebensmittel gemäß der FAO seit 2008 höher als in den Jahren zuvor, so sind sie der Spekulation und somit großen Schwankungen ausgesetzt, die die Bauern vor jeder Investition abschrecken. Hinzu kommt, dass sie sich in einer Langzeitperspektive noch immer unter dem Niveau von vor 1980 befinden.

Wir haben in den Kapiteln über Ghana und Haiti gesehen, wie die Industrienationen durch ihre massiven Beihilfen an ihre Bauern wichtige Nahrungsmittel auf die Märkte der Entwicklungsländer zu Dumping Preisen bringen, d.h. zu Preisen, die wesentlich unter dem Entstehungspreis liegen und so die lokalen Produzenten aus ihren eigenen Märkten verdrängen. Diese Politik ruiniert Hunderte von Millionen von Kleinbauern und ihre Familien.

Profitable und stabile Preise bilden langfristig den Schlüssel zu Auswegen aus der Krise, aus Hunger und Armut. Wie die Geschichte der Industrieländer zeigt, setzt Ernährungssicherheit ein günstiges wirtschaftliches Umfeld und eine angemessene Marktregulierung voraus. Schrittweise eingeführt, bietet diese zugleich ein Mittel zum Schutz vor unlauterem Wettbewerb.

Profitable Agrarpreise sichern

Für diesen grundlegenden Aspekt der Armutsbekämpfung interessieren sich nur wenige internationale Organisationen. Nach einer fest verankerten Praxis werden Lebensmittelpreise nur aus der Sicht der Verbraucher – insbesondere der Städter – gesehen. Folglich wird jede Senkung der Preise willkommen geheißen, während jede Erhöhung negativ bewertet wird.[116]

Zur Bewältigung der Ernährungskrise 2008 setzten viele Regierungen vornehmlich auf eine Absenkung der Nahrungsmittelpreise auf das Niveau von vor 2005. Wie Daniel de la Torre und Sophia Murphy hervorheben, versäumten sie dabei eine entscheidende Gelegenheit, die Ernährungssicherheit und die Landwirtschaft zu stärken. Höhere Agrarpreise können ein günstiges wirtschaftliches und soziales Umfeld für Investitionen in den Umbau der Landwirtschaft schaffen.[117] Timothy Wise, Direktor des Global Development and Environment Institute der Tufts University in Massachusetts, schreibt, dass der Preisverfall bei Nahrungsmitteln die Ursache des Hungers sei und ungefähr 70 Prozent der Armen der Welt, die in den ländlichen Zonen direkt oder indirekt von der Landwirtschaft leben, in der Armut halte. Das Gleiche gilt für die Milcherzeuger im US-amerikanischen Vermont oder die Reisbauern auf den Philippinen.[118]

Eine Politik, die darauf abzielt, profitable und stabile Preise zu sichern, ist deshalb so entscheidend, weil sie unmittelbar die Einkommen der Landwirte betrifft – und damit deren Ernährungssicherung und die Einhaltung ihres Rechts auf Nahrung. Dank profitabler Preise können die Produzenten ihr – bescheidenes – Arbeitskapital erneuern, ihre Betriebsmittel modernisieren und so die Produktivität steigern, um den Grundbedarf ihrer Familien zu decken.

Und profitable Preise, so versichert das Institute for Agriculture and Trade Policy (IATP) in Minnesota, halten an entscheidender Stelle den Motor der Entwicklung am Laufen. Die Unfähigkeit der Farmer, vom Verkauf ihrer Produkte zu leben, war ein gewichtiges Hindernis bei der Verringerung der Armut.[119]

Für Hartmut Brandt und Uwe Otzen setzt eine von Erfolg gekrönte landwirtschaftliche Entwicklung eine koordinierte Erneuerung und eine Strukturpolitik für die Preise und den Handel voraus. Wie die Erfahrung lehrt, werden Innovationen im ländlichen Raum desto schneller angenommen, je günstiger die Preisverhältnisse sind. Brandt und Otzen halten den Schutz vor Verzerrungen bei den Weltmarktpreisen allenthalben für eine der Vorbedingungen für Produktionssteigerungen.[120]

Eine solche Regulierung ist mit Hilfe verschiedener Instrumente umsetzbar: durch den Schutz des Agrarmarktes durch höhere Einfuhrzölle oder Mengenbegrenzungen und die Gründung von öffentlichen Einrichtungen für die Vermarktung. Ergänzt werden kann diese Politik durch die Schaffung eines Netzwerks von Vorratslagern. David Nabarro, der Koordinator der UN-Arbeitsgruppe zur Ernährungssicherheit, befürwortet die Einrichtung eines solchen Vorratssystems mit dem expliziten Ziel, starken Preisschwankungen zu begegnen. Den Aufbau von Lebensmittelvorräten befürwortet auch das Minnesota Institute for Agriculture and Trade Policy. Es sieht darin ein Instrument, um die Volatilität von Preisen und der Versorgung abzuschwächen und die Nahrungssicherheit zu stärken, wenn die nationale Produktion ausfällt.[121] Und schließlich kann der Abschluss von Rohstoffabkommen die Preise für diejenigen Länder, die Grundnahrungsmittel exportieren, stabilisieren helfen.

Die Agrarmärkte schützen

Für den Wirtschaftswissenschaftler Jacques Berthelot können sich die ärmsten Länder, etwa im subsaharischen Afrika, nur dann wirklich entwickeln, wenn sie von demselben Schutz der Agrarmärkte profitieren, der in der EU und in den USA so große Erfolge gezeigt hat.[122] Er fügt hinzu, dass ein solcher Schutz im Widerspruch zu dem vorherrschenden wirtschaftsliberalen Denken stehe. Ein solcher Schutz ist im übrigen in denjenigen Ländern alternativlos, die ihre Wettbewerbsfähigkeit wegen fehlender Haushaltsmittel nicht durch Ausgleichszahlungen sichern können. Und außerdem sind Hilfen in Form von Schutzmaßnahmen für Drittländer deutlich transparenter als Subventionen.[123]

Für Martin Khor, Direktor des South Centre in Genf, sollte es den Entwicklungsländern erlaubt werden, ihre Zölle für landwirtschaftliche Produkte so zu gestalten, dass ihre lokalen Produkte konkurrenzfähig werden, die Lebensgrundlagen und Einkommen der Bauern nachhaltig und die nationale Ernährungssicherheit gewährleistet werden.[124]

Der Süden wird sich nicht ernähren und seine Bauern auf dem Land mit genügend Einkommen versorgen können, wenn er nicht protektionistisch an den Grenzen eingreift, so die klare Einstellung von Marc Dufumier. Für ihn müssen die Regierungen des Südens Zölle auf den Import von Nahrungsmitteln erheben, gegebenenfalls im Rahmen gemeinsamer regionaler Märkte. Dies ist die einzige Lösung, damit die Bauern ihre Produkte teurer verkaufen können, besser bezahlt werden als heute, um würdevoll von ihrer Arbeit leben zu können, ohne gezwungen zu sein, das Land vorzeitig zu verlassen. Und diese Zolleinnahmen würden es diesen Staaten erlauben, große Projekte durchzuführen wie Unterhalt von Straßen, Wasserzufuhrarbeiten und andere Infrastrukturarbeiten, die von allgemeinem Interesse sind.[125]

Der Ökonom Samir Amin hebt hervor, dass man vom Fortbestand einer bäuerlichen Landwirtschaft im 21. Jahrhundert auf absehbare Zeit auszugehen habe. Notwendig sei folglich eine noch zu entwickelnde Politik, die die Beziehungen zwischen den »Märkten« und der bäuerlichen Landwirtschaft reguliere. Abgestimmt auf die lokalen Gegebenheiten, müssten deren Regeln auf nationaler wie regionaler Ebene die landeseigene Produktion schützen und damit die unverzichtbare Souveränität bezüglich der Ernährung sicherstellen. Mit anderen Worten: Durch eine Entkoppelung der Binnenpreise von den Weltmarktpreisen soll die Produktivität der Bauern langsam, aber sicher erhöht und so die Landflucht verringert werden. Wie Samir Amin hinzufügt, hätten auch die USA und Europa die große Bedeutung der Nahrungsmittelsouveränität erkannt und durch eine systematische Landwirtschaftspolitik auch erfolgreich umgesetzt.[126]

Wie bereits bemerkt, erhebt ein im internationalen Handel so offenes Land wie Japan auf Reisimporte Zölle von über 500 Prozent, um bei diesem Grundnahrungsmittel ein Minimum an Unabhängigkeit zu behalten. Neben rein strategischen Gründen geht es dabei auch um die Aufrechterhaltung traditioneller Lebensformen und um die Landschaftspflege, denen großer Wert beigemessen wird. Auch China entwickelte seine Landwirtschaft vor dem Beitritt zur Welthandelsorganisation WTO weitgehend mit Blick auf die Selbstversorgung.[127]

Eine Gemeinsame Agrarpolitik für die Länder des Südens

Bei der Gründung der Europäischen Wirtschaftsgemeinschaft (EWG) im Jahr 1957 wurde die Einrichtung einer Gemeinsamen Agrarpolitik (GAP) beschlossen. Europas Gründerväter strebten danach, die Versorgungssicherheit mit Lebensmitteln voranzutreiben. Begleitet wurde die von ihnen entwickelte Politik von der viel zitierten »Gemeinschaftspräferenz«, die der GAP einen soliden Schutz an den Außengrenzen sicherte. Auch wenn diese Modalitäten sich im Lauf der Jahre weiterentwickelten, so bestehen sie doch bis heute fort. Unabhängig von den Ergebnissen der laufenden Handelsverhandlungen werden die Zolltarife für die wichtigsten Agrarprodukte der EU auch weiterhin über denen in zahlreichen Entwicklungsländern liegen.

Warum sollte eine Politik, die Länder wie die der EU und Japan erfolgreich praktizieren, deutlich schwächeren Staaten verwehrt werden?

Im Mai 2005 kam der EU-Ministerrat – teilgenommen haben die für die Entwicklungszusammenarbeit zuständigen Minister – unter dem Vorsitz Luxemburgs zusammen. In seinen Schlussfolgerungen zu den – noch in Verhandlung begriffenen – Wirtschaftspartnerschaftsabkommen (WPA) mit den afrikanischen, karibischen und pazifischen Staaten (AKP) betonte der Rat die »Bedeutung der Landwirtschaft in diesen Verhandlungen« und unterstützte »die angemessene Regulierung der regionalen Agrarmärkte«. Leider vermochte es dieser Rat nicht, eine solche Regulierung zu konkretisieren und in das Verhandlungsmandat der Kommission einzubringen (siehe dazu Kapitel 18).

Entsprechende, besser regulierte Märkte werden derzeit von zwei westafrikanischen Gemeinschaften, der UEMOA und der ECOWAS organisiert.

Westafrika verstärkt den Schutz seiner Märkte

Westafrika reagiert augenblicklich zaghaft auf die Welle der Liberalisierung des Welthandels, der ganze Segmente seiner Wirtschaft sowie Arbeitsplätze in sämtlichen Sektoren, darunter der Landwirtschaft, zum Opfer gefallen sind. Tatsächlich hat die CEDEAO bei ihren Fusionsverhandlungen mit der UEMOA unter dem Druck Nigerias und mit Unterstützung von bäuerlichen Organisationen wie dem ROPPA die Einführung eines neuen Tarifbereichs von 35 Prozent durchgesetzt, der zur Zolltarifstruktur der UEMOA hinzukommt. Mit den bislang nur vier Bereichen (null, fünf, zehn und 20 Prozent) konnten die Regierungen ihre Erzeuger vor der ausländischen Konkurrenz nicht schützen.

Diese Neuerung richtet sich gegen die Politik der Liberalisierung des Welthandels, die von der Weltbank und dem IWF seit Jahren gefördert wird. Dennoch steht sie mit den Regeln der WTO im Einklang. 2005 folgte der Senegal dem Beispiel Kameruns, Malis und Burkina Fasos und unterband komplett den Import von Geflügelfleisch.

Wie Kenia bei der Milch zur Selbstversorgung gelangte

Die spektakuläre Wirkung eines organisierten Schutzes für heimische Agrarprodukte zeigt sich sehr deutlich in einem Vergleich Kenias mit der UEMOA: In Kenia stieg die Zollgebühr für Milchpulver von 25 Prozent im Jahr 1999 auf 35 Prozent 2002 und auf 60 Prozent 2004, während sie in den Ländern der UEMOA bei fünf Prozent verharrte. So wurde Kenia, über die Selbstversorgung hinaus, zu einem wachsenden Nettoexporteur bei Milchprodukten – mit einem Prokopfverbrauch im Inland von 112 Litern pro Jahr. Dagegen wird die Nachfrage an Milch in Westafrika zu 64 Prozent durch Importe gedeckt, während der Verbrauch bei nur 35 Litern liegt.[128]

Der ehemalige französische Agrarminister Michel Barnier, und bis 2014 EU-Kommissar für Binnenmarkt und Dienstleistungen, schlug in einem Gespräch mit der *Financial Times* die Gemeinsame Agrarpolitik (GAP) der EU als Modell für die Entwicklungsländer vor.[129] »Afrika und Lateinamerika müssen als Antwort auf die wachsende Nachfrage nach Nahrungsmitteln eigene Versionen der GAP verabschieden.« Barnier meint, »dass sich die Entwicklungsländer an Europa orientieren und auf Selbstversorgung ausgerichtete regionale Agrarblöcke bilden müssten, die durch eine Umstrukturierung der Hilfe finanziert werden. Was wir in der Welt erleben, ist die Folge von zu viel Liberalismus im Freihandel. Wir können die Ernährung der Bevölkerungen nicht der Willkür der Märkte ausliefern. Wir brauchen eine Politik, ein Instrument zur Intervention und Stabilisierung. Westafrika, Ostafrika, Lateinamerika und der südliche Mittelmeerraum benötigen alle jeweils eine gemeinsame Agrarpolitik.«

Eine solche Regulierung hätte einen weiteren Vorteil: Sie würde die Landflucht von jährlich circa 50 Millionen Menschen bremsen, die die ungeordnete und gefährliche Entwicklung in den Städten weiter verschärfen. Nach Meinung des Agrarwissenschaftlers Matthieu Calame »hätten höhere Preise für Agrarerzeugnisse eine solche Verstädterung verhindert. Dass diese Entwicklung besser verlaufen wäre, zeigt die Agrar- und Entwicklungspolitik Europas, Japans, Südkoreas oder Taiwans seit dem Zweiten Weltkrieg. Alle schützten ihre Landwirtschaft und sorgten für hohe, vor allem aber stabile Binnenpreise.«[130]

Die Rolle der öffentlichen Einrichtungen für die Vermarktung

Im Zug der wirtschaftsliberalen Strukturanpassung wurden öffentliche Einrichtungen für die Vermarktung sehr häufig zerschlagen. Olivier De Schutter plädierte im März 2010 vor dem Menschenrechtsrat für deren Wiedereinführung mit dem Hinweise, dass Bauernverbände in die Gründung und Leitung dieser Vermarktungseinrichtungen eng eingebunden werden müssen. Diese öffentlichen Einrichtungen könnten sich um den Ankauf und die Verteilung von Nahrungsmitteln zu Garantiepreisen kümmern. Dabei sind natürlich die Lehren aus der Vergangenheit zu ziehen: Solche Behörden müssen eine transparente und effiziente Führung erhalten.

Indonesien kann hier als positives Beispiel dienen. Das »Amt für Logistik« (Bulog/Badan Urusan Logistic National) verhalf seit seiner Gründung 1967 dem Land mit dazu, die Selbstversorgung mit Lebensmitteln dadurch zu erreichen, dass es den Erzeugern Reis zum garantierten Mindestpreis abnahm, ihn einlagerte und im ganzen Land zu erschwinglichen Verbraucherpreisen weitervertrieb. Während der Asienkrise 1998 kam dann die Wende: Die internationalen Finanzinstitutionen ermunterten die indonesische Regierung zu einer Liberalisierung seiner Wirtschaft und der Öffnung seiner Grenzen für Importe. Das Bulog musste seine Operationen zurückfahren. Daraufhin sanken die Einkommen der Bauern, und das Land wurde zu einem der größten Reisimporteure. Auf Druck der Bauern änderte die Regierung 2002 erneut ihre Politik, belebte die Arbeit des Bulog wieder, stoppte die Importe durch höhere Zölle und kurbelte so die nationale Reisproduktion wieder an. 2004 gewann Indonesien den Status des Selbstversorgers beim Reis zurück.

Wie Indonesien beim Reis seine Autarkie verlor und wiedergewann

In den 1970er- und 1980er-Jahren konzentrierte sich Indonesien auf die Erhöhung der Agrarproduktion mit dem Ziel, die Selbstversorgung beim Reis zu erlangen. Dieses Ziel wurde 1984 erreicht. Zwischen 1968 und 1989 stieg die Reisproduktion um fast 150 Prozent von knapp 12 auf 29 Millionen Tonnen.[131] Flankiert wurde diese Politik durch schützende und regulierende Maßnahmen für den Reismarkt, durch Forschungen, die Aussaat besonders ertragreicher Reisvarietäten, die Bereitstellung von Rohstoffen (Saatgut und Dünger) an die Bauern sowie durch Investitionen in die Infrastruktur und Bewässerung.

Bei diesen Bemühungen spielte das Badan Urusan Logistic National (Bulog), eine 1967 geschaffene halbstaatliche Behörde, die sich mit der Vermarktung und Verteilung von Reis im Land befasst, eine Schlüsselrolle. Zur Unterstützung der Bauern setzte das Bulog Mindestpreise und zum Schutz der Verbraucher Höchstpreise ein. Mit einem dichten Netz an Büros und Lagerräumen betrieben, kaufte es Nahrungsmittel von den Bauern auf, lagerte sie ein und vertrieb sie nach Bedarf und Angebot weiter. Damit gelang es dem Amt, die Verfügbarkeit von Reis zu erschwinglichen Verbraucherpreisen im gesamten Archipel zu gewährleisten.

Viele Jahre wurde Indonesien indes dazu ermuntert, die staatlichen Eingriffe in die Agrarproduktion und in die Märkte zurückzufahren und die Importzölle zu senken – mit dem Argument, diese staatliche Intervention habe sich als ineffizient und kostspielig erwiesen. Dagegen würde eine Liberalisierung durch Billigimporte den Verbrauchern und durch höhere Exportpreise den Bauern nützen.

Dem Rat folgend, liberalisierte die Regierung 1998 den Handel mit Nahrungsmitteln, reduzierte das Mandat des Bulog ganz auf die Operationen mit Reis und schaffte die Subventionen für Düngemittel sowie die Beschränkungen bei der Vermarktung ab. Durch diese Politik stiegen allerdings die Produktionskosten der Erzeuger, während die Einkommen der Bauern im Wettbewerb mit den Billigimporten auf den lokalen Märkten sanken. Während der asiatischen Finanzkrise 1997/1998 verschlechterten sich die Lebensbedingungen der Bauern noch stärker. 1998 wurde Indonesien zum größten Reisimporteur und Nehmerland von Lebensmittelhilfen: 1998 erhielt es 885 000 und 1999 822 000 Tonnen Nahrungsmittel.[132]

Die Politik der Liberalisierung stieß bei den Bauern auf heftigen Widerstand. 2002 beschloss die Regierung einen Politikwechsel und eine Reduzierung der Reisimporte, indem sie durch höhere Zölle die heimische Produktion ankurbelte. Bald stieg die Nahrungsmittelerzeugung wieder an. Dank eines Importverbots bei Reis – es wurde gegen die Empfehlungen der internationalen Institutionen durchgesetzt – erreichte Indonesien 2004 bei Reis erneut die Selbstversorgung.

Trotz vielfacher Kritik am Bulog – so wegen seines Monopols bei anderen Produkten und einem hohen Maß an Korruption während der Ära Suharto – herrscht ein allgemeiner Konsens darüber, dass diese Behörde die Preise und die Erzeugung von Nahrungsmitteln stabilisiert und so zu einer Verringerung der Armut in Indonesien beigetragen hat.[133]

Das International Food Policy Research Institute (IFPRI) räumte ein, dass die Stabilität der Preise, die von halbstaatlichen Instanzen in Asien garantiert wird, das Armutsrisiko verringert und den Bauern durch die Zuweisung von Land und die Abnahme ihrer Produkte zu Garantiepreisen ein gewisses Maß an Planungssicherheit gegeben hat. Und wie das Institut hinzufügte, waren Basis- oder Mindestpreise für manche der abgenommenen Grundnahrungsmittel als begleitende Maßnahme zur Steigerung der Nahrungsmittelproduktion und der Produktivität notwendig. Ohne diese Unterstützung hätte bei guten Ernten ein Preisverfall gedroht.[134]

Viele der ärmsten Länder setzen mit Blick auf Einnahmen noch immer hauptsächlich auf den Export weniger landwirtschaftlicher Rohstoffe: Kaffee, Zucker, Tee, Kakao, Erdnüsse, Bananen, Baumwolle und so weiter – Erzeugnisse, deren Preise starken Schwankungen unterliegen und langfristig sogar verfallen könnten. Bestrebungen, Preisabkommen bei Basisprodukten zu schließen, sind seit den 1980er-Jahren weitgehend erlahmt, da nach Einschätzung der westlichen Industrieländer auf die Kräfte des Marktes vertraut werden müsse. Solche Abkommen können aber für stabile Preise sorgen, die für die Erzeuger profitabel sind – und dies auch zum Nutzen der Verbraucher. Dazu verdient das Stabexsystem erwähnt zu werden, das 1975 zwischen der EU und den AKP-Staaten im Rahmen des Lomé-Abkommens eingeführt wurde und die Stabilisierung der Exporterlöse zugunsten dieser Staaten für Ausfuhren von Agrarerzeugnissen in die EU vorsah. Es wurde auf Druck der Welthandelsorganisation aufgehoben, als das Cotonou-Abkommen im Jahr 2000 abgeschlossen wurde.

Fair Trade

Ein weiterer Ansatz, um das Einkommen der Bauern vor Ort zu sichern, ist der »faire Handel«, der von Nichtregierungsorganisationen entwickelt wurde, die zumeist im Fair Trade System zusammenarbeiten. Letztere schließen mit Erzeugerverbänden in Entwicklungsländern Verträge zum Aufkauf von Agrarprodukten – meistens Kaffee, Kakao, Bananen, Honig oder Zucker – zu profitablen Garantiepreisen. Die Produzenten müssen im Gegenzug festgelegte soziale und ökologische Standards erfüllen. Auch wenn dieser Handel nur ein Prozent des Gesamtumschlags ausmacht, so ist er zu dem am schnellsten wachsenden Markt weltweit geworden. Allein Europa wickelt 60 Prozent des globalen fairen Handels ab. Die Schweiz und Großbritannien stehen mit bedeutenden Marktanteilen an der Spitze: In der Schweiz werden 47 Prozent der Bananen und in Großbritannien 5,5 Prozent des Kaffees fair gehandelt. 2010 machte der Fair Trade Handel 665 Millionen Euro aus. Ende 2011 waren 1,24 Millionen Bauern und Arbeiter in fast 1 000 Produzentenorganisationen am Fair Trade System beteiligt.

Dieser Handel beteiligt alle Produzenten an den Entscheidungsprozessen. Eine 2011 unternommene Studie ergab, dass den Bauern und Arbeitern auf diese Weise eine einzigartige Gelegenheit gegeben wird, ihre Entwicklungsprojekte für ihre Gemeinschaft auf dem Land zu planen, zu entwerfen und durchzuführen.[135]

Marc Dufumier schreibt, dass Fair Trade zeigt, wie viel gerechte Preise wirklich für das Wohl der Bauern im Süden ausmachen können. Dennoch ist er der Meinung, dass der Handel erst dann wirklich gerecht wird, wenn die Spielregeln des internationalen Handels geändert werden und wenn die Bauern ihre Nahrungsprodukte insgesamt – also nicht nur ihre Exportprodukte – zu besseren, das heißt zu gerechten Preisen verkaufen können.[136]

Die Regulierung der Märkte kann kein Selbstzweck sein. Sie ist ein begleitendes Instrument einer bewussten Politik zur Ankurbelung einer nachhaltigen Landwirtschaft, zur Verringerung der Abhängigkeit von Importen, zur Ausweitung von Beschäftigung und zur Bekämpfung von Hunger und Mangelernährung. Eine solche Politik muss von Maßnahmen für die Armen in den Städten begleitet werden, gegebenenfalls mit dem Aufbau eines sozialen Netzes.

18 Die Handelspolitik überprüfen

Nur 15 Prozent der weltweit erzeugten Nahrungsmittel landen im internationalen Handel und machen dort nur knapp zehn Prozent des Gesamtumsatzes aus (2003 ungefähr 700 Milliarden von geschätzten 7 500 Milliarden US-Dollar).[137] Von den jährlich erzeugten 700 Millionen Tonnen Reis werden nur 30 Millionen auf dem Weltmarkt gehandelt. Obwohl die Agrarproduktion im internationalen Handel also nur einen kleinen Teil ausmacht, steht sie seit Jahren im Zentrum internationaler Verhandlungen. Dieses Kapitel beschäftigt sich im Folgenden mit den drei wichtigsten Institutionen, die diesen Handel mit Agrarprodukten regulieren: Das ist zum einen die Welthandelsorganisation WTO, das sind zweitens die bilateralen Handelsabkommen und drittens die Weltbank und der Internationale Währungsfonds (IWF).

Die Welthandelsorganisation WTO

Das Marrakesch-Abkommen ist das Schlussabkommen der Uruguay-Runde, mit dem am 15. April 1994 die Welthandelsorganisation WTO gegründet wurde. Sie löste das Allgemeine Zoll- und Handelsabkommen GATT (General Agreement on Tariffs and Trade) ab, das 1947 23 Staaten miteinander geschlossen hatten. 2013 umfasste die WTO 159 Staaten: In den letzten beiden Jahrzehnten sind ihr auch zahlreiche Entwicklungsländer beigetreten. Eine wichtige Einrichtung der WTO ist das Streitschlichtungsgremium (DSB/Dispute Settlement Body), dessen Aufgabe es ist, Differenzen zwischen Mitgliedsstaaten über die Umsetzung der geltenden Regeln des multilateralen Handels zu schlichten.

Die acht Verhandlungsrunden zu multilateralen Handelsabkommen, die seit Gründung des GATT-Abkommens stattfanden, zielten alle auf eine Liberalisierung des Welthandels. Dabei ging es lange Zeit nur um die Industrieprodukte. Erst 1986 mit Beginn der Uruguay-Runde, der achten und letzten GATT-Verhandlungsrunde, kamen weitere Bereiche hinzu, insbesondere die Agrarprodukte, aber auch Dienstleistungen und geistiges Eigentum. Diese Entwicklung fand zeitgleich mit der Globalisierung und dem weltweiten Trend zur Liberalisierung statt und den Bestrebungen sämtlicher Staaten – insbesondere der Entwicklungsländer –, sich in die Weltwirtschaft zu integrieren. Die Grundphilosophie sämtlicher Institutionen von Bretton Woods (Weltbank, IWF und WTO) lautete: »Mehr Handel führt zu größerem Wirtschaftswachstum, das Entwicklung nach sich zieht.« Die Uruguay-Runde führte insbesondere zur Annahme des Abkommens über die Landwirtschaft (AOA/Agreement on Agriculture).

Abkommen über die Landwirtschaft

Das Abkommen über die Landwirtschaft (AOA), Teil des Marrakesch-Abkommens, trat 1994 in Kraft. Neben der Handelspolitik der Mitgliedsstaaten der WTO beinhaltete es auch Regeln zu deren Agrarpolitik und zur ländlichen Entwicklung. Ausgearbeitet wurde es im wesentlichen von der EU und den USA.

Innerhalb der WTO gelten bestimmte interne Maßnahmen der Staaten als wettbewerbsverzerrend auf dem Weltmarkt und unterliegen deshalb multilateral festgelegten Regulierungen. Das AOA erstreckt sich auf drei verschiedene Bereiche.

Zugang zu den Märkten

Dieser Bereich betrifft sämtliche Maßnahmen, mit denen die einzelnen Staaten ihre Märkte an den Außengrenzen vor Importen schützen (Zölle, Quoten, technische und sanitäre Bestimmungen und so weiter).

Das Abkommen über die Landwirtschaft zielt darauf ab, dass alle Staaten ihre protektionistischen Maßnahmen bekannt machen, nichttarifäre Handelshemmnisse in Zölle umwandeln (Tarifikation) und ihre Zölle senken. Das Abkommen verpflichtete die Industrieländer, ihre Zolltarife im Zeitraum von sechs Jahren (1995–2000) um 36 Prozent, und die Entwicklungsländer (außer den am wenigsten entwickelten), ihre Tarife in zehn Jahren (1995–2004) um 24 Prozent zu senken. Zölle, die von den Mitgliedsländern »notifiziert«, also der WTO gemeldet werden, dürfen dann nicht mehr überschritten werden – sie heißen fortan *gebundene Zölle*. Im Zug der Strukturanpassung haben die meisten Entwicklungsländer faktisch Zolltarife festgesetzt, die weit unter denen der gebundenen Zölle liegen. Bei Agrarprodukten sind ihre Zölle häufig sogar geringer als die der Industrieländer, die ihre auf der Höhe der gebundenen Zölle halten.

Auch verpflichtet das AOA die Mitgliedsstaaten der WTO, ihre Märkte für Importe so weit zu öffnen, dass sie den durchschnittlichen Binnenverbrauch zu mindestens fünf Prozent decken. Japan umging allerdings diese Verpflichtung, indem es den so importierten Reis als Nahrungsmittelhilfe wieder auf den Weltmarkt ausführte.

Innerstaatliche Hilfen

Mit ihnen unterstützt der Staat die nationalen Produzenten bei der Produktion, bei Investitionen, bei der Ausbildung, beim Transport ihrer Produkte, bei der Bewältigung von Naturkatastrophen und beim Schutz der natürlichen Ressourcen... Die WTO klassifiziert diese Hilfen in drei Kategorien: solche mit einem wettbewerbsverzerrenden Charakter (die »gelbe Box«, teils auch »orange Box« genannt), solche ohne einen wettbewerbsverzerrenden Charakter (die »grüne Box«) und solche, die zwar einen wettbewerbsverzerrenden Charakter haben, aber an Programme geknüpft sind, die auf eine Beschränkung der Produktion zielen (die »blaue Box«). In die grüne Box gehören beispielsweise die

Subventionen für Forschung und Umweltschutz. Das AOA zielt darauf ab, dass sämtliche Hilfen bei der WTO notifiziert und die wettbewerbsverzerrenden Hilfen der gelben und der blauen Box zurückgefahren werden. Diese Vereinbarung hinderte freilich weder die EU noch die USA daran, ihre Hilfen für die eigenen Landwirte erheblich auszuweiten.

Exporthilfen
Dazu gehören alle Hilfen und Maßnahmen, mit denen die Staaten die eigenen Produzenten darin unterstützen, ihre Produkte auf ausländischen Märkten zu positionieren (direkte Subventionen, Exportkredite, Vermarktung durch staatliche Handelsunternehmen, unangebrachte Nahrungsmittelhilfen und so weiter). Auch hier liegt das Ziel in der Notifizierung und Verringerung dieser Hilfen.[138]

Die Doha-Entwicklungsagenda

Im Dezember 2001 startete die WTO in Doha eine neue Verhandlungsrunde, die sogenannte Doha-Entwicklungsagenda (DDA/Doha Development Agenda). Sie sollte den Befürchtungen einiger der ärmsten Entwicklungsländer entgegentreten, dass der Welthandel zu ihrem Nachteil weiter liberalisiert würde. Im Zentrum sollte die Landwirtschaft stehen. Die Entwicklungsländer waren zu dem Schluss gelangt, dass die Industrieländer, allen voran die USA und die EU-Staaten, trotz der Uruguay-Runde weiterhin eine Handelspolitik mit inakzeptablen, wettbewerbsverzerrenden Wirkungen betrieben.

Besonders in der Kritik standen die gewaltigen regelmäßigen Subventionen an die Bauern der Länder des Nordens. Angeblich sollten auf diese Art pro Tag eine Milliarde US-Dollar (350 Milliarden pro Jahr!) fließen, eine zu hoch gegriffene Zahl. Die tatsächliche Summe dürfte um die 200 Milliarden Dollar pro Jahr liegen.[139] Die Aufgabe der Doha-Runde besteht folglich darin, für eine Verringerung, wenn schon nicht Abschaffung solcher Hilfen einzutreten. Die Industrieländer akzeptierten diese Forderung zwar, verlangten aber als Ausgleich für eventuelle Zugeständnisse im Agrarbereich einen erleichterten Zugang für ihre Industrieprodukte und Dienstleistungen zu den Märkten der Entwicklungsländer.

2011 landeten die Verhandlungen in einer Sackgasse, als sich herausstellte, dass die USA auf ihrer Forderung beharrten, die Schwellenländer – gemeint war besonders China – müssten ihre Märkte weiter öffnen, da sich die Bedingungen seit 2011 geändert hätten. Diese Länder lehnten diese komplett neue Forderung ab und verwiesen auf das 2011 von allen angenommene Verhandlungsmandat.

Im Zentrum der Verhandlungen: die Landwirtschaft

Gescheitert sind die Verhandlungen bereits im Juli 2008 an einer Frage, die die Interessen der Kleinbauern unmittelbar betraf. Unterstützt von China und den meisten Entwicklungsländern verlangte Indien die Einführung eines Speziellen Schutzklauselmechanismus (SSM), der die Einkommen der Bauern in besonders bedrohlichen Lagen schützen sollte, entweder bei einem Verfall der Agrarpreise oder bei einer drastischen Erhöhung der Importe. Während die EU bereit war, diese Forderung anzunehmen, wurde sie von den USA zurückgewiesen.

Indien – mit der Unterstützung Chinas – setzte die Frage vornehmlich aus politischen Gründen weit oben auf die Agenda: Wie die Geschichte zeigt, verfügen Indiens Bauern über ein großes Potential, um Druck auf die Regierungspartei auszuüben. Ein Jahr vor den Wahlen 2009 wollte die indische Regierung deswegen kein Risiko eingehen. Zugleich geriet bei diesen Verhandlungen die Glaubwürdigkeit der USA einmal mehr in Zweifel, weil der US-Kongress einige Wochen zuvor ein Gesetz verabschiedet hatte, das den amerikanischen Bauern Hilfen über 300 Milliarden Dollar auf fünf Jahre zubilligte.[140] Auffallend war, dass Brasilien, bislang eine führende Macht unter den Entwicklungsländern bei dieser Runde, ebenfalls gegen die Forderungen Indiens nach der Einführung eines Speziellen Schutzklauselmechanismus votierte und sich so von der Mehrheit der Entwicklungsländer absetzte.

Alle acht Verhandlungsrunden zum GATT-Abkommen wurden im wesentlichen von den drei Akteuren USA, der EU und Japan geführt. Mit dieser westlichen Vorherrschaft ist es nun vorbei. Insbesondere mit den Schwellenländern Brasilien, Indien und China sind neue Akteure ins Spiel gekommen, und gleichzeitig organisieren sich auch die Entwicklungsländer immer besser, um ihren Interessen über verschiedene Gruppierungen wie der G-20, der G-33 oder der G-90 mehr Gehör zu verschaffen.

Dringender Bedarf neuer Regeln für die WTO

Die WTO ist ein Opfer ihrer eigenen Ideologie. Die Havanna-Charta von 1948 sah die Gründung einer internationalen Handelsorganisation vor, aber der US-Kongress hat sie niemals ratifiziert. In der Charta war außerdem noch ein Engagement zugunsten eines beschleunigten Wirtschaftswachstums und zur Förderung von Beschäftigung vorgesehen, Ziele, die sich weder das GATT-Abkommen noch die WTO zu eigen machten.[141] Die Liberalisierung des Welthandels wurde zur »Ultima Ratio« der WTO.

Tatsächlich hält die WTO 1994 in ihrer Gründungspräambel fest, dass für die globale, nachhaltige Entwicklung ein Wachstum beim Austausch von Waren und Dienstleistungen notwendig sei, das durch »die substantielle Verringerung der Zolltarife und anderer Handelshemmnisse« erreicht werden müsse. In der Präambel des Abkommens über die Landwirtschaft (AOA) heißt es sogar, »dass es das langfristige Ziel ist, zu schrittweisen substantiellen Verringerungen der Subvention und der Protektion« in der Landwirtschaft zu kommen. Damit unternimmt die WTO keinerlei Versuch, die ungleiche und ungerechte Situation auszugleichen, die mit den Handelsregeln gegenüber den Entwicklungsländern durch die Strukturanpassungsprogramme geschaffen wurde. Im Gegenteil, sie erkennt diese Situation nicht einmal als ungerecht an. Stattdessen fördert sie den wirtschaftsliberalen Trend mit gewissen Anpassungen weiter.

Für die WTO stellt die Lehre von den Wettbewerbsvorteilen die »brillanteste Wirtschaftstheorie« dar.[142] Der Ökonom Joseph Schumpeter hält sie für eine völlig sinnlose Theorie.[143] Bei ihrer Anwendung auf die Landwirtschaft ist dies gewiss der Fall. So ermuntert die WTO die Entwicklungsländer, sich auf den Export bestimmter Produkte (Schnittblumen, Obst und Gemüse, Kaffee, Kakao, Erdnüsse etc.) zu spezialisieren, was dann auf Kosten der Nahrungsmittelproduktion geht. Bei diesem aus dem Washington Consensus abgeleiteten Ansatz wird als ein weiterer Aspekt zudem der Vorteil für den Verbraucher hervorgehoben. Ganz im Vordergrund steht der »Gewinn des Konsumenten«, während die Verluste der Produzenten, deren Einkommen angesichts von Billigimporten sinken, und das Schrumpfen des »Gewinns für den Staat« durch sinkende Zolleinnahmen eher ausgeblendet werden.[144] All diese Prinzipien sind durch die Ernährungskrise von 2008 ad absurdum geführt worden. Sie hat gezeigt, in welche wirtschaftliche und politische Sackgasse eine Ideologie führen kann, bei der die Landwirtschaft auf eine Ebene mit den übrigen Wirtschaftsbereichen gestellt wird und die Entwicklungsländer dazu aufgerufen werden, sich – wegen eines angeblichen Wettbewerbsvorteils – auf Exportprodukte zu spezialisieren und damit dann die Produktion von Nahrungsmitteln für den eigenen und regionalen Bedarf zu vernachlässigen.

Auch nach den Menschenrechten sucht man in den Statuten der WTO vergeblich. Diese Lage kritisiert unter anderen Jean Ziegler, als »Schizophrenie der Staaten«. Diese unterstützten zum einen – im Kampf gegen den Hunger – Organisationen wie die FAO, das Welternährungsprogramm WFP, die UNICEF und das UN-Entwicklungsprogramm UNDP. Zum anderen stützen sie aber auch die Weltbank, den IWF und die WTO, die die Bemühungen der genannten UN-Organisationen durch eine Politik der Liberalisierung im Sinn des Washington Consensus geradezu konterkarieren.[145]

Olivier De Schutter, glaubt nicht daran, dass die Liberalisierung des Handels zu einer unmittelbaren Verbesserung der Ernährungssicherheit insbesondere bei den Kleinbauern führe. Im Gegenteil würde der Großteil des Mehrwerts in der Wertschöpfungskette auf dem Agrarsektor von den »Getreidehändlern«, Agrarindustrien und multinationalen Konzernen eingesackt (siehe Kapitel 8). Als weitere negative Folge führe die Liberalisierung des Handels zu einer Konzentration der Nahrungsmittelerzeugung.[146] Aber Agrarprodukte sind eben keine x-beliebigen Waren, auch wenn sie so behandelt werden. Die Entwicklungsländer brauchen größere Spielräume, um ihre Agrarproduzenten vor der Konkurrenz aus den Industrieländern zu schützen.[147]

Sicher begrüßenswert sind die Bemühungen der WTO, die »Besonderheiten« der am wenigsten entwickelten Länder zu berücksichtigen und für sie die Möglichkeit zu schaffen, ihre tarifären und nichttarifären Handelshemmnisse in den verschiedenen Sektoren zunächst unangetastet zu lassen. Dies ändert freilich nichts an der exzessiven und katastrophalen Liberalisierung der Wirtschaften solcher Länder wie Haiti oder Ghana als Ergebnis der Strukturanpassungsprogramme. Tatsächlich liegen die durchschnittlichen Zölle, die in den ärmsten Ländern für Agrarprodukte gelten, mit 16 Prozent unter denen anderer Entwicklungsländer.[148] Und Ghana, das nicht zu den am wenigsten entwickelten Ländern gehört, muss seine Tarife weiter senken.

Für den Weltagrarbericht ist unstrittig, dass die gegenwärtigen Weltmarktbedingungen für Agrarprodukte nicht der Grundversorgung mit gesunden Lebensmitteln und ihrer nachhaltigen Produktion dienen. Sie müssten radikal verändert werden. Er stellt fest, dass es die Armen auf dem Lande und die ärmsten Länder sind, die eindeutig zu den Verlierern der Liberalisierung des Welthandels gehören, und warnt vor einer Öffnung der Märkte, wo ländliche und landwirtschaftliche Entwicklung von Billigimporten und -exporten auf Kosten der Ernährungssicherheit und Beschäftigung bedroht werden.[149]

Für Martin Khor sollten Reformen in der WTO und des Freihandelsabkommens darauf abzielen, den Entwicklungsländern mehr Handlungsraum zu bieten, um ihre Landwirtschaft unterstützen zu können und die Ausbreitung der lokalen Nahrungsmittelproduktion zu ermöglichen. Zuschüsse für die Kleinbauern sollten ebenso erlaubt werden. Diese Länder sollten ebenso genügend Spielraum haben, Zölle einzusetzen, um die Interessen ihrer Bauern zu schützen, Nahrungssicherheit und ländliche Entwicklung zu fördern. Sie sollten auch die WTO-Flexibilität nützen können, das heißt den Spielraum, der zwischen gebundenen und angewandten Zöllen besteht.[150]

Die zweideutige Haltung der EU

Um sich an die von der Doha-Runde angekündigte Regelung der WTO bei den internen Hilfen anzupassen, führte die EU eine große Reform der Gemeinsamen Agrarpolitik durch, wobei sie einen Großteil ihrer Beihilfen von der landwirtschaftlichen Produktion abkoppelte. Diese platziert sie alle in der »grünen Box« mit der Behauptung, sie hätten keine oder fast keine wettbewerbsverzerrenden Wirkungen. Mehrere Experten der Agrarwirtschaft bestreiten dies mit dem Hinweis, dass die Entkoppelung den Wettbewerb trotzdem verzerren würde. Denn alle öffentlichen Hilfen, auch die in die grüne Box verschobenen, ermöglichen es den Empfängern, ihre Produkte unter dem Erzeugerpreis zu vermarkten.

Die Abkoppelung der Hilfen von der Produktion sei ein Kunstgriff, der die Form, aber nicht die Höhe oder die Wirkung der Hilfen verändere. Dadurch müssten die ärmsten Ländern auch weiterhin »die Verschlechterung ihrer Lage im Agrarbereich und bei der Ernährung sowie den Ruin ihrer ärmsten Bauern hinnehmen«, schreibt die Groupe de Bellechasse, eine Gruppe aus französischen Agrarwissenschaftlern, Ökonomen, Geographen, Forschern und Lehrern.[151] Jedes Produkt, das irgendwie öffentlich subventioniert werde, dürfe nicht auf den Weltmarkt gelangen, meinen französische Nichtregierungsorganisationen, die sich die internationale Solidarität auf die Fahnen geschrieben haben. Oxfam, Caritas und 14 weitere europäische und nordamerikanische katholische Nichtregierungsorganisationen, die in der Internationalen Zusammenarbeit für Entwicklung und Solidarität (CIDSE) organisiert sind, vertreten den gleichen

Standpunkt und fordern eine Revision der Kriterien für die grüne Box. Manche sind so weit gegangen, diese Praxis als regelrechtes Betrugsmanöver anzuprangern.[152]

Dumpingpreise müssen unter allen Umständen bekämpft werden. Anstatt als »Verkauf unter dem Inlandspreis auf dem Weltmarkt« muss Dumping als »Verkauf unter dem Erzeugerpreis« definiert werden.

Jede Politik der CO_2-Reduktion verlangt, dass in die Berechnung dieses Preises auch die »externen Effekte« einbezogen werden, also die Kosten für die Gesellschaft und die Umwelt.

Nach Aussage des Wirtschaftswissenschaftlers Jacques Berthelot wäre es angemessener und kostengünstiger, den Entwicklungsländern die volle Souveränität zurückzugeben, damit sie ihre Märkte nach den eigenen Bedürfnissen und gemäß ihrem Entwicklungsstand regulieren und schützen können. Denn nur reiche Länder können es sich leisten, ihre Erzeuger mit Subventionen vor der Importkonkurrenz zu schützen, ohne die Einfuhren direkt mit Maßnahmen drosseln zu müssen: Mit erlaubten Subventionen (die blaue und die grüne Box) gleichen sie das Absinken der Binnenpreise auf Weltmarktniveau aus, so dass die Lebensmittelindustrie nicht auf Importe angewiesen ist. Da die Preise durch diese Subventionen nicht einmal mehr die Produktionskosten decken, haben sie bei einem Export der Produkte einen Dumpingeffekt.[153] Im übrigen steckte hinter der Liberalisierung der Agrarpolitik auch der Druck der Nahrungsmittelindustrie (Verarbeitung und Großhandel), die sich von einem freieren Handel sinkende Rohstoffpreise versprach.[154]

Das völlige Ungleichgewicht der Gemeinsamen Agrarpolitik der EU wird durch die Reform von 2013 noch verstärkt, indem sie den Export von Nahrungsmitteln und insbesondere die Sicherung von Marktanteilen an den internationalen Agrarmärkten für die europäische Agrar- und Ernährungsindustrie zu den Zielen dieser Politik erklärt.

Die Bali-Ministerrunde

Anfang Dezember 2013 fand in Bali ein WTO-Ministertreffen statt, wo es zu einer Einigung über ein Mini-Paket von Maßnahmen kam, die, nach Jahren des Stillstands, als großer Erfolg gefeiert wurden. Neben einem neuen Abkommen zum Abbau administrativer Handelshemmnisse, Initiativen zum verbesserten Marktzugang für Güter und Dienstleistungen aus den am wenigsten entwickelten Ländern stand besonders die punktuelle Anpassung des Agrarabkommens im Mittelpunkt.

In Bezug auf den letzten Punkt wurden die Ernährungssicherheit und die Förderung der Kleinbauern verbessert. Es ist in Zukunft erlaubt, dass Länder Nahrungsmittel von ihren Kleinbauern aufkaufen zu einem Preis, der über dem sogenannten Marktpreis liegt, um die lokalen Produzenten zu stärken und die eigene Versorgung zu sichern. Eine Praxis, die die WTO-Spielregeln bisher nicht erlaubten. Da sich vor allem die USA dem widersetzten, kam es allerdings nur zu einer Zwischenlösung, die als »Friedensklausel« dargestellt wird: Das Abkommen gilt nur für vier Jahre und in der Zwischenzeit soll eine endgültige Lösung verhandelt werden. Diese Klausel verpflichtet die WTO-Mitglieder, keine Klage anzustrengen, auch wenn sie eine Verletzung der bestehenden Regeln vermuten. Diese Lösung wurde von Indien mit der Unterstützung der G-33-Gruppe verlangt, in der sich etwa fünfzig Länder zusammenfinden, unter ihnen auch Länder wie China und Indonesien sowie viele der ärmsten Länder mit einem großen Bevölkerungsanteil von Kleinbauern. Der Ankauf zu diesen höheren Preisen wird also nicht mehr als »handelsverzerrend« angesehen.

Es bleibt abzuwarten, ob diese neue Zwischenregelung zu einer allgemeineren Verhandlung über die anderen längst überholten Regeln des Abkommens über Landwirtschaft führen werden, wie es Jacques Berthelot und auch Timothy Wise voraussagen. Sie sind der Meinung, dass beispielsweise die in den GATT-Texten vorgesehenen Referenzpreise aus den 1980er-Jahren dringend reformiert werden müssen, gegenüber denen jegliche Preise, die Staaten üblicherweise ihren Bauern anbieten, wie gewaltige Subventionen aussähen.[155]

Die bilateralen Handelsabkommen

Je länger sich die Verhandlungen der Doha-Runde zu multilateralen Handelsabkommen hinziehen, desto mehr verstärkt sich der Trend zu Abschlüssen bilateraler oder regionaler Verträge. Mit Blick auf diese Abkommen sind die Entwicklungsländer häufig in einer noch schwierigeren Verhandlungsposition, so dass die Industrieländer Zugeständnisse erhalten, die sie bei multilateralen Abkommen nicht erreicht hätten. Diese betreffen häufig Fragen bezüglich des geistigen Eigentums oder des Zugangs zu traditionellem Wissen und Kenntnissen in den Entwicklungsländern. Wie man beim NAFTA-Abkommen (Nordamerikanisches Freihandelsabkommen) sah, berühren diese Verträge häufig stark die Interessen der Kleinbauern. Das Zentralamerikanische Freihandelsabkommen (CAFTA/Central American Free Trade Agreement), das zwischen den USA und den zentralamerikanischen Ländern geschlossen wurde, könnte sich für die dortigen Kleinbauern ebenso verheerend auswirken.

Im Sommer 2003 fanden in ganz Kolumbien Demonstrationen und Straßenbesetzungen durch Bauern statt, die gegen das Freihandelsabkommen mit den USA, aber auch mit der EU protestierten. Ihre Märkte würden mehr und mehr von billiger Importware überschwemmt, so die Hauptbeschwerde. Die Proteste richteten sich zudem gegen immer weiter steigende Energiepreise und gegen die Übernahme von Land durch Rohstoffkonzerne.

Die legale Basis für solche bilateralen oder regionalen Handelsabkommen findet sich in Artikel XXIV des GATT-Abkommens, der den Abschluss solcher Abkommen zwischen Mitgliedsstaaten erlaubt. Auf der Grundlage dieses Artikels fanden die Verhandlungen zum Partnerschaftsabkommen zwischen der EU und den AKP-Ländern statt (siehe Kapitel 19). Aber diese Berechtigung unterliegt der Bedingung, dass ein solcher Vertrag dazu führt, dass der »Großteil« des Handels liberalisiert wird, womit nach Lesart der EU 80 Prozent gemeint sind. Die Diskussion über die genaue Interpretation dieses Artikels hält an. In ihm werden zwischen den Industrie- und den Entwicklungsländern allerdings keine Unterschiede gemacht. Die Frage ist auf der Tagesordnung der Doha-Runde. Die Entwicklungsländer haben ein dringendes Interesse an einer Neufassung dieses Artikels, die die Grundsätze der differenzierten Sonderbehandlung, die Berücksichtigung des Produktivitätsniveaus und die Nichtreziprozität berücksichtigen muss.

Die Weltbank und der Internationale Währungsfonds

Brauchen wir drei Weltorganisationen, die sich mit den Regeln des internationalen Handels befassen? Macht dies die Vorgänge nicht unnötig kompliziert und intransparent? Dies fragte sich im März 2005 Pascal Lamy auf dem Seminar zum Thema Ernährungssicherheit, das Luxemburg anlässlich seiner EU-Ratspräsidentschaft organisiert hatte. Da 80 bis 90 Prozent der Verringerung von tarifären und nichttarifären Handelshemmnissen in den Entwicklungsländern von der Weltbank und dem IWF und nicht von der WTO angestoßen wurden, schlug Lamy vor, diese Inkohärenz auf institutioneller Ebene zu beseitigen und die Kompetenz in Sachen Handel nur einer Organisation zu übertragen.

Sowohl in der Weltbank wie beim IWF werden inzwischen bestimmte Fehler in der Politik der Strukturanpassung eingeräumt. Aber beide Institutionen müssen weitergehen und sich flexibler zeigen. Gemäß der Regeln der WTO darf ein Entwicklungsland seine Bauern schützen, indem es Zölle auf eingeführte Agrarprodukte erhebt. Tatsächlich kann es die Zolltarife für diese Produkte bis auf die Höhe der gebundenen Zölle anheben, die häufig deutlich darüber liegen. Ghana hat dies 2003 umzusetzen versucht (siehe Kapitel 5).

Um im Kampf gegen Hunger und Mangelernährung Fortschritte zu erzielen, aber auch mit Blick auf die Kohärenz der Maßnahmen zwischen verschiedenen Organisationen, kommt es darauf an, dass auch Weltbank und IWF die Regeln der WTO akzeptieren und nicht versuchen, diese zu biegen. Die Souveränität jedes Staates sollte gerade dann respektiert werden, wenn dieser seine Kleinbauern vor subventionierten Importen besser schützen muss, um das Recht auf

Nahrung für seine Bevölkerung durchzusetzen. Der UNCTAD zufolge böten eine Abschaffung oder Veränderung der Bedingungen, deren Erfüllung die Weltbank und der IWF stets von den Entwicklungsländern einforderten, die Garantie, dass die in den WTO-Abkommen erhaltenen Spielräume unangetastet blieben.[156]

Teil III
Die wichtigsten Akteure

19 Die Europäische Union

Die Beseitigung der Armut, fragwürdiges Ziel des Lissabon-Vertrages

Der Vertrag von Lissabon stellt über die Entwicklungszusammenarbeit fest: »Hauptziel der Unionspolitik in diesem Bereich ist die Bekämpfung und auf längere Sicht die Beseitigung der Armut.«[1]

Im Jahr 2006 verabschiedeten der Rat, die Kommission und das Parlament der Europäischen Union den »Europäischen Konsens über die Entwicklungspolitik«. Eines der dort beschlossenen »gemeinsamen Ziele« ist »die Beseitigung der Armut im Rahmen einer nachhaltigen Entwicklung, wozu auch die Verfolgung der Millenniumsentwicklungsziele gehört«. Im weiteren Verlauf dieser Erklärung heißt es: »Die Bekämpfung der weltweiten Armut ist nicht nur eine moralische Verpflichtung; sie wird auch dazu beitragen, eine stabilere, friedlichere, wohlhabendere und gerechtere Welt zu schaffen, die die gegenseitige Abhängigkeit der reicheren und der ärmeren Länder widerspiegelt. In einer derartigen Welt würden wir es nicht zulassen, dass stündlich 1 200 Kinder verhungern, oder untätig zusehen, wie eine Milliarde Menschen versucht, mit weniger als einem Dollar pro Tag zu überleben, und HIV/AIDS, Tuberkulose und Malaria jedes Jahr mehr als sechs Millionen Menschenleben fordern. Entwicklungspolitik ist das Kernstück der Beziehungen mit den Entwicklungsländern.«[2]

All diese Zielsetzungen zur Armutsbekämpfung mögen gut gemeint sein. Doch ist der Vorwurf zu machen, dass sie die Symptome der Armut angehen, nicht aber die Ursachen. So wird die Notwendigkeit einer nachhaltigen Entwicklung, die den Aufbau von Produktionskapazitäten in den Entwicklungsländern fördern würde, also einer eigenen Wirtschaft und damit einer progressiv wachsenden Autonomie, völlig außer Acht gelassen.

Die EU, der weltgrößte Entwicklungshelfer

Laut diesem Konsens sind die einzelnen Entwicklungsländer zwar »für ihre eigene Entwicklung in erster Linie selbst verantwortlich, doch kommt auch den entwickelten Ländern eine Verantwortung zu«.[3] Die EU leistet mehr als die Hälfte der weltweiten Entwicklungshilfe und hat sich verpflichtet, diese qualitativ und quantitativ zu erhöhen und effizienter zu gestalten. Auf einem Treffen des Ministerrats – teilgenommen haben die für die Entwicklungszusammenarbeit zuständigen Minister –, das im Mai 2005 unter luxemburgischer Ratspräsidentschaft stattfand, erklärten sich die EU-Mitgliedsländer bereit, ihre öffentliche Entwicklungshilfe beträchtlich zu steigern. Zum ersten Mal gingen sie die formelle Verpflichtung ein, ihre Hilfe bis 2010 auf 0,56 Prozent und bis 2015 gemäß dem von den Vereinten Nationen festgesetzten Ziel auf 0,7 Prozent ihres Bruttonationaleinkommens (BNE) anwachsen zu lassen. Trotz der gegenwärtigen Wirtschaftskrise wurden diese Zusagen immer wieder bekräftigt. Gleichwohl wird die EU keine der Zielmarken erreichen. Verschiedene Länder, wie Spanien, haben ihre Entwicklungshilfe sogar drastisch reduziert.

Im Jahr 2013 erreichte die Entwicklungshilfe der EU und ihrer Mitgliedsstaaten 56,5 Milliarden Euro, was einem Anteil von nur 0,43 Prozent des BNE entspricht. Ein Viertel dieses Beitrages wird durch die Europäische Kommission finanziert. Nur vier EU-Mitgliedsländer wandten mehr als 0,7 Prozent ihres BNE dafür auf: Schweden mit 1,02, Luxemburg mit 1,00, Dänemark mit 0,85 und das Vereinigte Königreich erstmals 0,72 Prozent. Die Niederlande fielen auf 0,67 Prozent zurück, Finnland brachte 0,55, Belgien und Irland 0,45, Frankreich 0,43, Deutschland 0,38 und Österreich 0,28 Prozent auf. Weit dahinter lagen Italien und Spanien mit 0,16 Prozent; Länder wie Japan und die USA lagen um die 0,20 Prozent.

Dagegen verkaufen die EU-Länder jedes Jahr Waffen für etwa 360 Milliarden Euro.

Was die Qualität der Hilfe angeht, besteht der europäische Konsens über die Entwicklungspolitik auf einer »Verbesserung ihrer Wirkung«, wie sie in der »Erklärung von Paris über die Wirksamkeit der Entwicklungshilfe« von 2005 und dem Aktionsprogramm von Accra 2008 vorgesehen wurde. »Nationale Eigenverantwortung der Entwicklungsländer für die Entwicklungsstrategie (»appropriation«), die Anpassung der Geberländer an diese Strategie (»alignment«) und die schon vor Ort beginnende Koordinierung und Harmonisierung auf der Geberseite, sind hierbei die entscheidenden Grundsätze.«[4]

Es stellt sich jedoch die Frage, wie es um die Qualität der Hilfe der EU, ihrer Mitgliedsstaaten, aber auch der anderen westlichen Länder wirklich bestellt ist. Untersuchungen einiger Nichtregierungsorganisationen ergaben, dass nur ein kleiner Teil dieser Hilfe tatsächlich in den bedürftigen Entwicklungsländern ankommt. Ein größerer Prozentsatz fließt als Verwaltungsaufwand, Beratungsgebühren oder Aufträge an einheimische Firmen zurück ins Geberland. Darüber hinaus weist Kishore Mahbubani, der Dekan der School of Public Policy an der Nationaluniversität von Singapur, darauf hin, dass einige große Länder bei ihrer Hilfevergabe vornehmlich politische Ziele verfolgten. So gehe ein Großteil der US-amerikanischen Gelder an Länder wie Ägypten, den Irak, Afghanistan und Pakistan. 2,5 bis drei Milliarden Dollar jährlich flössen an Israel, das eindeutig ein entwickeltes Land sei. Für Mahbubani hat die westliche Entwicklungshilfe »sicherlich Positives bewirkt«, nimmt aber auch »perverse« Züge an.[5]

Europa unterstützt die Landwirtschaft mit zu geringen Mitteln

Die Entwicklung der Landwirtschaft nimmt im europäischen Entwicklungskonsens nur eine nachgeordnete Stellung ein. Im Lauf der Jahre hat auch die EU wie andere Länder und Organisationen die Hilfsgelder für die Agrarwirtschaft eingeschränkt, wie in Kapitel 3 dargelegt. Die Nahrungsmittelkrise von 2008 hat jedoch neue Anstrengungen auf diesem Gebiet notwendig gemacht. So stellte die EU eine mit insgesamt einer Milliarde Euro ausgestattete, auf drei Jahre angelegte »Spezielle Fazilität zur Reaktion auf die Ernährungskrise« bereit. Ihre Mittel sind »zur Unterstützung der kleinen und mittleren auf Nahrungsproduktion ausgerichteten Familienbetriebe und der armen Bevölkerungsschichten bestimmt, die besonders unter der Ernährungskrise zu leiden haben«. Bezeichnenderweise sollen dabei vor allem die von Frauen geleiteten Betriebe berücksichtigt werden. Dabei wurden mehr als 200 Millionen Euro für Unternehmungen und Programme der FAO in 25 Ländern Afrikas, Asiens und Lateinamerikas zur Verfügung gestellt.

Die Versorgung der Bauern mit Saatgut und Dünger, ihr Zugang zu wichtigen, hochqualifizierten Dienstleistungen, die Vergabe von Mikrokrediten, der Ausbau der ländlichen Infrastrukturen und die Unterstützung von Bauernverbänden, könnten so gefördert werden. 40 Prozent dieser Hilfen sollten von zivilgesellschaftlichen Organisationen und Vertretern der örtlichen Gemeinden und Gebietskörperschaften verteilt werden. Das Programm, so berichtet die Kommission, kam 59 Millionen meist Kleinbauern zugute und nutzte zusätzlich noch 93 Millionen anderen Personen.

Belgien könnte den anderen EU-Mitgliedsländern auf diesem Gebiet als Beispiel dienen. Das Land beschloss, den für den Agrarsektor bestimmten Teil seiner Entwicklungshilfe im Jahr 2010 auf zehn Prozent und bis zum Jahr 2015 auf 15 Prozent zu erhöhen. Die Landwirtschaft und die Ernährungssicherheit zählen zu den fünf wichtigsten Förderbereichen im belgischen »Gesetz über internationale Zusammenarbeit«.

Im allgemeinen lassen aber die europäischen Anstrengungen auf diesem Gebiet noch viel zu wünschen übrig. Sowohl die EU als auch ihre Mitgliedsländer sollten verbindliche Verabredungen treffen, den für die Landwirtschaft bestimmten Teil ihrer Entwicklungshilfe nach einem festen Kalender auf zehn Prozent zu steigern. Sie sollten dabei immer bedenken, dass drei Viertel der Ärmsten und drei Viertel der unter Hunger und Mangelernährung Leidenden in diesem Sektor zu finden sind. Die EU sollte die Unterstützung der kleinbäuerlichen Landwirtschaft zu einer ihrer wichtigsten Prioritäten machen.

Für eine neue Handelspolitik

Es bleibt die Frage, welcher Entwicklungspolitik diese Hilfen dienen sollen. In dieser Hinsicht ist die Handelspolitik der EU entscheidend, wirft jedoch gleichzeitig auch etliche Fragen auf. Einerseits kann die EU eine bemerkenswert positive Bilanz vorweisen. Sie hat als erste Gruppe der Industrieländer die Handelsregelung »Alles außer Waffen« eingeführt, die allen Erzeugnissen der am wenigsten entwickelten Länder freien Zugang zum Gemeinschaftsmarkt verschafft. Außerdem räumte sie einseitig auch den nicht zu den afrikanischen, karibischen und pazifischen Staaten (AKP-Staaten) gehörenden Entwicklungsländern Vorzugszölle oder -tarife für ihre Fertig- und Halbfertigprodukte ein.

Vor allem unterhält die EU jedoch seit ihrer Gründung besonders enge Kooperationsbeziehungen zu den ehemaligen Kolonien ihrer Mitgliedsländer. Dieses besondere Verhältnis kam vor allem in den beiden Yaoundé-Abkommen von 1963 und 1969 und dem Lomé-Abkommen von 1975 zum Ausdruck. Im Jahr 2000 schlossen die EU und ihre Mitgliedsstaaten mit 79 Partnerländern aus Afrika, der Karibik und dem Pazifikraum, den sogenannten AKP-Staaten, das Cotonou-Abkommen. Dieser Vertrag regelt das gegenseitige Verhältnis auf ganz unterschiedlichen Gebieten, vor allem jedoch die politische, wirtschaftliche und finanzielle Zusammenarbeit. Auf der Grundlage dieses Abkommens und des Artikels XXIV des Allgemeinen Zoll- und Handelsabkommens (GATT) handelt die EU gegenwärtig mit diesen Staaten spezielle Wirtschaftspartnerschaftsabkommen (WPA) aus. Diese sollen mit sieben unterschiedlichen Regionen abgeschlossen werden, von denen fünf in Afrika, eine in der Karibik und eine im pazifischen Raum liegen. Die EU möchte auf diese Weise auch die regionale Integration und Zusammenarbeit der AKP-Staaten fördern. Allerdings gab es in der Geschichte der EU bisher selten solch schwierige Verhandlungen voller Verzögerungen, Widerstände und Missverständnisse. Abgeschlossen werden konnten diese Verhandlungen erst mit der Karibik und dem pazifischen Raum, jedoch mit keiner der afrikanischen Regionen. In einer wenig partnerschaftlichen Haltung hat die Kommission 2013 einer Reihe Ländern wie Ghana oder der Elfenbeinküste gedroht, ihnen den Vorzugszugang zum EU-Markt zu sperren, falls sie bis zum 1. Oktober 2014 nicht unterschrieben hätten. Diese Drohung zeigte Wirkung. So hat die westafrikanische Regionalgruppe ECOWAS beschlossen, in ein solches Abkommen mit der EU einzuwilligen.

Die Wirtschaftspartnerschaftsabkommen geben das Prinzip der Nichtreziprozität auf und verlangen von den AKP-Staaten, nach einer gewissen Übergangszeit einem Großteil der EU-Produkte ihre Grenzen noch weiter zu öffnen. Zwar dürfen die AKP-Staaten 20 Prozent dieser EU-Güter als »sensible Produkte« von diesem freien Marktzugang ausnehmen und die allgemeinen Übergangszeiten auf 15 bis 20 Jahre ausdehnen. Trotzdem laufen diese Länder Gefahr, einen weiteren bedeutenden Teil ihrer Zolleinnahmen zu verlieren, wenn sie sich zu einer neuen Handelsliberalisierung verpflichten. Auf jeden Fall werden sie ihre Märkte für etwa 70 Prozent aller Handelsgüter öffnen müssen. Dies droht auch die Herausbildung regionaler Zollunionen zu behindern. Dabei haben wir ja bereits am Beispiel Haitis und Ghanas gezeigt, dass viele agrarische und handwerkliche Kleinerzeuger schon jetzt unter der viel zu weit gehenden Liberalisierung der Handelssysteme zu leiden haben.

Einigkeit herrscht darüber, dass die Wirtschaftspartnerschaftsabkommen die Entwicklung der Empfängerländer fördern sollten. Allerdings hat man sich noch nicht darauf verständigen können, welche Methode diesem Ziel am besten dienlich sein könnte und wie man mit dem enormen Entwicklungsgefälle umgehen soll. Wir haben gesehen, dass europäische Agrarprodukte wie Geflügelfleisch, Milchpulver oder Tomatenmark bereits jetzt die afrikanischen Märkte überschwemmen und dabei Tausende von einheimischen Kleinerzeugern ruinieren. Zwar können die AKP-Länder die Aufnahme einzelner Agrarerzeugnisse in die Liste der »sensiblen Produkte« beantragen und durchsetzen. Die EU hat es aber abgelehnt, die Praxis des »Preisdumpings« auf die Tagesordnung dieser Verhandlungen zu setzen.

Auch die Industrie dieser Länder ist in höchstem Maße bedroht. UNCTAD und UNDP äußern die Befürchtung, dass eine multilaterale

Liberalisierung hohe Anpassungskosten verursachen könnte. Dazu zählen sinkende Steuereinnahmen, ein Rückgang der Produktion, eine allgemeine Entindustrialisierung und der Verlust von Arbeitsplätzen. Eine generelle Handelsliberalisierung könnte also den Aufbau einer eigenständigen afrikanischen Fertigungsindustrie stark behindern. Schließlich weisen die beiden Organisationen darauf hin, dass die menschlichen und institutionellen Kapazitäten in diesen Ländern bisher noch sehr beschränkt seien.[6]

Dieter Frisch, von 1982 bis 1993 Generaldirektor für Entwicklung der Europäischen Kommission, schreibt im Jahr 2008: »Die Annahme, dass diese Öffnung der Märkte durch die strukturschwachen Partner einer Freihandelszone deren Entwicklung befördern würde, ist mehr als umstritten. Es ist kein einziges historisches Beispiel bekannt, in dem ein Staat, der ganz am Anfang seiner wirtschaftlichen Entwicklung stand, sich tatsächlich entwickelt hätte, indem er seine Wirtschaft ungeschützt dem internationalen Wettbewerb aussetzte. Vielmehr verlangte diese Entwicklung immer einen gewissen Schutz, den man dann allmählich abbauen konnte, wenn die heimische Wirtschaft stark genug war, um sich der ausländischen Konkurrenz stellen zu können.«[7]

So empfehlen auch die UNCTAD und das UNDP, die Öffnung der afrikanischen Märkte gegenüber der EU bis zu einer Vollendung einer völligen innerafrikanischen Wirtschaftsintegration zu verschieben.[8]

Der wirtschaftspolitische Ansatz, der diesen Verhandlungen zugrunde liegt, muss also fundamental geändert werden. Die Lehren aus der gegenwärtigen Ernährungskrise müssen dabei in ein neues Verhandlungsmandat einfließen. Die AKP-Länder sollten vor allem einen ernsthaften und ausreichenden Schutz ihrer landwirtschaftlichen, aber auch industriellen Produzenten verlangen, der ihrem Produktivitätsniveau in geeigneter Weise Rechnung trägt. Die EU sollte einer solchen Forderung aus wohlverstandenem Eigeninteresse zustimmen. Gleichzeitig sollte sie dem Vorschlag Michel Barniers, zwischen 2010 und 2014 Kommissar für Binnenmarkt und Dienstleistungen, folgen, die Notwendigkeit eigenständiger Agrarmärkte in den Ländern des Südens anzuerkennen und demgemäß das Prinzip der Nichtreziprozität wieder in die Verhandlungen über die Wirtschaftspartnerschaftsabkommen einzuführen.

Es ist also für die EU absolut unabdingbar, ihre Handelspolitik auf einer pragmatischen Basis neu zu formulieren und aus der Geschichte der Wirtschaftsentwicklung ihrer Mitglieder, dem Marshallplan und dem Beispiel mehrerer südostasiatischer Länder die geeigneten Lehren zu ziehen. Der Schutz der erst entstehenden und deshalb noch äußerst schwachen landwirtschaftlichen und industriellen Produktionskapazitäten sollte eine Grundlage dieser Politik sein. Die Glaubwürdigkeit der EU macht es erforderlich, dass sie Entwicklungs- und Handelspolitik kohärent gestaltet.

Politische Kohärenz und Inkohärenzen

Charles Goerens, der ehemalige luxemburgische Minister für Entwicklungszusammenarbeit,[9] erklärte im Jahr 2001: »Das Prinzip der Politikkohärenz, wie wir es verstehen, ist ein Prinzip der Vernunft. Es bedeutet, dass man mit der linken Hand nicht das wieder wegnehmen sollte, was man mit der rechten gegeben hat. Anders ausgedrückt, sollte die Armutsbekämpfungspolitik zugunsten der bedürftigsten Bevölkerungsgruppen in den Entwicklungsländern nicht durch andere Politikansätze auf internationaler Ebene zunichte gemacht werden.«

Auch der Vertrag von Lissabon bezieht sich auf dieses Konzept, wenn er feststellt: »Bei der Durchführung politischer Maßnahmen, die sich auf die Entwicklungsländer auswirken können, trägt die Union den Zielen der Entwicklungszusammenarbeit Rechnung.«[10]

Der »Europäische Konsens über die Entwicklungspolitik« enthält einen Abschnitt über »Politikkohärenz im Interesse der Entwicklung«, der die Entschlossenheit der EU-Staaten ausdrückt, »in zahlreichen Bereichen Maßnahmen zur Förderung der Politikkohärenz im Interesse der Entwicklung zu ergreifen ... Zur Einlösung dieser Zusage wird die EU die Verfahren, Instrumente und Mechanismen der Politikkohärenz im Interesse der Entwicklung auf allen Ebenen ausbauen.«

Wird diese Politikkohärenz tatsächlich die gewünschten Resultate bringen? Zumindest werden in diesem Kontext die richtigen Fragen gestellt und das Problembewusstsein wird gefördert. Es steht jedoch keineswegs fest, dass der politische Wille auch dann noch existiert, wenn gegensätzliche Interessen ins Spiel kommen.

Tatsächlich gibt es zahlreiche Beispiele für diese Inkohärenzen. So ist etwa die Gemeinsame Agrarpolitik (GAP) eine Dumpingpolitik zu Lasten der Entwicklungsländer, die deren Arbeitsplätze vernichtet und ganze Sektoren der lokalen Landwirtschaft ruiniert. Darüber hinaus haben wir gerade die Widersprüche und prinzipiellen Fragen kennengelernt, die die Wirtschaftspartnerschaftsabkommen vor allem für die Regierungen und Zivilgesellschaften dieser Länder aufwerfen. Die von der EU autorisierten Fischereihilfen führen zu einer immer weiteren Erhöhung der europäischen Fangkapazitäten entlang der afrikanischen Küsten – und dies auf Kosten der kleinen afrikanischen Fischer. Ein anderer Fall von Inkohärenz war die Entscheidung der EU aus dem Jahr 2009, die Milchpulverausfuhr erneut zu subventionieren. Während dies die Preiskrise der europäischen Milchproduzenten kaum nachhaltig lösen konnte, stellten diese Exporte eine weitere unfaire Konkurrenz für die Milchbauern in den Entwicklungsländern dar.

Im Europaparlament ist man sich dieser Mängel sehr wohl bewusst. Dort wurde 2010 ein kritischer Bericht der Entwicklungskommission veröffentlicht, der feststellt, dass »in den Entwicklungsländern die Märkte von europäischen, stark subventionierten Produkten überschwemmt werden, was zur Schwächung der sozialen und wirtschaftlichen Infrastrukturen beiträgt, die Unterernährung und den Hunger verschlimmert und die lokalen Bauern der Armut und der Verschlechterung ihrer Abhängigkeit von der Außenhilfe aussetzt«.[11]

Unterdessen erhöht die EU ununterbrochen ihre Marktanteile für Nahrungsmittel in den Entwicklungsländern. So konnte sie zwischen 2000 und 2010 ihre Exporte nach Westafrika praktisch verdoppeln. Deren Wert stieg von 1,5 Milliarden EUR auf 2,9 Milliarden. Jacques Berthelot stellte in dieser Zeitspanne durchschnittliche Dumpingsätze für Getreide von 54,6 Prozent fest, 38 für Milchpulver und 33 Prozent für Fleisch.[12]

Im Jahr 2005 organisierte Luxemburg im Rahmen seiner EU-Präsidentschaft eine Tagung über Ernährungssicherheit, die den bezeichnenden Titel trug: »Das Erreichen der Nahrungssicherheit: eine große Herausforderung für die Politikkohärenz«. Einer Empfehlung zufolge sollten die EU-Mitgliedsstaaten, die zuständigen Ministerien, die Parlamente sowie die europäischen Institutionen regelmäßig Abstimmung und Umsetzung der Politikkohärenz überprüfen. Dazu sollten in allen Mitgliedsstaaten die notwendigen Mechanismen geschaffen werden.

Tatsächlich beginnt die Politikkohärenz zu Hause. Auf nationaler Ebene sollten deshalb die zuständigen Ministerien, vor allem das Wirtschafts-, Landwirtschaft-, Umwelt- und Finanzministerium, mit dem jeweiligen Entwicklungshilfeministerium bei der Durchführung dieses kohärenten Politikansatzes zusammenarbeiten.

Um dies zu erreichen, müssen sich jedoch auch die nationalen und europäischen Parlamente sowie die Nichtregierungsorganisationen mit diesen Fragen und Problemen aktiv auseinandersetzen, um den notwendigen politischen Willen zu entfachen. Gleichzeitig ist es notwendig, den allgemeinen Status der Entwicklungszusammenarbeit zu stärken und die Durchführung der entsprechenden Politik Ministern zu übertragen, die ihren Kollegen aus dem Landwirtschafts-, Wirtschafts- oder Finanzressort auf Augenhöhe gegenübertreten können. Auf Gemeinschaftsebene sollte sich der Vorsitzende des Rats der Entwicklungshilfeminister regelmäßig mit dem Ministerrat für Landwirtschaft und Fischerei, dem Ministerrat für Außenhandel und dem für Wirtschaft und Finanzen treffen. Außerdem wäre es höchste Zeit, den Europäischen Entwicklungsfonds (EEF) einer demokratischen Kontrolle zu unterwerfen, indem man dessen Haushalt vom Europaparlament mitentscheiden lässt.[13]

Die EU muss ihrer globalen Verantwortung gerecht werden

Die Reform der EU-Fischereipolitik (GFP), die von Nichtregierungsorganisationen als »historisch« bezeichnet wurde, ist ein Schritt in die richtige Richtung. Diese sieht vor, dass die Fischbestände wieder auf ein dauerhaft beständiges Niveau gebracht, ressourcenschädigende Fischereimethoden beendet und neue Beschäftigungsmöglichkeiten sowie Wachstum in Küstengebieten geschaffen werden. Rückwürfe von Fischen werden verboten, die Fischerei erhält mehr Mitspracherecht bei der künftig dezentralisierten Entscheidungsfindung, Aquakultur und die kleine Küstenfischerei werden gefördert und die wissenschaftlichen Erkenntnisse hinsichtlich der Bestände werden aktualisiert. In Hoheitsgewässern außerhalb der EU wird die Gemeinschaft im Rahmen internationaler Abkommen Verantwortung übernehmen.[14]

Anders sieht es bei der Reform der Gemeinsamen Agrarpolitik (GAP) aus. Die EU ist der wichtigste zahlungskräftige Agrar- und Nahrungsmittelmarkt der Erde. Ihre Einfuhren machen fast 13 Prozent aller Agrarexporte in der Welt aus, während sie selbst der größte Exporteur von landwirtschaftlichen Erzeugnissen ist. Sie verfügt über einen effizienten Produktionsapparat, der sich im Laufe der Zeit entwickelt hat. Allerdings macht die Landwirtschaft heute nur noch 1,6 Prozent des gesamten Bruttoinlandsprodukts aus und stellt gerade einmal fünf Prozent der Arbeitsstellen in der EU.

Wie bereits in Kapitel 16 dargelegt, es ist besonders fatal, dass die EU-Kommission das Ziel der EU-Agrarpolitik übernommen hat, der europäischen Agrar- und Ernährungsindustrie Marktanteile an den internationalen Agrarmärkten zu sichern, ohne sich in einem eigenen Kapitel mit der internationalen Verantwortung der eigenen Agrarpolitik auseinanderzusetzen. Die EU ist bereits Netto-Importgebiet von Lebens- und Futtermitteln. Die Exportorientierung und -strategie der EU-Agrarwirtschaft basiert also auf der entwicklungspolitisch und ökologisch unverantwortlichen Inanspruchnahme außereuropäischer Ressourcen. Gleichzeitig untergräbt sie die für die

Ernährungssicherheit der Weltbevölkerung dringend notwendige Stärkung der bäuerlichen Landwirtschaft auch in Entwicklungsländern, die auch vom Weltagrarbericht eindringlich gefordert wird.[15]

Die 2013 beschlossene Reform der Gemeinsamen Agrarpolitik (GAP) für die nächsten Jahre hat nicht zu dem erwünschten Paradigmenwechsel in Richtung einer gerechteren und nachhaltigeren europäischen Landwirtschaftspolitik geführt, für die sich zahlreiche Organisationen der Zivilgesellschaft eingesetzt haben. Die Reform bietet jedoch trotzdem noch erhebliche Potentiale und kann bei der Umsetzung auf nationaler Ebene den notwendigen Wandel wenigstens einleiten, um den ernsten Herausforderungen der Gegenwart und insbesondere der Umwelt und des Klimawandels Rechnung zu tragen. Ob die Umsetzung der Reform in nationales Recht gelingt, bleibt abzuwarten.

Zu bedauern ist jedenfalls, dass Exportsubventionen zwar auf null heruntergefahren werden, ihre endgültige Abschaffung jedoch abgelehnt wurde wie auch die Einrichtung eines Mechanismus, um die Exporte von Nahrungsmitteln in die Entwicklungsländer zu überwachen. Produktion und Exporte werden so nicht zurückgehen. Auf die Unterstützung für den Anbau von Leguminosen wurde verzichtet, so dass diese den Import von Sojabohnen und Sojaschrot als Futtermittel nicht ersetzen werden.

Europa steht vor der Frage: Entscheiden wir uns für ein industrielles Ernährungssystem, das auf den Export ausgerichtet ist, sich am Weltmarkt orientiert und letztlich nur dem Handel und ein paar wenigen Industrien nützt? Oder entscheiden wir uns für ein System der qualitativen und umweltfreundlichen Produktion, für lokale Märkte und Wertschöpfung vor Ort? Der Weltagrarbericht unterstreicht zumindest, dass wir nur so einen entscheidenden Beitrag zur Bekämpfung des Hungers in der Welt leisten können.[16]

20 Die Vereinigten Staaten von Amerika

Die USA sind nicht nur eine militärische, politische, wirtschaftliche und kulturelle, sondern auch eine landwirtschaftliche Weltmacht. Zwar hat sich wie in der EU auch in den USA der Anteil der Landwirtschaft an der Gesamtwirtschaft des Landes immer weiter verringert und machte im Jahr 2011 nur noch 1,1 Prozent des Bruttoinlandsprodukts aus. Trotzdem sind die USA immer noch einer der weltweit größten Exporteure von Agrarerzeugnissen.[17] Im Jahr 2011 exportierten sie Agrargüter im Wert von 137 Milliarden Dollar. 1994 waren es erst 44 Milliarden und 2006 69 Milliarden gewesen. Die USA haben mit mehr als zehn Prozent einen ähnlich großen Anteil an den weltweiten Agrarausfuhren wie die EU. Im Jahr 2011 importierten sie Lebensmittel im Wert von 93 Milliarden Dollar, die EU für etwa 118 Milliarden.

Die landwirtschaftliche Nutzfläche der USA ist doppelt so groß wie die der EU. Gleichzeitig setzen sie die Hälfte aller Traktoren weltweit ein. Allerdings sind ihre Landwirte entscheidend von Exporten und staatlichen Subventionen abhängig. Während die Fläche der USA etwa der Chinas entspricht, leben auf ihr viermal weniger Menschen. Andererseits verfügen die USA mit 176 Millionen Hektar über mehr landwirtschaftlich nutzbares Land als China mit seinen 142 Millionen Hektar. In der US-amerikanischen Landwirtschaft sind jedoch nur noch 2,2 Millionen Menschen tätig, was gerade einmal 2,0 Prozent der Bevölkerung des Landes entspricht. Die Betriebe haben eine Durchschnittsgröße von 170 Hektar und sind damit durchschnittlich mehr als vierzehnmal so groß wie die europäischen. Tatsächlich hat diese Größe seit 1950 um das Zweieinhalbfache zugenommen. Die starke Mechanisierung kompensiert dabei die geringe Arbeitskräftezahl und erhöht die Arbeitsproduktivität auf beträchtliche Weise.

Die US-amerikanischen Farmen zeichnet jedoch gleichzeitig eine große Ungleichheit aus. 90 Prozent der Agrarbetriebe gelten als

Kleinbetriebe, da ihre Bruttoerlöse weniger als 250 000 Dollar betragen. Alle zusammen erwirtschaften sie nur 33 Prozent des Gesamtproduktionswerts.[18] Seit 1950 nahm die Zahl der landwirtschaftlichen Betriebe in den USA kontinuierlich von fast 5,5 Millionen auf gegenwärtig etwa 2,2 Millionen ab.[19]

Seit 1996 schlug die Landwirtschaftspolitik der USA eine neue Richtung ein. Heute wird der Export als Hauptmotor des Agrarsektors betrachtet. Das gegenwärtige Eintreten für eine vollkommene Deregulierung des Marktes hängt mit diesem Politikansatz zusammen. Ziel ist es, die Weltmarktpreise so weit zu senken, dass die USA die Produzenten der anderen Länder ins Abseits drängen und durch eine Subventionierung der eigenen Erzeuger einen immer größeren Anteil am Weltmarkt gewinnen können. Auf jeden Fall ist die langjährige Niedrigpreispolitik für Agrarprodukte mit der Gewährung von Subventionen verbunden, die den US-amerikanischen Farmern als Kompensation dienen sollen. Während die direkten Beihilfen in einem Großteil der 1990er-Jahre zwischen sieben und 13 Milliarden Dollar schwankten, beliefen sie sich seit 1999 in jedem Jahr auf mehr als 20 Milliarden Dollar. Im Jahr 2001 machten die staatlichen Subventionen bereits 47 Prozent des landwirtschaftlichen Nettoeinkommens aus, während es in den 1990er-Jahren erst etwa 20 Prozent waren.[20]

Nirgendwo wird Gentechnik so verbreitet angewandt wie in den USA. 90 Prozent des verwendeten Maises, der Sojabohnen und der Zuckerrüben sind in den USA gentechnisch verändert. Ein Drittel des Getreides und 90 Prozent des Sojaschrots werden zu Viehfutter verarbeitet, so dass den Menschen nur ein Bruchteil der produzierten Nährstoffe bleibt.[21]

Verantwortung gegenüber den Bauern der ganzen Welt

Hauptnutznießer des US-amerikanischen landwirtschaftlichen Produktionssystems sind die oft vertikal integrierten großen Aufzucht- und Anbausysteme, die multinationalen Agrarunternehmen und die

Importländer. Etwas mehr als die Hälfte aller Schweine lebten im Jahr 2001 in Zuchtbetrieben mit mindestens 5 000 Tieren. Im Jahr 1996 lag deren Anteil noch bei etwa einem Drittel. Daryll Ray und seine Kollegen, Verfasser einer Untersuchung der Universität von Tennessee über die US-Agrarpolitik, kommen zu dem Schluss, dass das im Jahr 1996 eingeleitete Experiment eines völlig freien Landwirtschaftsmarktes gescheitert sei. Tausende von Kleinbetrieben mussten danach aufgeben. Die verbliebenen Betriebe sehen sich enormen Problemen gegenüber.

Das Landwirtschaftsgesetz, die »Farm Bills«, von 2002 und 2008 verfolgten im wesentlichen die gleiche Politik. Ganz im Gegensatz zu den öffentlichen Verlautbarungen, die das Gegenteil behaupten, hatten die US-amerikanischen Bauern unter dieser Politik zu leiden. Dagegen konnten die größten Vertreter des Agrobusiness aus der neuen Situation ihren Nutzen ziehen, während die Ausfuhren der USA stagnierten und die Verkaufserlöse der Landwirte beträchtlich sanken. Durch den rapiden Verfall der Preise für agrarische Rohstoffe, vor allem Getreide, können das Agrobusiness und die Viehzuchtindustrie Agrarprodukte unterhalb des Selbstkostenpreises erstehen und damit ihre Kontrolle über die gesamte Produktions- und Vermarktungskette konsolidieren.

Die US-amerikanischen politischen Entscheidungsträger sind zu einem großen Teil für den alarmierenden Zustand verantwortlich, in dem sich die globale Landwirtschaft gegenwärtig befindet.

Daryll Ray und seine Kollegen machten in ihrer Untersuchung auch auf eines der offenkundigsten Beispiele für die Doppelzüngigkeit der Vereinigten Staaten aufmerksam: Während die US-amerikanische Regierung ihre Bauern mit extrem hohen Beihilfen unterstützt, fordert sie alle anderen Länder dazu auf, dass diese ihre eigenen internen Agrarsubventionen zurückfahren. Obwohl, rein technisch gesehen, die amerikanischen Agrarbeihilfen unterhalb des von der WTO vorgegebenen Höchstsatzes liegen, haben sie sich doch faktisch seit 1996 beträchtlich erhöht und können als typisches Beispiel für die US-amerikanische Einstellung zur Handelsliberalisierung gelten: »Macht, was ich euch sage, und nicht, was ich selbst tue.«

Wie wir in Kapitel 2 gesehen haben, sind mit der Welternährungskrise von 2008 die Preise für landwirtschaftliche Produkte drastisch gestiegen, liegen seither auf einem höheren Niveau und sind zugleich sehr volatil. Die Tatsache, dass die US-amerikanische Regierung begann, die Produktion von Agrotreibstoffen auf Maisbasis stark zu unterstützen, war einer der Gründe für diese Preissteigerungen.

Für Daryll Ray und seine Kollegen von der Universität von Tennessee war klar, dass eine Änderung der US-amerikanischen Politik zugunsten der Agrarproduktion in den ärmsten Ländern das Lebensniveau eines beträchtlichen Teils der Weltbevölkerung verbessern würde, selbst wenn dies natürlich nicht der einzige Faktor zur Beeinflussung dieser Produktion sein würde. Trotzdem könnten höhere Einkünfte der Bauern in den Entwicklungsländern das Los von Milliarden Menschen auf positive Weise verändern.[22] Anfang 2014 hat der amerikanische Kongress eine größere Reform der Landwirtschaftspolitik für die nächsten fünf Jahre verabschiedet. Das Gesetz beendet die Direktzahlungen, d.h. die jahrzehntealte Praxis, dass Landwirte unabhängig vom erwirtschafteten Ertrag Förderungen erhalten. Stattdessen sollen die Farmer künftig für ihre Versicherungen gegen Ernteverluste und für Systeme, die das Einkommen absichern, Geld vom Staat bekommen. Jährlich sind dazu Hilfen für 20 Milliarden Dollar vorgesehen.

Die neue Farm Bill sieht für 2014 bis 2018 Gesamtausgaben von 956 Milliarden US-Dollar vor, davon 756 Milliarden für Lebensmittelprogramme, 44,4 Milliarden für Agrarproduktprogramme und 57,6 Milliarden für Agrarumweltprogramme.[23]

Sozial- und Umweltkosten

Die seit 1996 verfolgte Landwirtschaftspolitik verursacht hohe Sozial- und Umweltkosten. Die Einkünfte der Bauern betragen trotz der staatlichen Subventionen nur noch ein Bruchteil dessen, was sie unter den früheren, inzwischen abgeschafften Programmen einmal einbrachten. Letztere hatten zum Ziel, den Landwirten wenigstens ihre Produktionskosten zu erstatten und den Käufer zu verpflichten, den entsprechenden Preis zu bezahlen, anstatt die Bauern durch die Steuerzahler zu unterstützen. Tatsächlich erzielten die Maisproduzenten für ihr Produkt im Jahr 2005 nur noch ein Drittel des Preises von 1978.[24]

Korea ist nicht das einzige Land, das sich mit einer regelrechten Selbstmordepidemie von Bauern auseinandersetzen muss. Auch in den USA und Indien gibt es ähnliche Erscheinungen, wobei sich die Gründe weitgehend gleichen. Multinationale Firmen können auf Grund ihrer automatisierten Massenproduktion die Märkte durch Preise überschwemmen, mit denen die viel kleineren nationalen Unternehmen mit ihren arbeitsplatzintensiven Produktionsmethoden nicht konkurrieren können. Wie man auch in Mexiko nach dessen Beitritt zum Nordamerikanischen Freihandelsabkommen (NAFTA) sehen konnte, müssen diese Unternehmen schließlich aufgeben, wodurch Hunderttausende ihre Arbeit verlieren.[25]

Die EU und die USA subventionieren vor allem die reichsten und größten landwirtschaftlichen Betriebe, die oft nicht mehr in Familienbesitz sind, sondern größeren Unternehmen gehören. So erhält in den USA das reichste Prozent jährlich Beihilfen von durchschnittlich 214 000 Dollar, während die ärmsten 20 Prozent im Durchschnitt nur 9916 Dollar beziehen. Der Rest bekommt noch weit weniger oder überhaupt nichts. Der normale US-amerikanische Farmer ist gewöhnlich auf Grund der niedrigen Preise und hohen Produktionskosten schwer verschuldet.[26]

Diese Subventionen können den US-amerikanischen und europäischen Bauern nicht nur keinen geeigneten Ausgleich bieten, sondern führen auch zu Dumpingpraktiken in Drittstaaten und hier vor allem in den Entwicklungsländern. Eine Untersuchung des Instituts für Landwirtschaft und Handelspolitik in Minneapolis (IATP) berechnete die Auswirkungen dieser Dumpingmethoden für das Jahr 2003: Danach wurde der amerikanische Weizen durchschnittlich zu 40 Prozent unterhalb der Produktionskosten exportiert. Bei Soja waren es im Durchschnitt 25 Prozent, beim Mais 25 bis 30 Prozent und bei der Baumwolle sogar 57 Prozent.[27]

Auch Timothy Wise von der Tufts University weist darauf hin, dass die Milchproduzenten Preise unterhalb ihrer Produktionskosten erzielen. Viele gehen bankrott und müssen ihren Betrieb aufgeben. Timothy Wise lenkt auch die Aufmerksamkeit auf die hohen Umweltkosten, die sich nicht in den Marktpreisen widerspiegeln würden. So sei zum Beispiel der Maisanbau auf Grund seines außergewöhnlich hohen Wasser-, Pestizid- und Kunstdüngerverbrauchs ausgesprochen umweltschädlich.[28] Daran ändert das neue Agrargesetz kaum etwas.

Christopher Cook[29] zeigt, dass nachhaltig angebaute, gesunde Nahrung und lebenswürdige Einkommen für Farmer und Arbeiter auch im neuen Gesetz nur eine Randbemerkung bleiben. Zu hoch ist der Einfluss der Interessen aus dem Agrobusiness auf den Gesetzgebungsprozess. So wird trotz einer starken öffentlichen Meinung, die für lokale Nahrungserzeugung, Bauernmärkte, organische Landwirtschaft, die Rechte der Arbeiter in der Nahrungsmittelproduktion und Zugang zu frischen Produkten eintritt, ein wirklicher Fortschritt blockiert.[30]

Um den starken Einfluss beim Kongress zu garantieren, gab die Lobby des Agrobusiness im Jahr 2013 137 Millionen US-Dollar aus. 46,6 Millionen wurden bei der Wahl 2010 der Kandidaten auf Bundesebene ausgegeben. Diese Phalanx umschließt die amerikanische Maisproduzentenvereinigung und Nahrungsmultis wie Kraft und Dean Foods, das Farm Bureau, die Riesen der Milch- und Fleischindustrie sowie Saatgut- und Chemiekonzerne wie Monsanto. Nur über geringe finanzielle Mittel verfügen hingegen die Interessengruppen, die sich für eine Politik der fairen Preise für Bauern, Unterstützung für Kleinbauern und lokale Nahrungserzeugung stark machen.[31]

Nach wie vor werden die staatlichen Zuschüsse ungerecht verteilt und gehen vor allem an die reichsten Bauern für Monokulturen von Soja und Mais, für Lebensmittelzusatzstoffe, Viehfutter und Energie. Unterstützt wird auch die chemieintensive Landwirtschaft, die als einer der Hauptverschmutzer der Flüsse und Gewässer gilt. Manche Experten warnen bereits vor den verheerenden sozialen, wirtschaftlichen und ökologischen Folgen dieser Politik.[32]

Als größter Exporteur von Agrarprodukten ist die amerikanische Landwirtschaftspolitik eigentlich Außenhandelspolitik mit globalen Folgen, schreibt Gawain Kripke, Direktor für Politik und Forschung bei Oxfam America. Der Farm Bill ermutige die Landwirte zur Überproduktion. Überschüsse werden dann auf Auslandsmärkten unter dem Gestehungspreis abgesetzt (»dumped«) – entweder als Nahrungsmittelhilfe oder als Exporte – eine Praxis, die die Lebensgrundlagen von Bauern und Ernährungssystemen im globalen Süden zerstört und sie abhängig macht von US-Importen.[33]

Die Konzentration der Agrarmärkte

Im Laufe der letzten 20 Jahre hat die Konzentration in der Beherrschung der Agrarmärkte ein Niveau erreicht, das alle Wirtschaftswissenschaftler in den Entwicklungs- und Industrieländern unabhängig von dem Maßstab, den sie jeweils anlegen, für absolut überhöht halten. Wie bereits in Kapitel 8 angedeutet, hatte diese Konzentration auch einen starken Einfluss auf die Preise. Ganz offensichtlich wollen die integrierten Agro- und Nahrungsmittelkonzerne möglichst wenig für die von ihnen benötigten landwirtschaftlichen Grundstoffe zahlen, für ihre eigenen Produkte aber bei den Endverbrauchern einen möglichst hohen Preis erzielen. Vier Beispiele sollen im Folgenden diesen Konzentrationsprozess verdeutlichen:

- vier Unternehmen – Cargill, Cenex Harvest States, Archer Daniels Midland (ADM) und General Mills – besitzen 60 Prozent der Kornlager-Infrastruktur
- drei Unternehmen – Cargill, ADM und Zen Noh – wickeln 82 Prozent aller US-amerikanischen Maisexporte ab
- vier Unternehmen – Tyson, ConAgra, Cargill und Farmland Nation – beherrschen 81 Prozent der US-amerikanischen Rindfleischverwertung
- vier Unternehmen – ADM, ConAgra, Cargill und General Mills – besitzen 61 Prozent der US-amerikanischen Anlagen zur Mehlproduktion.

Diese konzentrierte Macht erlaubt den Konzernen, die Preise zu diktieren und die Politik zu beeinflussen. Sie können den Bauern Preise aufzwingen, als ob es keinen Wettbewerb gäbe. Dieser »Marktmangel« hält die Bauern in den Ländern des Nordens wie des Südens arm.

21 China

Ein beeindruckender Rückgang der Armut

Wenn sich der Prozentsatz der unter Hunger und Mangelernährung Leidenden seit 1980 weltweit beträchtlich verringert hat, ist dies vor allem dem rasanten Wirtschaftsaufschwung und der Armutsbekämpfung in China zu verdanken. Kein anderes Land kann auf diesem Gebiet solch beeindruckende Erfolge vorweisen.

Der Armutsabbau in China in den letzten 35 Jahren ist ohne Beispiel. Laut Weltbank ging die Armutsrate dort zwischen 1992 und 2009 von 64 auf zwölf Prozent zurück. 500 Millionen Menschen sind der Armut entronnen. Diese Armutsminderung ging jedoch zeitlich recht ungleich vonstatten. Am stärksten war sie Anfang der 1980er-Jahre, während es am Ende dieses und dem Anfang des nächsten Jahrzehnts gewisse Gegenbewegungen gab.[34] Einige Autoren vertreten jedoch in der Frage des chinesischen Armutsabbaus etwas vorsichtigere Ansichten.[35]

Der starke Rückgang der Armut zwischen 1981 und 1985 war Folge der im Jahr 1978 eingeleiteten Landwirtschaftsreformen. Hintergrund dieser tiefgreifenden Reformpolitik war die zwingende Notwendigkeit, die Nahrungsmittelunabhängigkeit Chinas wiederherzustellen und allen seinen Bürgern einen Mindestlebensstandard zu sichern. Indem man die Bauern durch die Gewährung fester Nutzungsrechte für ein individuelles Stück Land in die Eigenverantwortlichkeit entließ, die staatlichen Ankaufspreise der Agrarprodukte erhöhte und eine teilweise Preisliberalisierung gestattete, erhöhte man die Anreize für die einzelnen Bauern, mehr zu produzieren. Tatsächlich stiegen in den ersten Reformjahren die landwirtschaftliche Produktion und Produktivität stark an, wozu allerdings auch die Einführung äußerst ertragreicher Hybridreis-Sorten beitrug. Die Investitionen in die Agrarforschung und -entwicklung haben sich in den letzten 20 Jahren verdreifacht. Laut den Schätzungen der Weltbank war das aus der Landwirtschaft hervorgehende globale Wachstum für den Armutsabbau 3,5-mal wirksamer als das Wachstum der Industrie- und Dienstleistungssektoren.[36]

Dem Reich der Mitte gelang es darüber hinaus, das Analphabetentum radikal abzuschaffen: Heute können 91 Prozent der Chinesen lesen, schreiben und rechnen. Die große Mehrheit der Kinder (laut UNDP 90 Prozent) besucht Grund- oder weiterführende Schulen.[37] Im Jahr 1948 betrug die Lebenserwartung 35 Jahre. Heute ist sie auf 75 Jahre gestiegen. Auf 10 000 Einwohner kommen gegenwärtig 16 Ärzte. Seit 1978 hat diese Zahl um die Hälfte zugenommen.[38]

Außerdem verlegte China seine Industrien in die Nähe der Städte in den ländlichen Regionen und verbreitete damit die Einkommensmöglichkeiten der dortigen Bevölkerung. Dieses System war so erfolgreich, dass es in anderen Schwellenländern Nachahmer finden könnte.[39] 83 Prozent der Dörfer sind heute an das Telefonfestnetz angeschlossen, während immerhin 56 Prozent von Mobilfunknetzen abgedeckt werden.[40] Ein höheres Bildungsniveau erlaubt es den Landarbeitern, besser entlohnte Arbeitsstellen außerhalb der Landwirtschaft zu ergreifen. Fehlt jedoch diese Bildung, sind sie gezwungen, weiterhin auf dem Land zu arbeiten, wenn sie nicht eine schlecht bezahlte Arbeit in einem anderen Bereich finden.[41]

Trotzdem leben noch immer 158 Millionen unterhalb der Armutsgrenze. Das sind aber fast 100 Millionen weniger als 1990, obschon seither die Bevölkerung um 196 Millionen gewachsen ist.[42] Sieben Prozent der Kinder sind weiterhin unterernährt. China ist ein sich schnell entwickelndes Schwellenland, bleibt aber zugleich noch ein Entwicklungsland, dessen Bruttonationaleinkommen pro Kopf 2012 (6 091 Dollar) etwa ein Achtel des entsprechenden Werts der USA und Japans beträgt. Aus 40 Prozent der Dörfer führen keine geteerten Straßen zum nächsten städtischen Markt. Ein solches Land hat natürlich einen ungeheuren Nachholbedarf im Straßen- und Eisenbahnbau. Im Jahr 2012 sollte es in China ein Eisenbahnnetz von 110 000 Kilometer Länge geben, während das der USA bereits im Jahr 1916 400 000 Kilometer betrug.[43] Die Armut bleibt weiterhin ein im wesentlichen ländliches Phänomen. In den ländlichen Gebieten Chinas leben 82 Prozent aller Armen des Landes.[44] Dort leben heute 695 Millionen, 150 Millionen weniger als noch 1992.[45]

Die neuen Herausforderungen

Zur gleichen Zeit macht sich in China eine stetig wachsende Ungleichheit bemerkbar. Für den allgemeinen Einkommensanstieg musste das Land mit einer Entwicklung bezahlen, die von immer größeren Unausgewogenheiten geprägt war. Im Gegensatz zu den meisten Entwicklungsländern sind dabei die Einkommensunterschiede im ländlichen Raum stärker ausgeprägt als in den Städten. Darüber hinaus gibt es im Land große regionale und sektorielle Entwicklungsungleichgewichte. Die Beschränkungen der Binnenwanderung der Arbeitskräfte sowie die allgemeine Industriepolitik bevorzugten die Küstenzonen zu Lasten der ärmsten Gebiete im Landesinneren. Die Vernachlässigung und unausgewogene Förderung der öffentlichen Dienstleistungen führten zu einem Niedergang des Bildungs- und Gesundheitswesens. Zahlreiche politische Entscheidungen beförderten diese Ungleichheiten der regionalen und sektoriellen wirtschaftlichen Entwicklung.[46] Auch das Humankapital sieht sich in den ländlichen und städtischen Zonen ganz unterschiedlichen Verhältnissen ausgesetzt.[47] Selbst der damalige Gesundheitsminister, Goa Qiang, gab im Jahr 2006 zu, dass die »Gesundheitssituation« auf dem Lande »katastrophal« sei. »75 Prozent der Landbevölkerung haben auf Grund fehlender Mittel keinen Zugang zur gesundheitlichen Versorgung.«[48]

Die ländlichen Verwaltungsstellen haben der Landbevölkerung in der Vergangenheit zahlreiche Abgaben auferlegt, was immer wieder zu großen Protesten führte. Gerade die Bauern stehen bei diesen Protestveranstaltungen neuen Stils in vorderster Reihe. Dabei prangern sie vor allem die Privilegien der lokalen Machthaber, die drückende Steuer- und Abgabenlast, die Korruption in Verwaltung und Partei, die Verschmutzung des Bodens und der Gewässer und die

Landvertreibungen an.[49] Die Zentralregierung reagierte im Jahr 2004, indem sie die Landwirtschaftssteuern abschaffte und den örtlichen Beamten verbot, von den Bauern Abgaben zu erheben. Da sie den Lokalverwaltungen jedoch für diese Geldausfälle keine Ersatzmittel zuwies, verursachte sie durch diese Maßnahmen eine schwere Finanzkrise auf regionaler Ebene.[50] »Laut einem Bericht der Chinesischen Akademie der Sozialwissenschaften wurde das Land von 40 Millionen Bauern beschlagnahmt, um Flughäfen, Straßen, Dämme und Fabriken zu bauen oder um das Land für Privatgeschäfte zu nutzen. Jedes Jahr verlieren schätzungsweise weitere zwei Millionen Menschen wegen Entwicklungs- und Baumaßnahmen Haus und Hof (wobei die lokalen Parteibosse auf deren Kosten oft große Summen einsacken).«[51] Diese Landbewohner ziehen dann zur Arbeit in die Städte, hauptsächlich in die ihrer Heimatprovinz. Insgesamt soll es zwischen 120 und 150 Millionen dieser Wanderarbeiter geben (in Peking allein 3,5 Millionen).[52]

Auch auf dem Gebiet des Umweltschutzes steht das Land vor großen Problemen (siehe Kapitel 7). China hält einen Rekord, dessen es sich allerdings nur selten rühmt: Es ist heute der größte Umweltverschmutzer des Planeten. Bereits 2007 machte ein Weltbankbericht darauf aufmerksam, dass die CO_2-Emissionen in China zwischen 1990 und 2003 um 1 700 Millionen Tonnen, das heißt um 73 Prozent gestiegen sind. Rechnet man jedoch diesen Ausstoß auf die Bevölkerungszahl um, verursacht ein Chinese durchschnittlich ungefähr so viel wie ein Europäer und die Hälfte eines US-Amerikaners.[53] Nicht weniger als ein Drittel der auf den technischen Fortschritt zurückgehenden Produktivitätssteigerung wurde durch die Boden- und Wasserverschlechterung wieder aufgefressen, ganz zu schweigen von den Kosten, die die Umweltverschmutzung verursachte und weiterhin verursacht.[54] Gleichzeitig verringert sich laut offiziellen Zahlen die landwirtschaftlich nutzbare Fläche Jahr für Jahr um etwa 600 000 Hektar, das heißt 0,5 Prozent.[55]

Im Jahr 2008 ergriff China mehrere Maßnahmen im Kampf gegen die Ernährungskrise. So erhöhte es die Subventionen für Pestizide und Düngemittel sowie die Mindestpreise für Reis und Weizen. Außerdem baute es außerhalb dieser Preisstützungsmaßnahmen seine staatlichen Landwirtschaftshilfen aus. Dazu gehörten direkte Zahlungen und Beihilfen für den Kauf von Saatgut, Landwirtschaftsmaschinen und Treibstoffen. Die Gesamtsubventionen beliefen sich auf 14,8 Milliarden US-Dollar und waren somit doppelt so hoch wie im Jahr zuvor. Außerdem begann die chinesische Regierung erneut, Ausfuhrzölle auf Kunstdünger zu erheben, um die entsprechenden Exporte kontrollieren zu können und sicherzustellen, dass der Bedarf der chinesischen Bauern gedeckt werden konnte.[56]

Auf der Rangliste der menschlichen Entwicklung nimmt China gegenwärtig Platz 101 ein und liegt damit weit vor Indien, das auf Rang 136 steht. Auch für den indischen Wirtschaftswissenschaftler Amartya Sen war China bereits vor den Reformen der 1980er-Jahre »hinsichtlich seiner ökonomischen Entwicklung in vielen bedeutenden Aspekten weitaus erfolgreicher als Indien«. Trotzdem weise China ein schweres Defizit auf: sein Unvermögen, Hungersnöte zu verhindern. »Die chinesischen Hungersnöte in den Jahren 1958 bis 1961 kosteten, wie man heute schätzt, fast 30 Millionen Menschen das Leben – das sind zehnmal mehr als in jener katastrophalen Hungersnot in Britisch-Indien im Jahr 1943.« Der »Große Sprung nach vorn« hatte sich als grandioser Fehlschlag erwiesen.[57] Marc Dufumier zitiert allerdings eine Quelle, nach der in diesen Hungersnöten 15 Millionen Menschen umgekommen seien.[58]

Die chinesische Politikführung

Martine Bulard stellt in ihrem Buch *Chine, Inde: La course du dragon et de l'éléphant* (China, Indien: Der Wettlauf des Drachens und des Elefanten) fest, dass Peking und in etwas geringerem Maße Neu-Delhi ganz im Gegensatz zu den neoliberalen Prinzipien weiterhin wirtschaftliche Steuerungswerkzeuge nutzten, die anderswo längst verpönt seien. So übe der chinesische Staat in etlichen Bereichen wie der Industrie-, Forschungs-, Bank- und Währungspolitik immer noch einen entscheidenden Einfluss aus, was sich immer wieder als äußerst nützlich erweise. Die Erfolge einer solchen Politik erregten vor allem bei den Regierungen zahlreicher Entwicklungsländer große Aufmerksamkeit, die von westlichen »Experten« angehalten wurden, die öffentlichen Dienstleistungen abzubauen, und denen man die Vorteile einer allgemeinen Deregulierung angepriesen hatte. Sicherlich seien nicht alle staatlichen Regelungsinstrumente erfolgreich, aber ihre systematische und vollständige Abschaffung habe sich als völlige Katastrophe erwiesen.[59]

Der britische Politikwissenschaftler Mark Leonard teilt diese Analyse. China sei es gelungen, sich von der »Kontrolle internationaler Entwicklungsorganisationen« zu befreien. Am Ende zieht er den Schluss: »Die Globalisierung sollte den weltweiten Triumph der Marktwirtschaft herbeiführen, doch China beweist, dass der Staatskapitalismus zu einem ihrer größten Nutznießer gehört.«[60]

Heute ist China in der Lage, seine gesamte Bevölkerung zu ernähren, die immerhin 22 Prozent der Menschheit ausmacht, obwohl China nur über neun Prozent des landwirtschaftlich nutzbaren Bodens auf diesem Planeten verfügt. Seine Getreidereserven sind inzwischen doppelt so hoch wie der weltweite Durchschnitt.[61]

Wie aber gelingt es China, eine Bevölkerung von 1,3 Milliarden zu ernähren? Dabei versorgt sich das Land weitgehend selbst. Es produziert fast alles selbst, was es verbraucht. Für die Staatsführung sind Reis und Weizen die strategischen Getreidesorten, die das kollektive Überleben gewährleisten.[62] Dieser Erfolg ging auf die beeindruckende Steigerung der landwirtschaftlichen Produktivität Chinas zurück, und dies auf einer landwirtschaftlichen Nutzfläche, die viel kleiner ist als die der USA und bei einer durchschnittlichen Betriebsgröße von weniger als einem Hektar. Hinter all dem stehen die Agrarreformen der späten 1970er-Jahre.

Nicht zuletzt durch sie konnte China zwischen 1980 und 2012 seine Reisproduktion von 142 auf 204 Millionen Tonnen, seine Weizenproduktion von 55 auf 120 Millionen, seine Maisproduktion von 62 auf 208 Millionen, seine Gemüseproduktion von 14 auf 160 und seine Kartoffelproduktion von 25 auf 85 Millionen Tonnen steigern (FAOSTAT). China ist heute der bei weitem größte Getreideproduzent der Welt. 58 Prozent des weltweiten Wachstums der Obst- und Gemüseproduktion sind China zuzuschreiben. Alle anderen Entwicklungsländer zusammen sind dafür nur zu 38 Prozent verantwortlich.[63]

Auf dem tierischen Sektor produziert China vor allem Schweine- und Geflügelfleisch sowie Eier. Dabei stieg zum Beispiel die Eierproduktion zwischen 1980 und 2007 von 2,3 auf 24 Millionen Tonnen. Als bedeutender Hersteller und Exporteur von Textilwaren hat China auch einen großen Bedarf an Baumwolle.

2001 wurde China Mitglied der WTO. Dies brachte das Land dazu, seine Importzölle von 54 auf 15,3 Prozent zu reduzieren, wobei die weltweiten Durchschnittszölle bei 62 Prozent liegen –,eine Kürzung, wie sie bisher kein WTO-Mitgliedsstaat vollzog, so der chinesische Handelsminister. Das Resultat war, dass trotz eines Anstiegs der nationalen Produktion 2004 die Baumwollimporte rasant stiegen, und zwar von 11 300 Tonnen im Jahr 2001 auf 3,36 Millionen Tonnen 2011, was viele chinesische Zucker-, Soja- und vor allem Baumwollproduzenten ruinierte. Oxfam Hongkong zufolge führten die billigen Baumwollimporte aus den USA zu einem Verlust von 208 Millionen Dollar für chinesische Bauern, zusammen mit dem Abbau von 720 000 Arbeitsplätzen. Die Handelsliberalisierung hat wahrscheinlich auch zu einer dramatischen Verlangsamung der Armutsreduzierung beigetragen.[64]

Die mit der sich rasch entwickelnden Mittelklasse verbundene Nachfrage nach Fleisch führte zu einer Explosion der Viehfutterimporte, hauptsächlich in Form von Soja. In nur zehn Jahren stiegen diese von 14 auf 52 Millionen Tonnen im Jahr 2011, mehr als doppelt so viel wie die Importe in die EU (23 Millionen Tonnen).[65] Stark erhöht haben sich auch die Importe von Schweinefleisch, Mais, Milchprodukten und Zucker.

Der zweitgrößte Budgetposten im chinesischen Haushalt des Jahres 2010 – nach dem Erziehungs- und Bildungswesen mit 16 Prozent der Ausgaben – ist die Landwirtschaft mit elf Prozent aller Staatsgelder, was einen Anstieg von zehn Prozent gegenüber dem Jahr zuvor darstellt.

Die afrikanisch-chinesische Kooperation

China wird auf dem afrikanischen Kontinent zunehmend zu einem bedeutenden Investor, einem wichtigen Lieferanten von Fertigwaren und einem großen Importeur von afrikanischen Rohstoffen – wie Öl aus Angola und dem Sudan, Kupfer aus Sambia – und Agrarerzeugnissen. Es ist heute bereits ein Absatzmarkt für die afrikanischen Bauern. Außerdem hat es in den letzten Jahren sein Entwicklungshilfebudget vor allem auf dem Landwirtschaftssektor stark erhöht. Diese neue Entwicklungszusammenarbeit kommt mehr als 40 Ländern und 200 Kooperationsprojekten zugute. In letzter Zeit schickte China mehr als 10 000 Landwirtschaftstechniker nach Afrika, um dort lokale Bauern auszubilden und ihnen technische Unterstützung zu geben. Der Akzent liegt dabei vor allem auf der Bodenbewirtschaftung, den Zuchtmethoden, der Ernährungssicherheit, den Landmaschinen und der Verarbeitung der Agrarerzeugnisse und ihrer Folgeprodukte.

China beteiligt sich vor allem in Afrika auch an dreiseitigen Kooperationsprojekten mit der FAO, der es einen Treuhandfonds über 30 Millionen Dollar zur Verfügung stellte, mit dessen Hilfe die Entwicklungsländer ihre landwirtschaftliche Produktivität erhöhen können. Im Jahr 2007 wurde ein chinesisch-afrikanischer Entwicklungsfonds eingerichtet, dessen Rücklagen von am Ende fünf Milliarden Dollar zur Finanzierung von Infrastrukturprojekten auch auf dem Landwirtschaftssektor dienen sollen.[66]

In wenigen Jahren ist China zum wichtigsten Handelspartner Afrikas aufgestiegen. Das erlaubt es Afrika, einem Kontinent, der lange Zeit nur von Europa und den USA abhängig war, seine Beziehungen zur Außenwelt zu diversifizieren. Gleichzeitig wird China zu einem bedeutenden Wirtschaftspartner der lateinamerikanischen Länder. Die Zeitschrift *The Economist* schrieb am 15. März 2008: »50 Jahre europäischer und amerikanischer Hilfe haben Afrika kaum etwas gebracht. Mit China ist das etwas ganz anderes. Im Austausch gegen Erdöl und Rohstoffe baut China die afrikanischen Infrastrukturen aus.«[67] In der Tat, die Vielzahl der Infrastrukturprojekte, die China in kurzer Zeit in Afrika durchführt, ist beeindruckend: Straßenbau, Häfen, Eisenbahnen, Flughäfen, Energieerzeugung und vieles mehr. Bei meinen Reisen in den letzten Jahren in die Demokratische Republik Kongos und nach Äthiopien konnte ich mich von dem Ausmaß besonders der Arbeiten im Straßenbau überzeugen.

Auf der anderen Seite beeinträchtigen die Exporte Chinas zu billigen Preisen die oft allzu weit geöffneten Märkte vieler Entwicklungsländer. Dies gilt beispielsweise für den Textilsektor in Afrika, der insbesondere wegen der chinesischen Konkurrenz einen außerordentlichen Niedergang erlitt.

Der Freihandelsvertrag zwischen China und den ASEAN-Staaten führte zu Importen in die Philippinen, die die dortigen Obst- und Gemüsebauern in ihren Existenzgrundlagen bedrohten. In Thailand standen Tomaten und Knoblauchproduzenten vor dem Aus. Chinas Handelsstrategie ist die eines halb geöffneten Modells, sagt der chinesische Ökonom Angang Hu. Es ist offen oder für Freihandel auf der Exportseite, jedoch protektionistisch auf der Importseite.[68]

22 Indien

Das indische Paradox

Fast ein Viertel der Menschen, über 200 Millionen, die auf unserer Erde unter chronischer Unterernährung leiden, lebt in Indien. Laut dem Welthunger-Index aus dem Jahr 2012 steht das Schwellenland Indien auf Platz 66 von 105 Ländern. Dies ist ein Paradox, wenn man berücksichtigt, dass das Land heute gleichzeitig als größter Reis- und bedeutender Weizenexporteur zu den globalen Agrarriesen zählt. In seinen Vorratsspeichern befinden sich 27 Millionen Tonnen Getreide und 36 Millionen Tonnen Reis – insgesamt sind 100 Millionen Tonnen Nahrungsmittel eingelagert.[69] Der Fall Indien zeigt deutlich, dass die Unterernährung auf unserer Welt oft nicht auf ein *Fehlen* von Nahrungsmitteln zurückgeht, sondern von einem fehlenden *Zugang* zu diesen Nahrungsmitteln verursacht wird.

In einem sehr bemerkenswerten Vorgang verurteilte 2005 das Oberste Gericht die indische Regierung gegen das Recht auf Nahrung verstoßen zu haben und nötigte sie, Getreide frei an die Hungernden einer Gegend zu verteilen, anstatt es in Vorratslagern verrotten zu lassen.

2012 hatte eine Studie der Naandi-Stiftung für Aufregung gesorgt. Sie stellte fest, dass 42 Prozent der Kinder unter fünf Jahren an Untergewicht und 59 Prozent an Wachstumsverzögerungen leiden. Für den ehemaligen Premierminister, Manmohan Sing, waren diese Zahlen eine nationale Schande.[70] Damit ist die Unterernährung der Kinder in Indien fünfmal schlimmer als in China und zweimal schlimmer als im südsaharischen Afrika. An chronischer Mangelernährung sterben jeden Tag 5 000 indische Kinder, die unter fünf Jahre alt sind.[71]

In Indien herrscht weiterhin massive Armut: Von den insgesamt 1,2 Milliarden Indern, die immerhin 17 Prozent der Weltbevölkerung ausmachen, leben 840 Millionen von weniger als zwei Dollar täglich, davon 365 Millionen sogar von weniger als einem Dollar am Tag.[72] Wie wir bereits gesehen haben, steht Indien auf dem menschlichen Entwicklungsindex der UN ganz unten auf dem 136. Rang, ziemlich weit hinter China (101. Rang) und nur wenig vor Myanmar (149. Rang) oder Bangladesch (146. Rang).

Die schlimmsten Probleme Indiens stellen zweifellos die fehlenden Bildungs- und Gesundheitseinrichtungen dar.[73] Der massenhafte Analphabetismus konnte immer noch nicht ausgerottet werden. Dies dürfte zusammen mit der mangelnden Gesundheitsversorgung das größte Handikap des asiatischen »Elefanten« sein. Tatsächlich können fast 40 Prozent der Inder weder lesen oder schreiben noch rechnen (in China sind es nur zehn Prozent), wobei die Situation bei den Frauen am dramatischsten ist.[74] Eine Untersuchung über die öffentlichen Schulen im ländlichen Indien zeigte, dass die materielle Infrastruktur vollkommen unzureichend war. 82 Prozent von ihnen mussten dringend renoviert werden. Oft fehlte es an Büchern, und die Abwesenheitsrate der Lehrer war nicht selten ausgesprochen hoch.[75]

Die Grüne Revolution und ihre Mängel

In ganz Asien verdoppelte die Grüne Revolution zwischen 1970 und 1995 die Getreideproduktion. Diese Intensivierung der Landwirtschaft erlaubte es, den weltweit steigenden Nahrungsmittelbedarf besser zu befriedigen und Hunger und Armut zu verringern. In den 1960er- und 1970er-Jahren führte die Einführung kleinwüchsiger Hochertragsweizen- und -reissorten zu einem beträchtlichen Anstieg der Agrarproduktion, der seinerseits das Einkommen der Bauern vor allem im Nordosten Indiens erhöhte. Laut Weltbank sank daraufhin die ländliche Armut in Indien von 64 Prozent im Jahr 1967 auf 36 Prozent im Jahr 1986. Eine wichtige Rolle spielten dabei die Zunahme der Reallöhne und der Rückgang der Getreidepreise. Das Wachstum des Agrarsektors verringerte die Armut nicht nur in den ländlichen Gebieten, sondern auch in den Städten.

Dies galt ebenso für den Dienstleistungssektor. Die Investitionen in die Landstraßen trugen zu etwa 25 Prozent zum Wachstum der Agrarproduktion in den 1970er-Jahren bei.[76] Die Weltbank erkennt die aktive Rolle, die der Staat in dieser Agrarrevolution spielte, ausdrücklich an: »Die Antriebskraft der Grünen Revolution in Indien war der politische Entschluss, auf dem Nahrungsmittelsektor autonom zu werden, nachdem die Regierung der USA Mitte der 1960er-Jahre entschieden hatte, die Lebensmittelhilfen als Instrument ihrer Außenpolitik zu nutzen.«[77]

Dank dieser Anstrengungen konnte Indien bis Ende der 1970er-Jahre auf dem Getreidesektor fast zum Selbstversorger werden und bedeutende Nahrungsmittelreserven anlegen.[78] Gleichzeitig wurde das Land zum größten Milcherzeuger der Welt, wobei diese Milch von vielen, oft ziemlich kleinen bäuerlichen Betrieben produziert und dann von einem breiten Netz von Genossenschaften vermarktet wurde.[79]

Das unabhängige Indien, das vor 50 Jahren noch als »Kontinent des Hungers« bezeichnet wurde und vollkommen von US-amerikanischen Getreideimporten abhängig war, konnte durch eine Politik, die seine landwirtschaftlichen Kulturen und Anbaumethoden verbesserte und zu der nicht zuletzt die Grüne Revolution gehörte, seine Hektarerträge bedeutend erhöhen: In 30 Jahren wurde der Reisertrag verdoppelt und der des Weizens sogar verdreifacht. Gleichzeitig schuf der indische Staat eine Preisregulierungsbehörde, die Food Corporation of India, durch die der Staat die Mindestpreise festlegt und die Überschüsse aufkauft. Die Lagerbestände werden schließlich durch ein nationales Verteilernetz, das Public Distribution System, zu Festpreisen wieder verkauft.

Der indische Staat jedoch kümmerte sich zunehmend um die Belange der Mittelschicht und vernachlässigte dieses Verteilungssystem. Das Ziel ist es nicht mehr, Nahrung für die Notleidenden bereitzustellen, sondern Ihnen ausreichende Mittel zu verschaffen, damit sie sich selbst versorgen können.[80]

Es stellt sich die Frage, ob die Grüne Revolution in Indien nicht auch zu einer Vernachlässigung der Agrarreformen führte. Nur die fortschrittlichen Regierungen der Bundesstaaten Kerala und West-

bengalen führten nicht zuletzt unter dem starken Druck der Bauernverbände solche Reformen durch. Überall sonst waren sie nur sehr
beschränkt oder standen gar nur auf dem Papier. Gegenwärtig bear-
beiten 85 bis 90 Prozent der Bauernfamilien Ackerflächen von weniger als zwei Hektar. Tatsächlich besitzen 93 Millionen Kleinbauern
weniger als 14 Prozent der landwirtschaftlichen Nutzflächen, während den reichsten zehn Prozent der Bauern fast 50 Prozent des
Ackerbodens gehören. Der Landbesitz und die Produktionsmittel
werden also den Bauern, den wirklichen Schöpfern des landwirtschaftlichen Wohlstands, weiterhin in hohem Maße vorenthalten.
Dies ist der Hauptgrund für die extreme Armut der Mehrheitsbevöl-
kerung eines Landes wie Indien, das von der Natur mit großen
Reichtümern ausgestattet ist. Im Gegensatz dazu hat China 43 Prozent des Ackerbodens an Landlose verteilt. Auf Taiwan waren es 37,
in Südkorea 32 und in Japan 33 Prozent![81]

Die Auswirkung der Liberalisierung auf die ländliche Welt

Auf einer internationalen Konferenz »Politik gegen Hunger«, die
2004 in Berlin stattfand, machte Utsa Patnaik, Professorin für Agrar-
ökonomie an der Nehru-Universität in Neu-Delhi, mit warnenden
Worten auf die rapide Verschlechterung der Lage der meisten indischen Bauern aufmerksam.[82] Diese Verschlechterung fing im Jahr
1991 an, als Indien seine Wirtschaft zu liberalisieren begann, wie es
Weltbank und IWF von dem Land forderten, als es die beiden Organisationen um Kredite bat. Aber erst seit 1996 machte sich diese Ver-
schlimmerung deutlich bemerkbar. Sie war das Ergebnis dieser Liberalisierungspolitik, in deren Rahmen Indien seine Schutzzölle auf
importierte Agrarerzeugnisse senkte und seine Ausgaben für die gesamte Landwirtschaft stark abbaute. Der indische Landwirtschafts-
minister Sharad Pawar gab zu, dass die staatlichen Planinvestitionen
in den Landwirtschaftssektor in den zehn Jahren 1997 bis 2007 von
15 auf zwei Prozent des Staatshaushalts gefallen seien.[83]

Utsa Patnaik ist der Meinung, dass diese Politik die Agrarpreise abstürzen ließ. Der Preissturz betrug bei einigen Produkten wie Zuckerrohr oder Ölsaaten sogar 40 bis 80 Prozent. Die Kaufkraft der indischen Bauernschaft ging daraufhin stark zurück. Dies hatte die folgenden Auswirkungen:

- ein rapider Anstieg der bäuerlichen Schulden, der zu einem vermehrten Verkauf von Besitz und Ackerland und sogar zum Handel mit menschlichen, zur Transplantation bestimmten Nieren führte
- eine starke Zunahme der Selbstmorde im ländlichen Milieu (siehe weiter unten)
- eine Abschwächung der Agrarproduktion, deren Wachstum von 3,19 Prozent in der Periode von 1980 bis 1990 auf 1,73 Prozent in der Zeit von 1990 bis 2001 zurückging
- ein Rückgang der Getreidemenge, die einer indischen Familie durchschnittlich zur Verfügung steht (zwischen 1990 und 2001 von 177 Kilogramm auf 155 Kilogramm)
- eine Abschwächung der Schaffung von Arbeitsplätzen, deren jährliches Wachstum von 2,03 Prozent in der Periode von 1980 bis 1990 auf 0,58 Prozent in der Zeit von 1990 bis 2001 zurückging
- eine Zunahme des Hungers und der Mangelernährung.

Die ländliche Bevölkerung Indiens rutschte auf das Niveau des subsaharischen Afrika ab, obwohl dieses ebenfalls eine substantielle Verschlechterung der Ernährungslage erlebt hatte.

Utsa Patnaik machte jedoch auch deutlich, dass die indischen landwirtschaftlichen Rekordausfuhren – zwischen Juni 2002 und November 2003 exportierte das Land 17 Millionen Tonnen Getreide – nicht auf einen Nahrungsüberschuss, sondern auf die sinkende Kaufkraft der Bauernschaft zurückzuführen seien. Der geringere innerindische Getreideabsatz sei durch eine vermehrte Lagerbildung und höhere Exporte ausgeglichen worden. Das exportierte Getreide sei zur Fütterung des europäischen Viehs und der japanischen Schweine verwendet worden.

Auf der Konferenz 2004 in Berlin griff Utsa Patnaik auch das Problem der Armutsdefinition auf. Sie kritisierte dabei die Regierung ihres Landes, die die Zahl der indischen Armen ganz einfach durch statistische Manipulationen künstlich verringert habe. Dazu setzte die Regierung den minimalen Kalorienverbrauch auf einen unglaublich niedrigen Satz herunter, der – ganz wie in China – mindestens 25 Prozent unter der von der Weltbank festgelegten Norm lag, die einen Dollar pro Tag für die Ernährung vorsieht.

Die Verzweiflung der Bauern

Indien und China sind weiterhin Agrarländer: In Indien befinden sich 60 Prozent aller Arbeitsplätze immer noch in der Landwirtschaft, während es in China fast die Hälfte sind. Diese Bauern haben keinen Anteil an den Früchten des Wirtschaftswachstums, sie wurden bis vor kurzem von ihren nationalen Regierungen vernachlässigt und werden auch heute noch von den Medien kaum beachtet. Das Los der meisten von ihnen hat sich in den letzten Jahren sehr verschlechtert. Dies gilt sowohl für Indien als auch für China. In Indien sind mehr als 100 Millionen Menschen – und damit fast die Hälfte der ländlichen Arbeitnehmerschaft – angestellte Landarbeiter oder Tagelöhner.

In einigen Regionen werden statt der Nahrungsproduktion für den eigenen Gebrauch mehr und mehr Produkte angebaut, die für die wachsende Mittelschicht (zum Beispiel Früchte und Gartenpflanzen), für die Nahrungsmittelindustrie und für den Export bestimmt sind. Vor allem die Baumwolle ist auf dem Vormarsch, die Nahrungskulturen zu ersetzen. Ihre Anbaufläche wuchs in Indien beträchtlich, allein in den letzten zehn Jahren (2000/01 – 2010/11) um fast die Hälfte (d.h. um 3,6 Millionen Hektar). Die indischen Baumwollausfuhren stiegen von 26 000 Tonnen im Jahr 1995 auf 1,7 Millionen Tonnen.[84]

Inzwischen nimmt jedoch die bäuerliche Verschuldung solch dramatische Formen an, dass einige Bauern keinen anderen Ausweg mehr sehen als Selbstmord. Zuerst nur eine Randerscheinung, ist dieser ländliche Suizid inzwischen zu einem Massenphänomen geworden. Nach Angaben des indischen Landwirtschaftsministers Sharad Pawar haben sich zwischen 1995 und 2007 mehr als 150 000 Bauern das Leben genommen. Meistens schlucken sie Pestizide und sterben unter entsetzlichen Schmerzen. Sehr oft ging diesen Todesfällen der Kauf von teurem Hybridsaatgut, chemischen Pestiziden und anderen industriellen Agrarprodukten voraus, dem ein völliger Ernteausfall oder nur schwache Erträge folgten (siehe Kapitel 12).

Im Jahr 2005 verabschiedete die indische Regierung das ländliche Beschäftigungsprogramm »Mahatma Gandhi National Rural Employment Guarantee Scheme« (MGNREGS), das jedem ländlichen Haushalt 100 Tage Beschäftigung im Jahr zu einem festgesetzten Mindestlohn von 1,10 Euro am Tag gewährleistete. Das Programm kam in den Jahren 2010 und 2011 52,5 Millionen Haushalten zugute und ist eines der ehrgeizigsten Beispiele von sozialer Sicherheit auf nationaler Ebene, das die Armutsbekämpfung zum Ziel hat.[85] Es sieht unter anderem vor, dass ein Drittel der damit geschaffenen Arbeitsplätze an Frauen vergeben werden müssen. Dennoch ist das Programm durch Korruption und enorme Verteilungsprobleme gehemmt, verbesserte allerdings die landwirtschaftlichen Reallöhne.[86]

Die Probleme

68 Prozent der aktiven indischen Bevölkerung leben von der Landwirtschaft. Das Wachstum des Agrarsektors lag die letzten Jahre weit hinter den Wachstumsraten des Industrie- und Dienstleistungssektors. 2012 erreichte seine Reisproduktion immerhin 152 Millionen Tonnen und die von Weizen 95 Millionen Tonnen.

Der indische Agrarsektor steckt dennoch weiterhin in einer Strukturkrise, die die Ernährungssicherheit des Landes bedroht. Als Ursachen des Problems werden neben der schlechten Landverteilung unter anderem der Mangel an bewässerten Ackerflächen, die Erschöpfung der Böden durch den schlechten Düngemittelgebrauch und die zunehmende Fragmentierung der landwirtschaftlichen Betriebe angeführt. So erzeugt Indien zum Beispiel nur drei Tonnen

Reis pro Hektar – gegenüber sechs Tonnen in China und acht Tonnen in den USA.[87]

Darüber hinaus führte die Anbauintensivierung durch die Grüne Revolution zu schweren Umweltproblemen. Auf Grund des massiven Chemikalieneinsatzes wird der indische Ackerboden zunehmend unfruchtbar. Die Anwendung des von den Agrarmultis vermarkteten Hybridsaatguts begünstigt die Monokulturen und schadet der Artenvielfalt. Das Wasser wird in allen seinen Formen – Quellen, Bächen, Flüssen, Teichen, Seen und Ozeanen – immer mehr von Chemikalien verschmutzt.[88] Die Subventionierung der Bewässerungskanäle, der Energie und der Düngemittel verführte die Bauern zu einer Überproduktion von Reis, Weizen und anderen Grundnahrungsmitteln. Dazu mussten sie jedoch zu einem intensiven Bewässerungsanbau greifen, der zu einem exzessiven Grundwasserverbrauch führte. In den drei oder vier Bundesstaaten, die im Zentrum der Grünen Revolution standen, werden mehr als ein Fünftel der unterirdischen Wasserläufe übermäßig genutzt. Die Auswirkungen treffen überproportional die Kleinbauern und gefährden zunehmend die Trinkwasserversorgung.[89]

Des Weiteren sind die Bauern von einer Explosion der Düngemittel- und Pflanzenschutzmittelpreise und einer Kreditverknappung betroffen. Die Banken haben ihre Kreditvergabe im gesamten Agrarsektor stark eingeschränkt. Zwischen 1993 und 2003 schlossen etwa 4 000 ländliche Bankfilialen ihre Tore. Die Bauern mussten sich an Wucherer wenden. Außerdem wurde eine ganz neue Sorte von Darlehensgebern wie etwa die Düngemittelhändler zur wichtigsten bäuerlichen Kreditquelle.[90]

2013, wenige Monate vor den Parlamentswahlen, wurde vom indischen Parlament ein bemerkenswertes Gesetz über Nahrungssicherheit verabschiedet. Dieses sieht vor, dass Haushalte unter der Armutsgrenze monatlich fünf Kilo Reis, Weizen oder Hirse zu stark subventionierten Preisen erhalten und in extremer Armut lebende sogar 35 Kilo. Drei Viertel der Landbevölkerung und die Hälfte der Stadtbevölkerung sollten davon profitieren können.[91] Wir haben in Kapitel 18 gesehen, wie Indien bei der WTO-Ministerkonferenz in

Bali Ende 2013 für den Ankauf dieser Produkte eine befristete Ausnahme der WTO-Regeln erhalten hat. Bleibt abzuwarten, inwieweit dieses Gesetz und dieser Ankauf zu subventionierten Preisen den armen Bauern tatsächlich zugutekommen werden.

23 Brasilien

Brasilien ist ein aufstrebendes Schwellenland. Weltweit stellt Brasilien die siebtgrößte Volkswirtschaft. Zusammen mit Russland, Indien, China und Südafrika bildet es seit einigen Jahren die sogenannte BRICS-Gruppe. Auf dem Entwicklungsindex der UN steht Brasilien auf dem 85. Platz. Das Land ist immer noch von großen regionalen und ethnischen Ungleichheiten gekennzeichnet.

Jean Ziegler schrieb im Jahr 2005, dass beim Amtsantritt Präsident Lulas am 1. Januar 2003 die soziale und wirtschaftliche Lage des brasilianischen Volkes katastrophal gewesen sei. »Nur 53 Millionen Menschen lebten über dem Existenzminimum. 80 Millionen waren außerstande, sich täglich wenigstens 1 900 Kalorien zu verschaffen, laut WHO die Mindestnahrungszufuhr. 119 Millionen fristeten ihr Leben mit weniger als 100 Dollar pro Monat. Neben Südafrika ist Brasilien heute noch das Land der Erde, in dem die Ungleichheit am größten ist.«[92] »Mehr als 80 Prozent der Familien, die auf dem Land leben, haben keinen regelmäßigen und ausreichenden Zugang zu Trinkwasser, das den Kriterien der WHO entspricht. Im städtischen Milieu gilt das für zehn Prozent der Familien.«[93] Die Bürgermeisterin von São Paulo schätzt, dass ungefähr vier Millionen Einwohner ihrer Stadt in einer *Favela* leben, was immerhin einem Viertel der Gesamtbevölkerung entspricht.

Mehr als 30 Prozent der Brasilianer leben von weniger als zwei Euro am Tag. Die reichsten zehn Prozent besitzen 42 Prozent des Nationalreichtums, während auf die ärmere Hälfte der Bevölkerung nur 14 Prozent des Nationaleinkommens entfällt. Dies entspricht genau den Einkünften des reichsten Prozents.[94]

Der Erfolg des »Null-Hunger-Programms«

Der ehemalige UN-Sonderberichterstatter Olivier De Schutter besuchte Brasilien 2009.[95] Seinem Bericht zufolge hat das Land den Kampf gegen den Hunger in den Mittelpunkt seiner Entwicklungsstrategie gestellt. Per Gesetz wurde im Jahr 2006 ein »Nationales System für Nahrungsmittel- und Ernährungssicherheit« (SISAN/Sistema Nacional de Segurança Alimentar e Nutricional) eingerichtet, das vielen Ländern der Welt als Vorbild diente. Dieses Gesetz schuf den »Nationalen Rat für Nahrungsmittel- und Ernährungssicherheit« (CONSEA), der eine aktive Teilnahme der Zivilgesellschaft bei der Formulierung von Empfehlungen an die Regierung sicherte und eine gute Koordination zwischen den verschiedenen Elementen dieses Programms garantierte. Olivier De Schutter unterstreicht, dass die Erfolge im Kampf gegen Hunger und Unterernährung nicht zuletzt auf die Anwendung solcher partizipativer Strategien zurückgehen.[96]

Am 3. Februar 2010 trat ein Zusatz zur brasilianischen Verfassung in Kraft, der das Recht auf Nahrung für alle Brasilianer garantierte. Der UN-Sonderberichterstatter zeigte sich von der entscheidenden Rolle der zivilgesellschaftlichen Organisationen in dem Prozess beeindruckt, der schließlich zur Verabschiedung dieses Verfassungszusatzes führte. Allerdings müssten nun auf der Grundlage der begrüßenswerten Empfehlungen der brasilianischen Bundesstaatsanwaltschaft weitere legislative, institutionelle und dezentralisierte Maßnahmen folgen.[97]

Das soziale Vorzeigeprojekt der Regierung Lula war das »Bolsa Familia«-Programm (Familienbörse-Programm), ein Unterstützungsprogramm für Familien, die unter der Armutsschwelle leben. Dabei betont die Regierung, dass diese Maßnahmen nicht nur die Armut und den gesellschaftlichen Ausschluss bekämpfen, sondern auch den Selbstbestimmungsprozess dieser bedürftigen Familien unterstützen sollen. Tatsächlich handelt es sich dabei um die Zusammenführung bereits bestehender Programme, die unter den Vorgängerregierungen von unterschiedlichen Ministerien eingeführt worden waren. Insgesamt profitierten davon im Jahr 2006 etwa 11,1 Millionen Familien, das heißt 47 Millionen Brasilianer (ungefähr 26 Prozent der Bevölkerung). Die Kosten des Programms werden auf jährlich 11,9 Milliarden US-Dollar geschätzt, was einer Summe von etwa 100 Dollar pro Familie entspricht.[98]

Der Bezug dieser Beihilfen ist jedoch an die Einhaltung gewisser schulischer und gesundheitlicher Verpflichtungen geknüpft. So müssen die Familien ihre Kinder auf eine Schule schicken und deren regelmäßigen Schulbesuch gewährleisten. Außerdem müssen sie ihre Kinder nach einem festen Kalender impfen lassen. Die Mütter sind gehalten, vorgeburtliche Untersuchungen vornehmen zu lassen und an Informationsveranstaltungen über das Stillen und geeignete Säuglingsnahrung teilzunehmen. Die große Bedeutung dieses Programms für die Familien und ihre Kommunen steht außer Zweifel. Mehrere Untersuchungen haben gezeigt, dass die Beihilfen durchschnittlich 21 Prozent des Familienbudgets ausmachen und somit zur wichtigsten Einkommensquelle geworden sind. In einigen Gemeinden ist fast die Hälfte der Bevölkerung Nutznießer dieses Programms. Da die Familien den Großteil ihrer Mittel zum Nahrungsmittelkauf verwenden, kurbeln sie damit auch die lokalen Märkte an. Allerdings handelt es sich bei der Unterstützung nicht um ein *Recht* der Begünstigten, sondern um eine Staatsbeihilfe, die also allein vom Willen der Regierung abhängt.

Die Regierung Lula führte auch die höchste Steigerung des Mindestlohns durch, die jemals ein Präsident beschlossen hatte. Diese kam vor allem den Niedriglohnbeziehern, den Empfängern von Niedrigrenten vor allem auf dem Lande sowie den Arbeitsunfähigen und Invaliden zugute. Schlussendlich verbesserten sich die niedrigsten Einkommen, während die höchsten etwas zurückgingen. Auf diese Weise erhöhte sich auch der Anteil der Arbeitseinkommen am gesamten Nationaleinkommen.[99]

Laut einer Studie der Vargas-Stiftung konnten sich auf Grund der allgemeinen durchschnittlichen Einkommenserhöhung zwischen 2003 und 2008 19,4 Millionen Brasilianer aus der Armut befreien. Nach Angaben des brasilianischen Gesundheitsministeriums sank die Zahl der mangelernährten Kinder zwischen 2003 und 2007 im gesamten Land um 46 Prozent und in der Nordost-Region allein um fast 74 Prozent. Für die Nichtregierungsorganisation CETRI (Centre Tricontinental) beweisen diese Zahlen, dass Brasilien gegenwärtig im weltweiten Kampf gegen die Armut ganz vorne stehe. Es sei eines der wenigen Länder, die die meisten Jahrtausendentwicklungsziele bereits erreicht hätten.[100] Auch Olivier De Schutter ist der Ansicht, dass es Brasilien verdient, für seine diesbezüglichen Anstrengungen beglückwünscht zu werden.

Trotzdem leiden immer noch 37,5 Prozent der brasilianischen Haushalte unter Nahrungsmittelunsicherheit. Im Süden des Landes sind es nur 25 Prozent, im Nordosten jedoch 55 Prozent. Armut und Mangelernährung sind immer noch das überwiegende Schicksal der Menschen afrikanischen und afrobrasilianischen Ursprungs und der indigenen Bevölkerung.[101] Gleichzeitig befasst sich das »Bolsa Familia«-Programm nicht mit dem strukturellen Rahmen der Sozialbeziehungen und den Gründen für Hunger und Armut (siehe den Abschnitt über die Agrarreform weiter unten).[102] Darüber hinaus vermerkt Olivier De Schutter den frappierenden Gegensatz zwischen den Mitteln für das »Null-Hunger-Programm«, die sich auf ein Prozent des Staatshaushalts belaufen, und den Geldern für die Umschuldung, die Schuldenrückzahlung und den Schuldendienst, die 2009 48 Prozent des Budgets verschlangen.

2011 nahm die Regierung unter Präsidentin Dilma Rousseff den »Plano Brasil Sem Miseria« – Plan Brasilien ohne Elend – an, der das »Bolsa Familia«-Programm fortsetzt mit dem Ziel, bis 2014 die extreme Armut zu beseitigen. Laut Befreiungstheologe Frei Betto, Ex-Lula-Berater beim Anti-Hungerprogramm, liegt die Zahl der in extremer Armut, Hunger und Misere lebenden Brasilianer bei über 30 Millionen, also doppelt so hoch wie offiziell angegeben.[103]

Die Unterstützung der bäuerlichen Familienbetriebe

Olivier De Schutter stellt fest, dass die bäuerlichen Familienbetriebe gegenwärtig von der brasilianischen Regierung aktiv unterstützt werden. Dies habe den Prozentsatz der extrem Armen in den ländlichen Gebieten zwischen 2002 und 2008 von 28 auf 9 Prozent zurückgehen lassen. Auch das »Null-Hunger-Programm« will die bäuerlichen Familienbetriebe durch einen leichteren Zugang zu landwirtschaftlichen Krediten fördern, von dem bereits eine Million Familien profitierten. Trotzdem machen die Darlehen für diese Betriebe nur 13 Prozent des Gesamtwerts aller Kredite aus, die landwirtschaftlichen Unternehmen gewährt wurden, obwohl auf die bäuerlichen Familienbetriebe 38 Prozent der gesamten Agrarproduktion entfallen.

Andererseits sieht das »Null-Hunger-Programm« vor, dass mindestens 30 Prozent der in den Schulen verteilten Nahrungsmittel von bäuerlichen Familienbetrieben gekauft werden müssen. Diese innovative Politik, die Sozialprogramme und Beihilfeleistungen für diese Agrarsparte miteinander verbindet, stellt eine wichtige Förderung der kleinbäuerlichen Landwirtschaft dar.

Die kleinbäuerliche Landwirtschaft mit ihren 4,2 Millionen Betrieben ist zusammen mit den Hunderttausenden von Landsuchenden ein wichtiger (ein Drittel des gesamten Ackerbodens), allerdings gesellschaftlich unstabiler Sektor, der jedoch für die Zukunft der brasilianischen bäuerlichen Welt entscheidend ist, in der endlich die schon lange überfällige Landreform durchgeführt werden sollte.[104]

Die Agrarreform

Die Latifundienstruktur des heutigen Brasilien ist das direkte Erbe des portugiesischen Vizekönigtums und des Sklavenregimes, das 350 Jahre Bestand hatte.[105] »In Brasilien besitzen zwei Prozent der Grundbesitzer 43 Prozent des Ackerlandes. Viele dieser Ländereien liegen brach oder werden nur unregelmäßig genutzt: Nach Angaben des INCRA (Instituto Nacional de Colonização e Reforma Agrária/Nationales Institut für Besiedlung und Agrarreform) werden ungefähr 90 Millionen Hektar Ackerland nicht bebaut.«[106] So kontrollieren zum Beispiel in Pernambuco, einem Bundesstaat im Nordosten des Landes, »gestern wie heute 27 Familien 25 Millionen Hektar roter Erde. Die meisten dieser Familien stammen in direkter Linie von früheren

Sklavenhändler- und Feudalsippen ab, die ihre Eigentumstitel im 16. und 17. Jahrhundert aus den Händen des Königs von Portugal erhalten hatten. Der Staat verfügt über 80 Millionen Hektar Ackerland. Doch die Zuckerrohrplantagen und die *enghenos* (Zuckermühlen) der Großgrundbesitzer monopolisieren die fruchtbarsten Ländereien.«[107]

Strukturelle Ungerechtigkeit

Ende Juli 2013 nahm ich zusammen mit Vertretern zweier unabhängiger Luxemburger Entwicklungsorganisationen, darunter der ASTM, an einer Erkundungsreise in Brasilien teil. Ich verbrachte mehrere Tage mit landlosen Bauern aus dem Umland von Recife und mit Vertretern des MST (Movimento dos Sem Terra/Bewegung der Landlosen). Die dabei gewonnene Erfahrung schärfte mein Bewusstsein für die Dimension ungerechter Landverteilung in Brasilien. Wir konnten auf den Straßen zwei Stunden lang mit dem Auto fahren und sahen links und rechts der Straße immer nur unendliche Zuckerrohrfelder, die als Produktions-Hauptbasis Pernambucos fungieren. In diesem Bundesstaat, mit einer Gesamtfläche von 98 000 km² dreimal größer als Belgien, kontrollieren – gestern und heute – 27 Familien 25 Millionen Hektar Land. Gleichzeitig existiert eine große Zahl von Arbeitern und Landlosen, die zu den ärmsten in Brasilien gehören. Sie haben praktisch nichts und verdienen, wenn sie Arbeit auf den Zuckerrohrfeldern finden, Hungerlöhne, mit denen sie zu einem Leben unterhalb des Existenzminimums gezwungen sind. Diese gesellschaftliche Besitzverteilung stellt eine strukturelle Ungerechtigkeit dar, welche von Teilen der einflussreichen brasilianischen Elite getragen und weitergeführt wird.

In Brasilien zählt man ungefähr vier Millionen Landarbeiterfamilien »ohne Land«.[108] Zwischen 2000 und 2007 haben dort fast 583 000

Familien unbebautes Land besetzt, von denen 373 000 direkt mit dem MST, der mächtigsten Sozialbewegung Lateinamerikas, verbunden waren (siehe Kapitel 24).[109]

Das INCRA ist für die Durchführung der Landreformpolitik verantwortlich. Olivier De Schutter begrüßt die Bemühungen dieser Organisation für eine gerechtere Landverteilung. Seit ihrer Gründung im Jahr 1970 hat sie bis 2006 mehr als 8 000 Kolonien mit einer Gesamtfläche von 64 Millionen Hektar gegründet und dort fast eine Million Familien angesiedelt. Dabei wurden in der Zeit zwischen 2003 und 2006 30 Prozent dieser Kolonien gegründet, die auf 45,3 Prozent der gesamten neuverteilten Fläche 27,6 Prozent dieser Familien aufnahmen. De Schutter bemerkt dabei jedoch die Tendenz, die landlosen Bauern in den Norden umzusiedeln, um so ganz allmählich die Spannungen in den hochproduktiven Regionen des Südostens abzubauen. Gleichzeitig nimmt dadurch auch der Siedlungsdruck auf das Amazonasgebiet zu. Außerdem haben die landlosen Bauern immer wieder Schwierigkeiten, ihre neubesetzten Ackerflächen registrieren zu lassen. Selbst wenn ihnen dies gelingt, fällt es ihnen schwer, Kredite und andere Formen der Unterstützung zu erhalten.[110]

Allerdings haben die Entwicklungsstrategien laut CETRI die Landbesitzstruktur und die unausgewogene Verteilung des Reichtums und der Einkommen in Brasilien bisher nicht wesentlich verändern können, obwohl in kaum einem anderen Land der Welt eine solche Ungleichheit herrscht. Dabei weiß man, dass jeder massive und dauerhafte Abbau der Armut eng mit einer Verringerung dieser Ungleichheiten verknüpft ist.[111]

De Schutter gab in seinem Bericht folgende, speziell an die brasilianische Regierung gerichtete Empfehlungen ab. Sie solle:

■ die indigenen Gemeinschaften, die Nachkommen der entflohenen Sklaven (die sogenannten *Quilombas*) sowie die anderen traditionellen Gemeinschaften besser gegen die unrechtmäßige Aneignung ihres Landes schützen

■ Maßnahmen gegen die Kriminalisierung der Sozialbewegungen ergreifen

- das rückständige Steuersystem reformieren, dessen Haupteinnahmequelle immer noch die indirekten Steuern darstellen, so dass die Armen die für sie bestimmten Hilfsprogramme im wesentlichen selbst finanzieren
- die Hindernisse überwinden, die einer Fortsetzung der Agrarreform entgegenstehen.

Die Entwicklung des Agrobusiness

»Das archaische, aus der Kolonialzeit stammende *Latifundium* steht neben dem modernen, mit beträchtlichem Kapital und wirksamer Mechanisierung ausgestatteten landwirtschaftlichen Betrieb. Viele dieser sehr großen Güter werden von transkontinentalen Privatunternehmen bewirtschaftet, die oft amerikanischer, japanischer oder europäischer Herkunft sind.«[112] Es handelt sich dabei um die einzige echte »kapitalistische« Landwirtschaft der Welt, wenn man die Höhe der ausländischen Fonds und Kapitalien betrachtet, die in die Schaffung dieser riesigen Agrarfabriken investiert wurden, die oft mehrere tausend oder zehntausend Hektar umfassen. Laut Marcel Mazoyer und Laurence Roudart besitzt das Land die produktivste Landwirtschaft der Welt, die aus der technologischen Revolution des Nordens Nutzen ziehe und gleichzeitig ihren Arbeitern Löhne in der Größenordnung von einem US-Dollar am Tag zahle.

Die großen nationalen und transnationalen Firmen versuchen, das Modell einer auf Exporte ausgerichteten Landwirtschaft immer weiter auszudehnen. Von nun an stehen die Bauernbewegungen weniger den alten Latifundien, sondern den neuen Multis gegenüber, die mehr und mehr die Ländereien der Latifundienbesitzer übernehmen, die seit langem ziemlich unproduktiv waren. Diese unterliegen jetzt der Produktivitätslogik großflächiger Monokulturen, wobei auf immer mehr Flächen Soja und Zuckerrohr angebaut werden. Das brasilianische Agrobusiness umfasst 300 000 Betriebe von mehr als 200 Hektar. Die Betriebe von 15 000 Landbesitzern sind sogar größer als 2 500 Hektar, was zusammen etwa 98 Millionen Hektar ergibt. Die riesigen brasilianischen Baumwollfarmen haben eine durchschnittliche Größe von 6000 bis 7000 Hektar.[113] 20 Unternehmen, von denen zwei Drittel transnational sind, kontrollieren den gesamten brasilianischen Agrargüter-, Düngemittel- und Pflanzenschutzmittelhandel.[114]

Für João Pedro Stédile, Mitgründer und einer der Hauptleiter der Landlosenbewegung MST (siehe Kapitel 24), beschleunigt sich der Konzentrationsprozess bei der Verteilung des Landeigentums und im Agrarbereich weiter. Eine ganz Lawine fremden und nationalen Finanzkapitals ergießt sich fortwährend über das Land mit dem Ziel, die Kontrolle über zusätzliche Ländereien, Wasservorkommen, Fabriken und Agrarindustrien sowie über praktisch den gesamten Außenhandel mit Agrarfertigprodukten zu übernehmen. Er kritisiert ebenso den Stillstand der Agrarreform unter der Regierung der Präsidentin Dilma Rousseff. Das praktizierte Agrar-Außenhandelsmodell führe zu besonders brutalen Umweltschäden durch intensiven Gifteinsatz. Die Steigerung der Krebserkrankungen als Folge des Giftstoffeinsatzes sei ein echtes Problem öffentlicher Gesundheit geworden. Wirkliche Fortschritte gab es für Landarbeiter im Jahr 2013 durch die Ingangsetzung eines nationalen Agrar-Ökologie-Programms.[115] In den letzten 20 Jahren ging die Nahrungsmittelproduktion um 35 Prozent zurück, während die von Rohrzucker um 122 Prozent zunahm.[116]

Mit seinem Binnenmarkt von 202 Millionen Verbrauchern hat sich Brasilien zur drittgrößten Agrarmacht der Welt nach den USA und der EU entwickelt. Das Land ist heute der weltweit größte Produzent solcher Erzeugnisse wie grüner Kaffee, Zuckerrohr und Orangen, der zweitgrößte Rindfleisch- und Sojaerzeuger und der drittgrößte Geflügelfleisch- und Maisproduzent. Es ist mit 37 Prozent der weltweiten Gesamtexportmenge dieses Produkts der größte Sojaexporteur und mit 18 Prozent der weltweiten Exporte der größte Zuckerexporteur. Darüber hinaus ist Brasilien der größte und effizienteste Produzent von Agrotreibstoffen auf unserem Planeten, was auf die geringen Produktionskosten seines Zuckerrohrs zurückzuführen ist (siehe Kapitel 10).[117]

24 Die entscheidende Rolle der Zivil- gesellschaft und der Bauernverbände

In zunehmendem Maße organisieren sich Frauen und Männer, Bauern und Bäuerinnen auf der ganzen Welt, um sich für das Recht auf Nahrung, Ernährungssouveränität, agroökologische Landwirtschaft, Zugang zu Boden, Wasser und eigenes Saatgut einzusetzen. Sie lehnen sich auf gegen ein ungerechtes und umweltschädliches Welternährungssystem und gegen die Dominanz der Nahrungsmittelkonzerne. Sie fordern ein Ende der Subventionen für Agrotreibstoffe, aller Art Spekulation auf Nahrungsmitteln und starten wirksame Kampagnen gegen Land Grabbing, GVO's, chemische Kunstdünger und Pestizide.

Fast täglich entstehen in Afrika, Asien, Lateinamerika neue Kleinbauern-, Fischer-, Frauen-, und Landarbeiterorganisationen auf nationaler, regionaler und internationaler Ebene. Weitreichende Vernetzungen entwickeln sich unter diesen Vereinigungen und auch immer öfter mit Umwelt- und Entwicklungsorganisationen, wie Greenpeace oder Friends of the Earth.

In Europa und den USA bilden Bauern, Arbeiter, Bürger, Umwelt-, Entwicklungs- und Konsumentenvereinigungen Allianzen für ein alternatives, gerechteres und nachhaltigeres Ernährungssystem. Immer mehr lokale Biogärteninitiativen, organischer Landbau und Bauernmärkte sind im Entstehen begriffen und ermöglichen direkte Verbindungen zwischen Produzenten und Konsumenten. Das Klimabündnis vereinigt und vernetzt Tausende von Städten und Gemeinden, die konkrete Projekte in den Bereichen Reduzierung der CO_2-Emissionen, Schutz der tropischen Regenwälder und Solidarität mit indigenen Partnern durchführen. Die Transition Town Bewegung führt zu neuen Formen des Zusammenlebens und zu gemeinschaftlichem biologischen Gartenbau, als Antwort auf die Energie und Klimakrise sowie die ungesunde Ernährung. Die Slow Food Bewegung hat sich internationalisiert. Zahllose organische Konsumentengruppen und Kooperativen entstehen und organisieren lokale oder regionale Nahrungsverteilung. In Katalonien beispielsweise gab es 2003 zehn solcher Kooperativen, heute sind es bereits 130.[118] Die Bewusstseinsbildung für gesunde Ernährung schreitet fort. Mehr und mehr Gemeinden und Verwaltungen führen biologische Nahrung in Schul-, Betriebskantinen und in Krankenhäusern ein. Die belgische Stadt Gent hat den Donnerstag zum fleischfreien Wochentag erklärt. Andere Städte wie Bremen, Helsinki, San Francisco und Cape Town sind dem Beispiel gefolgt. Fair Trade Organisationen importieren und verteilen immer mehr Kaffee, Tee, Bananen, Orangensaft, Schokolade, Erdnüsse, Baumwolle, Rosen und andere Produkte, die im Süden zu gerechten Preisen eingekauft werden.

AMAP (Association pour le maintien d'une agriculture paysanne) ist eine Vereinigung in Frankreich, die den Erhalt einer bäuerlichen Landwirtschaft zum Ziel hat, Bauern und Konsumenten in vielen Orten direkt zusammenbringt, die sich auf eine regelmäßige Belieferung von Gemüse und Obst, also von Qualitätsprodukten, einigen und das zu fairen Preisen. So wird jeder Zwischenhandel ausgeschaltet. Hieraus ergibt sich eine soziale Dimension, eine gegenseitig bereichernde Verbindung, die auf Vertrauen beruht und Menschen verbindet, die sich vorher nicht gekannt haben. AMAP ist ein Raum in dem sich die Bürger in Fragen der Ernährung in unseren Gesellschaften selbst bestimmen können.[119] Ähnliche Netze bestehen in anderen europäischen Ländern wie auch in Kanada und den USA als Community Supported Agriculture (CSA). Seinen Ursprung nahm diese Bewegung in Japan bereits 1975 unter dem Namen »teikei«.[120]

Entwicklungen und Herausforderungen der Bauernorganisationen

Zwischen 1982 und 2002 stieg der Anteil der Dörfer, in denen es eine Bauernvereinigung gab, im Senegal von acht auf 65 Prozent und in Burkina Faso von 21 auf 91 Prozent. Insgesamt sind heute im Senegal 69 Prozent und in Burkina Faso 57 Prozent der bäuerlichen Haushalte Mitglieder von Produzentenvereinigungen.

Eine entscheidende Koordinierungsaufgabe haben die nationalen Dachverbände zu erfüllen. Als Beispiel hierfür führt die Weltbank den CNCR (Conseil national de coopération des ruraux), den Dachverband der senegalesischen Bauernorganisationen an, der aktiv an der Entwicklung und Umsetzung der nationalen Landwirtschaftspolitik und Agrarstrategien teilnimmt. Dieser Rat und seine Mitgliederverbände konnten sich bei ihrem Aufbau auf die langjährige und wertvolle Kooperation der Schweizer Entwicklungszusammenarbeit stützen.

Die Aktionen zweier Bürger- und Bauernverbände in Kamerun

In Kamerun stieg die Einfuhr von Tiefkühlgeflügel von 978 Tonnen im Jahr 1996 auf 21 000 Tonnen im Jahr 2003. Gleichzeitig ging die einheimische Produktion um fast 50 Prozent von 21 000 Tonnen im Jahr 2000 auf 13 000 Tonnen im Jahr 2003 zurück. Dabei gingen 110 000 Arbeitsplätze verloren. Im Jahr 2003 ließen zwei Bürger- und Bauernverbände, der SAILD (Service d'appui aux initiatives locales de développement) und die ACDIC (Association citoyenne pour la défense des interêts communs/Bürgervereinigung zur kollektiven Interessenvertretung) das Institut Pasteur in Yaoundé 200 Proben dieses importierten Fleischs untersuchen, die sie sich im Beisein eines Gerichtsvollziehers auf unterschiedlichen Märkten Kameruns beschafft hatten. Das Institut stellte fest, dass dieses Geflügelfleisch nicht einmal den minimalsten Hygienebestimmungen entsprach und sogar gesundheitsgefährdend war. Angesichts einer von diesen Gefahren aufgeschreckten Öffentlichkeit entschloss sich die Regierung, alle Geflügelfleischimporte einzustellen.

In Indien zählt das »Indian Dairy Cooperatives Network«, das Netzwerk der indischen Milchgenossenschaften, 12,3 Millionen Mitglieder, von denen viele landlose Bauern oder Frauen sind. Dieses Netzwerk ist für 22 Prozent der gesamten indischen Milchproduktion verantwortlich.[121] Nicht überall sind die Kleinbauern und weniger noch die Kleinbäuerinnen in Verbänden organisiert. In Ghana beispielsweise sind die meisten Mitglieder bestehender Bauernorganisationen größere gewerbliche Bauern. Sie sind nicht stellvertretend für die Masse der Semisubsistenz-Kleinbauern, die meistens Analphabeten sind und eine traditionelle Landwirtschaft mit einfachem Gerät betreiben.[122]

Sehr oft bleiben die Frauen auf Grund kultureller Normen aus den Produzentengenossenschaften ausgeschlossen. Es gibt jedoch Ausnahmen. Im Senegal beteiligen sich mehr Frauen als Männer an diesen Organisationen. In Bangladesch und Indien bestehen die Selbsthilfegruppen und Mikrobanken hauptsächlich aus Frauen. In Andhra Pradesh wurden Armutsbekämpfungsprogramme in die Wege geleitet, an denen mehr als acht Millionen Frauen teilnahmen. Dabei wurden unter anderem die Selbsthilfegruppen gestärkt. Durch solche Maßnahmen wurden der Zugang zu Gruppenkrediten erhöht und die Kollektivvermarktung von Nahrungsmitteln sowie der genossenschaftliche Bezug von Dünge- und Pflanzenschutzmitteln gefördert.[123]

Die Weltbank listet jedoch auch einige Probleme und Herausforderungen auf, die sich diesen Produzentenorganisationen stellen: der Konflikt zwischen Effizienz und Verteilungsgerechtigkeit, die Heterogenität der Mitglieder, die Aneignung von Fachwissen und Organisations-Know-how, die Fähigkeit, an Verhandlungen auf allerhöchster Ebene teilzunehmen, und ein ungünstiges äußeres Umfeld.[124] Zudem haben Frauen oft Schwierigkeiten, hochrangige Leitungsfunktionen zu erlangen.

Das ROPPA und andere Regionalorganisationen in Afrika

Auf Veranlassung senegalesischer Bauernführer wurde Ende der 1990er-Jahre das ROPPA (Réseau des organisations paysannes et des producteurs de l'Afrique de l'Ouest/Netzwerk der Bauernverbände und der Erzeuger Westafrikas) gegründet. Dieses Netz setzt sich für die Belange von bäuerlichen Familienbetrieben ein. Dem ROPPA gehören Bauernorganisationen aus der ganzen westafrikanischen Region an. Darüber hinaus steht es in engem Kontakt mit anderen Bauernorganisationen in Afrika, Brasilien und Europa. In den letzten Jahren erlebte es einen bemerkenswerten Aufschwung. Seine Hauptansprechpartner sind die regionalen Wirtschaftsorganisationen in Westafrika wie die UEMOA und die ECOWAS. Es steht den laufenden Wirtschaftsverhandlungen, vor allem den Wirtschaftspartnerschaftsabkommen (WPA), sehr kritisch gegenüber. Es agiert auch als Partner der FAO und des Internationalen Fonds für landwirtschaftliche Entwicklung (IFAD) und nimmt an Foren dieser beiden Weltorganisationen teil.

Ähnlich wie das ROPPA-Netz in Westafrika hat sich in den letzten 15 Jahren in Ostafrika die »Eastern Africa Farmers Federation« (EAFF) gebildet, in Ost- und Südafrika das »The Eastern and Southern Africa small scale Farmers' Forum« (ESAFF) und in Zentralafrika die »Plateforme régionale de organisations paysannes de l'Afrique Centrale« (PROPAC). Diese vier Regionalorganisationen haben eine gemeinsame Plattform aufgebaut.

PELUM (Participatory Ecological Land Use Management) ist ein regionales Netz von über 200 NGO's aus dem Osten, dem Zentrum und aus Südafrika, das sich für eine nachhaltige Landwirtschaft und Ernährungssicherheit einsetzt. Die Organisation arbeitet eng mit den Bauern des ESAFF-Forums zusammen.

Die brasilianische Landlosenbewegung

Eine der wichtigsten Organisationen Brasiliens ist das MST. 1984 gegründet, ist es inzwischen zu einer der bestorganisierten Widerstandsbewegungen gegen den Wirtschaftsliberalismus geworden. Sie vertritt ein Entwicklungsmodell, das sich auf eine auf die Nahrungsproduktion orientierte Landwirtschaft, den bäuerlichen Familienbetrieb und die Bewahrung der Artenvielfalt stützt. Dagegen lehnt sie die großen Agro- und Nahrungsmittelindustrien, die Monokulturen und eine auf den Export ausgerichtete Landwirtschaft ab. Hauptziel ist es jedoch, den Millionen landloser Bauern in Brasilien eigenen Boden zu verschaffen. Grundlage dieser Forderung ist die brasilianische Verfassung, die ein Recht auf Land garantiert. Die Bewegung wurde vor allem bekannt durch ihre manchmal recht spektakulären Landbesetzungen. Darüber hinaus erleichtert sie ihren Mitgliedern den Zugang zu Maschinen, Saatgut, Krediten und technischem Know-how.

Die Besetzungsaktionen und die kämpferische Einstellung der Bewegung trafen jedoch auf den erbitterten Widerstand der Großgrundbesitzer. Diese griffen dabei zu Einschüchterungs- und Verfolgungsmaßnahmen. Sie ließen sogar Landarbeiter und ihre Führer ermorden, wobei sie sich der Dienste von Privatmilizen, aber auch der Staatspolizei bedienten.

Die Sozialarbeit des MST ist dagegen weniger bekannt. Der Bewegung gelang es, fast 600 000 Familien mit mehr als zwei Millionen Menschen in etwa 5 000 Bauernsiedlungen (»Asentamentos«) und 750 provisorischen Zeltlagern (»Acampamentos«) anzusiedeln, die im Verlauf der Landbesetzungsaktionen angelegt wurden. Das MST zählt 18 000 Aktivisten und betreibt 2 500 Schulen.[125]

Nationale Zivilgesellschaften in Indien

Ekta Parishad ist eine indische Organisation, die sich die Landreform und den Zugang zu Wasser und zu Wald zum Ziel gesetzt hat. Geleitet von P.V Rajagopal, einer Symbolfigur, wurde sie weltweit bekannt durch die Märsche, an denen sich etwa 100 000 indische Landlose und Kleinbauern beteiligten und die besonders Druck für strukturelle Reformen auf die Regierung ausübten. Eine andere wichtige Bewegung in Indien gründet auf der Kampagne »The Right to Food«, ein informelles Netzwerk von Organisationen und Individuen, die sich der Realisierung des Rechtes auf Ernährung verschrieben haben. Ihr Prinzip ist, dass jeder das fundamentale Recht hat, frei von Hunger und Unterernährung zu leben. Das bedarf nicht nur gerechter und nachhaltiger Ernährungssysteme, sondern auch staatlicher Existenzsicherung, wie das Recht auf Arbeit, auf Landreform und soziale Gerechtigkeit. Vertreter der Kampagne und vieler Bauernverbänden übten bei der ministeriellen Welthandelskonferenz in Bali ungeheuren Druck auf die indische Regierung aus, als dort die Ernährungssicherheit für Hunderte von Millionen verhandelt wurde (siehe Kapitel 18).

La Via Campesina und die Nahrungsmittelsouveränität

Die Organisation La Via Campesina (LVC) wurde im Jahr 1993 auf einem Kongress gegründet, an dem 55 Kleinbauernorganisationen aus 36 Ländern Amerikas, Europas und Asiens teilnahmen. Ihr Arbeitsschwerpunkt liegt in den Entwicklungsregionen unseres Planeten. Ihre Gründung war eine Reaktion auf den Abschluss der Uruguay-Runde. Via Campesina betrachtet sich als eine internationale Bewegung von Landwirten, kleinen und mittleren Agrarproduzenten, landlosen Bauern, Landfrauen, indigenen Gemeinschaften, Jungbauern und Landarbeitern. Gegenwärtig gehören ihr 164 Organisationen aus 73 Staaten an, die mehr als 200 Millionen Bauern aus allen Kontinenten vertreten. Ihr Leitprinzip ist die Nahrungsmittelsouveränität, die ihrer Meinung nach Grundlage der Landwirtschafts- und Ernährungspolitik sein muss und eine Alternative zum derzeit herrschenden Liberalisierungs- und Privatisierungsprinzip sein sollte.[126] Dieses neue Prinzip wird von einer wachsenden Zahl von Regierungen vor allem in den Entwicklungsländern sowie von einer Vielzahl von nationalen und internationalen Bauernorganisationen und NGO's übernommen.

Hauptziel von Via Campesina ist die Verteidigung und Stärkung der kleinbäuerlichen Lebensformen und Produktionsweisen, vor allem die Ausrichtung der Landwirtschaft auf die Nahrungsproduktion für den nationalen Verbrauch. Zu ihren Forderungen gehören der Rückzug der WTO aus der Landwirtschaftspolitik, die Bewahrung des eigenen Saatguts und eine Agrarreform nach ihren Vorstellungen.[127] In Lateinamerika wird die LVC begleitet durch eine bedeutende Netzbewegung, die 1994 gegründete CLOC (Coordinadora Latinoamericana de Organisaciones del Campo). Diese Organisation hat sich Landreform, agroökologische Landwirtschaft, Biodiversität sowie die Freiheit, besseres Saatgut auszutauschen und zu schaffen, auf die Fahnen geschrieben. Sie stützt sich ebenfalls auf die Alianza por la Soberania Alimentaria de los Pueblos (ASAP), die ihre Arbeit 2010 in Spanien begann.

Internationale Zusammenarbeit

Concord ist der Dachverband der europäischen Entwicklungsorganisationen. Ich konnte mich in den letzten Jahren an der Ausarbeitung eines Berichtes über Nahrungssicherheit mit dem Titel »Justice, Democracy and Diversity in our Food System« beteiligen. Concord stellt in diesem Bericht die Hungerproblematik als eine Frage der Gerechtigkeit dar und sieht deshalb die Basis für alle Lösungen in einer gerechten Neuverteilung der Macht mit einer wirklich partizipativen, demokratischen Regierungsführung (governance) in unserem Ernährungssystem. Es ist essentiell, so dieser Bericht, dass die organisierten, sozialen Bewegungen der landwirtschaftlichen Familienbetriebe, der Landarbeiter und Konsumenten, besonders der Frauen und Jugendlichen, eine eigene Stimme in den Entscheidungsprozessen haben.[128]

SOS-Faim, eine belgisch-luxemburgische NGO, die sich der Hungerbekämpfung verpflichtet hat und das französische Comité français pour la solidarité internationale (CFSI) widmen sich einer effektiven Sensibilisierungsarbeit unter anderem über die Probleme westafrikanischer Bauern mit den EU-Dumpingexporten. Sie organisieren regelmäßig Begegnungen zwischen afrikanischen, im ROPPA-Verband zusammengeschlossen Bauernorganisationen und Vertretern des Europaparlamentes, der EU-Kommission und Ratsgruppen.

2009 fand eine bemerkenswerte Reform des Ausschusses für Welternährungssicherheit (CFS) der FAO in Rom statt. Diese ermöglicht es den Zivilgesellschaften, NGO's, jeglichen Organisationen von Kleinbauern, Fischerleuten, Einheimischen, Landarbeitern, an allen Diskussionen teilzunehmen. Seither weht dort ein frischer Wind und Fragen der Welternährung werden offener und konkreter diskutiert. Die Entscheidungen allerdings werden wie bisher allein von den Vertretern der Mitgliedsstaaten getroffen. Concord sieht in dem reformierten Ausschuss eine vielversprechende, zentrale, zwischenstaatliche Plattform, um die Koordinierung und Governance des globalen Ernährungssystems zu verbessern.

2012 setzte der UN-Menschenrechtsrat in Genf eine Arbeitsgruppe ein mit dem Auftrag, eine Internationale Erklärung über die Rechte der Bauern vorzubereiten. Westliche Staaten stimmten dagegen. Eine solche Erklärung könnte insbesondere zu einer stärkeren internationalen Anerkennung des Zugangs zu Land und zu eigenem Saatgut für die Bauern führen. Vorausgegangen war eine gemeinsame öffentlichkeitswirksame Kampagne von La Via Campesina und Zivilgesellschaften wie FIAN und CETIM (»Centre Europe Tiers Monde«).

2014 hat der Menschenrechtsrat, gegen die Stimmen der westlichen Mitgliedsstaaten, beschlossen, ein legal bindendes Instrument über transnationale Konzerne und Menschenrechte auszuarbeiten. FIAN und CETIM hatten dazu, in einer Allianz von über 600 Zivilgesellschaften wichtige Vorarbeit geleistet, indem sie zahlreiche Menschenrechtsverletzungen durch transnationale Unternehmen dokumentiert und veröffentlicht hatten.

Schlussfolgerungen

Hunger und Mangelernährung, unter denen jeden Tag Milliarden Kinder, Frauen und Männer zu leiden haben, sind eine mörderische und unannehmbare Realität. Darauf hinzuweisen und über die tieferliegenden Gründe dieses Unrechts aufzuklären müsste eigentlich eine selbstverständliche Aufgabe aller, am Respekt grundlegender Menschenrechte interessierter Politiker, Erzieher und Medien sein. Dazu beitragen kann auch zivilgesellschaftliches Engagement.

Das Welternährungssystem ist von Grund auf neu aufzubauen. Es muss den Bedürfnissen der Menschen entgegenkommen, nicht den Interessen der Konzerne. Eine nachhaltige Landwirtschaft ist überall auf den Prinzipien der Ernährungssouveränität, dem Recht auf Nahrung für jeden, der Agroökologie, des Klein- oder Familienbetriebes, der Rolle der Frauen, des Zugangs zu Boden und zu Wasser zu entwickeln.

Staaten müssen für gut funktionierende Schul- und Gesundheitssysteme sorgen, auch und gerade für die Landbevölkerung, um wesentliche Grundlagen für die Entwicklung der Landwirtschaft zu garantieren. Es muss ebenso gewährleistet werden, dass Bauern ihre Erzeugnisse zu gerechten und auskömmlichen Preisen absetzen können. Dazu müssen für die lokalen und regionalen Märkte geeignete Regelungs- und Schutzmechanismen eingerichtet werden, zu denen auch die Erhöhung der Einfuhrzölle gehören sollte. Vorrangige Aufgabe ist dabei die Schaffung von Arbeitsplätzen. Ein Kontinent wie Afrika hat die Mittel und die Fähigkeiten, sich selbst zu ernähren.

Jahrhundertelang haben die europäischen Länder ihre Wirtschaft geschützt, bis diese stark genug war, sich der ausländischen Konkurrenz zu öffnen. Der Marshallplan war höchstwahrscheinlich eine der erfolgreichsten Wiederaufbauoperationen nach dem Zweiten Weltkrieg. Teil des Plans waren hohe Schutzzölle für die europäische Wirtschaft und sehr strikte finanzielle Transaktionsregeln. Nach dem Zweiten Weltkrieg wählten ostasiatische Länder wie China,

Südkorea und Taiwan eine Entwicklungsstrategie, die von einem wirtschaftlichen Erfolg gekrönt wurde, der allen zum Vorteil gereichte. Ein wichtiger Bestandteil dieser Strategie war die Durchführung einer ehrgeizigen Agrarreform. Außerdem erhob man mindestens zwei Jahrzehnte lang hohe Einfuhrzölle, unter deren Schutz dann die heimische kleinbäuerliche Landwirtschaft und die Industrie auf die Beine kommen konnten.

Abermillionen von Landlosen in Brasilien und weiteren Ländern Lateinamerikas, im südlichen Afrika und in Südasien, wie Indien, können nur einen Ausweg aus ihrer extremen Armut finden, wenn sie Zugang zu Boden erhalten und in den Genuss einer wirklichen Agrarreform gelangen. Einer solchen Verteilung von Land an Kleinbauern und Landlose stehen politische und wirtschaftliche Interessen im Wege. Immer größere Flächen werden von reichen und politisch einflussreichen Akteuren aufgekauft und die Konzentration von Land in den Händen weniger setzt sich weiter fort. Die NGO GRAIN, die sich für Saatgut und gegen das Land Grabbing einsetzt, fand heraus, dass Kleinbauern, die für den größten Teil der weltweit produzierten Nahrung sorgen, jetzt über immer weniger Land verfügen. Sie werden auf weniger als ein Viertel der globalen Ackerfläche zurückgedrängt. Geht dieser Trend weiter, so GRAIN, riskiert die Welt den Verlust der Fähigkeit sich selbst zu ernähren. Der Hunger könnte sich ausbreiten.[1]

Eine Lehre aus der Ernährungskrise sollte für verantwortungsvoll handelnde Regierungen darin bestehen, das Grundprinzip der Ernährungssouveränität umzusetzen und dazu den bäuerlichen Familienbetrieben Priorität einzuräumen. Die eigene Lebensmittelproduktion und die Unabhängigkeit von Importen liegen unmittelbar im politischen Interesse der Staaten. Die Entscheidung zugunsten einer politischen und wirtschaftlichen Unabhängigkeit hat bereits die Europäische Union beim Aufbau der Gemeinsamen Agrarpolitik (GAP) getroffen, und auch Länder wie China gingen diesen Weg. Wie das Beispiel der Staaten Ostasiens zeigt, bewährte sich der bäuerliche Kleinbetrieb auf dem Weg zur Selbstversorgung. Verstärkte nationale wie internationale Finanzierungen müssen dazu beitragen, die ländlichen Infrastrukturen zu verbessern und den Bauern Zugang zu Rohstoffen, Krediten und Know-how zu erleichtern. Mindestens zehn Prozent der öffentlichen Entwicklungshilfe müssten für die Unterstützung der Landwirtschaft bereitgestellt werden.

Die starken Preisschwankungen der letzten Jahre hemmen jede Investitionstätigkeit der ländlichen Kleinbetriebe. Diese Schwankungen einzuschränken und stabile Preise zu ermöglichen setzt einen Bruch mit der neoliberalen Wirtschaftspolitik und eine Entkoppelung der Weltmärkte voraus. Neue Regeln für die Agrarmärkte müssen fragile und schwache Wettbewerber in der Landwirtschaft vor Dumping und Preisverfall absichern – insbesondere durch Schutz dieser Märkte und ein öffentliches Vermarktungssystem, das unter Beteiligung der Bauernverbände aufgebaut und betrieben wird. Ergänzt werden könnte diese Struktur durch den Aufbau eines Netzwerks zur Lagerhaltung auf nationaler und regionaler Ebene.

Der Weltagrarbericht wie auch der Aufruf der UNCTAD zum dringenden Umdenken zeigen, dass industrielle oder konventionelle Landwirtschaft angesichts des Klimawandels und der Bedrohung der Ökosysteme keine Zukunft hat. Die Folgen dieser Landwirtschaft für die Umwelt sind verheerend, sowohl in den Industriestaaten als auch in den Schwellenländern. Agroökologie ist die notwendige Antwort. Sie erlaubt es den Kleinbauern, auf der Basis der eigenen Ressourcen zu produzieren, ohne chemische Pestizide und Düngemittel, ohne gentechnisches Saatgut und fossile Energien. Zugleich ermöglicht die agroökologische Praxis erheblich höhere Erträge. Eine Vielzahl von Beispielen wie die Forstlandwirtschaft, Milpa, Campesino a Campesino, Push-pull zeigen, dass es möglich ist, die Agroökologie den jeweiligen Gegebenheiten in verschiedenen Kontinenten mit Erfolg anzupassen. In den reichen Ländern ist eine Reihe von Hindernissen zu überwinden, um diesen Übergang zu beschleunigen. Dazu zählen einmal mehr die Interessen der Agrarkonzerne, die durch aggressive Lobbyarbeit und tiefe Verflechtungen mit den Bauernverbänden abgesichert werden. Hier muss die Politik ihre Verantwortung gegenüber der Gesellschaft wahrnehmen. Sie könnte die Transformation des landwirtschaftlichen Modells entscheidend beeinflussen, indem sie zum Beispiel die Verteilung von Subventionen verändert oder die gesetzlichen Rahmenbedingungen. Im Interesse der Gesellschaft und der Umwelt muss sie in Zukunft »gutes Benehmen« unterstützen, wie zum Beispiel den Einsatz agroökologischer Methoden, die den Übergang leisten von einer Landwirtschaft, die von Außenenergie abhängig ist, zu einer Landwirtschaft, die Energie schafft. Man kann Bauern belohnen, die Ökosysteme unterhalten, sich um ihre Böden kümmern, Wasser nicht verschmutzen, die Artenvielfalt schützen, die Bienen schützen und vieles mehr.[2]

Zudem müssen wir unbedingt die gesellschaftliche Stellung des Bauern aufbessern, der sich immer noch auf der niedrigsten Stufe der Hierarchie befindet, so Hans Herren, einer der Hauptverantwortlichen des Weltagrarberichts. Eigentlich müsste der Bauer ganz oben stehen, denn ohne ihn gibt es keine Nahrung und ist kein Leben möglich! Wir sollten Bauern dieselbe Achtung entgegenbringen wie Ärzten und dafür sorgen, dass landwirtschaftliche Arbeit gut bezahlt und geachtet wird.[3]

Wollen wir verantwortungsbewusst handeln, müssen wir vor allem auch unser Konsumverhalten radikal überdenken. Übermäßiger Fleischkonsum wie in den USA oder Mitteleuropa stellt eine Vergeudung vegetarischer Kalorien dar und beruht mehr und mehr auf nicht nachhaltigen Futterimporten. Wir müssen zu Lebens- und Ernährungsstilen zurückkehren, die nur die Ressourcen verbrauchen, die unsere Erde jedes Jahr regenerieren kann.[4]

Die USA tragen für den gegenwärtigen Zustand der Weltagrarwirtschaft ein gerüttelt Maß an Verantwortung. Wie Bill Clinton es zugab: Das globale Wirtschafts- und Handelssystem, das seine Regierung mit tätiger Unterstützung der Weltbank und des IWF – in beiden Organisationen verfügen sie wie im UN-Sicherheitsrat über ein Vetorecht – durchgesetzt hat, dient allein ihren nationalen Interessen und geht zu Lasten von Hunderten Millionen Einwohnern in den Entwicklungsländern. Die Abschaffung des amerikanischen landwirtschaftlichen Preisstützungssystems im Jahr 1996 löste in den USA und weltweit einen Sturz der Agrarpreise aus, für den die amerikanischen Agrarproduzenten durch die »Farm Bills« nur teilweise einen Ausgleich erhielten. Die danach von den Amerikanern verfolgte bewusste Dumpingpreispolitik beschädigte die Souveränität der ärmsten Länder, die man zur Öffnung ihrer Grenzen für die amerikanischen Produkte zwang. Dies wiederum hatte höchst negative Auswirkungen auf die Lebensverhältnisse der Bauern in diesen Ländern. Die Niedrigpreispolitik auf dem Agrarmarkt führt seitdem zu Hunger und Armut.

China mit seinen 1,3 Milliarden Einwohnern, die immerhin 22 Prozent der gesamten Weltbevölkerung ausmachen, wurde zusammen mit Indien und Brasilien zu einem neuen, aber immens wichtigen Akteur auf der internationalen Bühne. Dabei gelang es China wie keinem anderen Land, die Armut abzubauen. Die von Mao begonnene und von seinen Nachfolgern verbesserte Landreform und die hohe Produktivität seiner von Kleinparzellen geprägten Landwirtschaft haben in bedeutendem Maße zu diesem Erfolg beigetragen. China ist heute fähig, praktisch alle Nahrungsmittel, die seine Bevölkerung benötigt, selbst zu produzieren.

Die chinesischen Erfahrungen sollten andere Länder interessieren, inspirieren und bei ihrer eigenen Entwicklung unterstützen. Dies gilt vor allem für Afrika, wo sich China gerade auf landwirtschaftlichem Gebiet immer mehr engagiert. Durch seine große Nachfrage auch nach landwirtschaftlichen Grundprodukten spielt das Land für die Wirtschaft zahlreicher Entwicklungsländer die Rolle eines Motors. Andererseits droht Chinas schnell wachsender Export von Niedrigpreisprodukten, die die liberalisierten Märkte zahlreicher Entwicklungsländer überschwemmen, die Entwicklung der einheimischen Produktionskapazitäten zu behindern.

Zwar sind Hunger und Mangelernährung im subsaharischen Afrika in beunruhigendem Maße auf dem Vormarsch. Trotzdem leben von den einen Milliarden hungernden Menschen fast 600 Millionen in Asien. Während der Anteil der unter Mangelernährung leidenden Kinder in Afrika zwischen 20 und 40 Prozent beträgt, liegt er in Indien bei über 40 Prozent erschreckend hoch. Paradoxerweise ist Indien gleichzeitig aufgrund der nicht unumstrittenen Erfolge der Grünen Revolution ein wichtiger Reis- und Weizenexporteur. Ein großer Teil der indischen Landbevölkerung verfügt ganz einfach nicht über die nötige Kaufkraft, um sich mit dem Nahrungsminimum zu versorgen. Die zunehmende Verarmung der ländlichen Bevölkerung ist eine Folge der im Laufe der 1990er-Jahre durchgeführten Liberalisierung. Die Verzweiflung der Bauern, die sich oft auf Grund der Versprechen der Agrarmultis verschuldet hatten, ließ die Zahl der Selbstmorde in die Höhe schnellen. Dieses oft vertuschte Phänomen lässt sich auch anderswo, selbst in den USA, Europa und Südkorea beobachten. Die indische Nahrungssicherheitspolitik steckte lange Zeit in der Sackgasse. Es bleibt abzuwarten, ob neue Regierungsinitiativen wie das 2013 verabschiedete Gesetz für Ernährungssicherheit die Lage im Land verbessern können.

Brasilien hat gezeigt, dass es auch in einer Massendemokratie möglich ist, eine soziale Politik zu entwickeln und konsequent zu verfolgen. Das Land hat dem Hunger den Krieg erklärt, indem es Programme auflegte, die Millionen Arme aus ihrem Elend befreite und gleichzeitig die landwirtschaftlichen Familienbetriebe unterstütze. Der Erfolg des »Null-Hunger-Programms« ist jedoch auch auf die beispielhafte Beteiligung der zivilgesellschaftlichen Organisationen zurückzuführen. Allerdings bleibt die Agrarreform weiterhin eine große Herausforderung. Wie eine Koexistenz zwischen den kleinbäuerlichen Familienbetrieben und einer auf Produktivität ausgelegten, exportorientierten, kapitalintensiven industriellen Landwirtschaft auf Dauer aussehen könnte, bleibt ungeklärt.

Hunger und Mangelernährung sind kein unveränderliches Schicksal. Nationale und internationale Maßnahmen und Aktionen zu deren Bekämpfung hängen jedoch vor allem von einem entsprechenden politischen Willen ab. Mit einer Bevölkerungszahl von 500 Millionen Menschen tragen die EU und ihre 28 Mitgliedsstaaten im Kampf gegen Hunger und Unterernährung eine besondere Verantwortung.

Derzeit verhandelt die EU mit den USA über ein transatlantisches Freihandelsabkommen (TTIP), dem sich breite Teile der Zivilgesellschaft, aber auch Gewerkschaften und Oppositionsparteien entschieden widersetzen. Die Gefahr besteht, dass über ein solches Abkommen die Demokratie Schaden erleidet und eine Liberalisierung des EU-Agrarmarktes hin zu einer weiteren Industrialisierung der Landwirtschaft in die Wege geleitet wird. Kleinere und mittlere Familienbetriebe könnten in noch größere Bedrängnis geraten und noch mehr vom Markt gedrängt werden. Europäische Lebensmittelstandards riskieren aufgeweicht zu werden zum Nutzen der Agrar- und Lebensmittelkonzerne, deren Macht noch weiter steigen wird. Die EU verpasst die Gelegenheit, den USA deutlich zu machen, dass die industrielle Landwirtschaft nicht nachhaltig ist und dass ein Übergang zu einem alternativen Modell auf beiden Seiten des Atlantiks dringend und unerlässlich ist.

Unsere europäische Gesellschaft und das demokratische System werden von einer wachsenden Dominanz der Wirtschafts- und Finanzsphäre und der Vermarktung des öffentlichen Raums in Mitleidenschaft gezogen. Um sich die nötigen Handlungsspielräume zu erhalten, muss die Politik die Macht der Finanzmärkte drastisch einschränken. Insbesondere Spekulationen auf Preise von Agrorohstoffen, die die Fragilität des Finanzmarktes weiter steigern, Preisverzerrungen verursachen, Hunger und Armut verschlimmern, müssen dringend unterbunden werden.

Alle Fortschritte im Kampf gegen Hunger und Mangelernährung in den ärmsten Ländern, vor allem in Subsahara-Afrika, hängen jedoch auch von den politischen und wirtschaftlichen Spielräumen ab, über die die Regierungen dieser Länder verfügen. Um die Politikkohärenz zu sichern, wie sie der Vertrag von Lissabon vorsieht, ist es notwendig, dass die EU ihre Außenbeziehungen und insbesondere ihre Handelspolitik gegenüber diesen Ländern neu definiert. Der Ansatz der Verhandlungen über Wirtschaftspartnerschaftsabkommen muss deshalb von Grund auf verändert werden. Man sollte dabei aus der Ernährungskrise alle geeigneten Lehren ziehen. Afrikanische Staaten können sich nur dann entwickeln, wenn sie eigene Agrar-, aber auch Industrieprodukte aufbauen können. Dies ist, aufgrund ihres äußerst niedrigen Produktivitätsniveaus nur möglich, wenn sie diese zunächst gegen übermächtige und oft unfaire Konkurrenz aus dem Ausland schützen können. Eine solche Politik läge auch im wohlverstandenen Interesse der EU. Gleichzeitig sollte die

EU die Notwendigkeit gemeinsamer Agrarmärkte in den Ländern des Südens erkennen und unterstützen. Nur über diesen Weg kann das Flüchtlingsdrama von Lampedusa gelöst werden. Die Frage der Hungerbekämpfung würde es verdienen, auf höchster politischer Ebene behandelt zu werden.

Zu lange fiel das gesellschaftliche Kräftegleichgewicht zu Ungunsten der armen, mittellosen Bauernschaft aus, die sich dem Recht der Großgrundbesitzer, der Machthaber und Eliten auf nationaler und internationaler Ebene unterwerfen mussten. Das könnte sich jetzt ändern. Überall auf der Welt organisieren sich Kleinbauern, Einheimische, Landlose, Fischer und Landarbeiter und erklären die Ernährungssouveränität zu ihrem Grundprinzip. Neue Bauernorganisationen wie Via Campesina, das ROPPA oder die Landlosenbewegung in Brasilien organisieren und vernetzen sich national, regional und international. Sie erheben ihre Stimme bei internationalen Organisationen wie der FAO und dem dort angesiedelten Komitee für Ernährungssicherheit. Begleitet und unterstützt wird diese Entwicklung von NGOs in den Industriestaaten, wo Städte und Gemeinden alternative Konsum- und organische Produktionsmethoden gemeinschaftlich entwickeln, wo Konsumenten und Produzenten ohne Zwischenhandel direkt zusammenkommen und dabei neue zwischenmenschliche Beziehungen aufbauen. Gesundes Essen auf Basis von Bio-Produkten wird thematisiert, organisiert und landet in zunehmenden Maße auf den Tellern der Verbraucher.

Der Weltagrarbericht hebt es hervor: Landwirtschaft und Ernährung sind die wichtigsten Grundlagen menschlicher Gesundheit und zugleich die häufigste Krankheitsursache in reichen wie in armen Ländern. Gesunde Ernährung und eine nachhaltige Landwirtschaft können Leiden und vorzeitigen Tod von Milliarden Menschen verhindern. Sie sind wesentliche Grundlagen eines soliden wirtschaftlichen Aufschwungs in Entwicklungsländern und das beste Rezept gegen ausufernde Gesundheitskosten in Industrieländern. Nachhaltige und gesunde Ernährung kann nur dann ermöglicht werden, wenn Bedarf (Nachfrage) und Produktion gemeinsam entwickelt werden. In der Praxis stehen ihrer Umsetzung freilich mächtige Wirtschaftsinteressen entgegen.[5]

Dank

An erster Stelle möchte ich Professor Marcel Mazoyer meinen Dank aussprechen für den wertvollen Rat, den er mir von Anfang an bei der Konzeption dieses Buches zuteil werden ließ, wie auch für seine Vorschläge zur Verbesserung des Textes. Marcel Mazoyer hat das große Verdienst, durch seine Arbeiten enorm dazu beigetragen zu haben, der weltweiten Armut ein Gesicht zu geben und einen Schlüssel zur Analyse und zum Verständnis der Phänomene Hunger und Mangelernährung bereitzustellen. Ich bin ihm für die enge Zusammenarbeit dankbar, die mir während der letzten zehn Jahre in verschiedenen Funktionen vergönnt war.

Dank gebührt auch Diane Müller, Guy Schuller, Jean Majeres ebenso wie Renée und Bernard Leompte für die kritische Lektüre des Textes und die Verbesserungsvorschläge, die sie mir bereitwillig gaben. Darüber hinaus möchte ich ihnen meine Wertschätzung aussprechen für ihr Interesse, das sie diesem Projekt gegenüber gezeigt haben, für ihre Ermutigung und ihren Rat während der Entstehung dieses Buches.

Ebenso gilt mein Dank Isabelle Sandoz für die Redaktion und Erfassung des Textes und für die organisatorische Unterstützung.

Besondere Anerkennung möchte ich Jean Majeres entgegenbringen, der mir bei der Vorbereitung der aktualisierten Auflage dieses Buches mit wertvollen Ratschlägen und Anregungen zur Seite stand.

Glossar

Bretton Woods: In Bretton Woods (USA) fand 1944 eine internationale Währungs- und Finanzkonferenz statt. Zwischen den 44 Teilnehmerstaaten wurden feste Wechselkurse beschlossen sowie die Gründung der → Weltbank und des → IWF initiiert. Beide Organisationen bezeichnet man entsprechend als Bretton-Woods-Institutionen. Zu dieser Gruppe wird in der Regel auch die für internationalen Handel zuständige Welthandelsorganisation (→ WTO) gezählt.

Cotonou-Abkommen: Völkerrechtlicher Vertrag zwischen den Staaten der Europäischen Union und den AKP-Staaten (Gruppe der afrikanischen, karibischen und pazifischen Staaten). Es trägt den Namen der Hauptstadt des westafrikanischen Staates Benin, wo es im Jahr 2000 unterzeichnet wurde. Das Abkommen trat in dem Jahr als Nachfolger des → Lomé-Abkommens in Kraft und reguliert die zwischenstaatliche Beziehung der Partner insbesondere bezüglich der Bereiche Entwicklungszusammenarbeit, Menschenrechte, Handel, und Investitionen, aber auch den der Staatsführung.

Doha-Runde: Die Wirtschafts- und Handelsminister der → WTO-Mitgliedsstaaten beschlossen 2001 auf ihrer vierten Konferenz in Doha, der Hauptstadt Katars, Verhandlungen über eine neue Handelsrunde zu beginnen. Sie wurde als Doha-Entwicklungsagenda bezeichnet. 2014 dauern diese Verhandlungen noch immer an.

ECA/UNECA (Economic Commission for Africa/UN-Wirtschaftskommission für Afrika): Gegründet 1958 vom Wirtschafts- und Sozialrat der UN (ECOSOC) als eine der fünf regionalen Kommissionen der UN. Aufgabe der ECA ist die Förderung der ökonomischen und sozialen Entwicklung ihrer Mitgliedsstaaten sowie interregionaler Integration und die Unterstützung internationaler Kooperationen für die Entwicklung Afrikas. Dabei werden Richtlinienanalysen, technische Assistenz, Wissen und Kommunikationsstrategien zur Verfügung gestellt und regionale Aktivitäten gefördert.

ECOWAS (Economic Community of West African States/Westafrikanische Wirtschaftsgemeinschaft): Die regionale Wirtschaftsvereinigung von derzeit 15 westafrikanischen Staaten mit einer Vormachtstellung Nigerias wurde 1975 mit der Unterzeichnung des Vertrages von Lagos gegründet. Die Vereinigung macht sich den Ausbau der wirtschaftlichen Integration dieser Länder ebenso zum Ziel wie eine graduelle politische Integration, welche mit der Einrichtung eines gemeinsamen westafrikanischen Gerichtshofes und Parlaments umgesetzt wurde. Die Selbstversorgung der Mitgliedsstaaten ist ein weiteres Ziel, das durch die Errichtung eines Binnenmarktes sowie einer Wirtschafts- und Währungsunion ermöglicht werden soll.

EEF (Europäischer Entwicklungsfonds): Ermöglicht die Finanzierung der Entwicklungszusammenarbeit der EU mit den AKP-Staaten und den ÜLG (Überseeische Länder und Gebiete). Der EEF wird von den Mitgliedsstaaten der EU finanziert und von einem Ausschuss verwaltet. Jeder EEF hat eine Laufzeit von fünf Jahren.

FRONTEX (Europäische Agentur für die operative Zusammenarbeit an den Außengrenzen): 2004 gegründete Gemeinschaftsagentur der Europäischen Union mit Sitz in Warschau. Die Agentur koordiniert die Zusammenarbeit der Mitgliedsstaaten bei der Sicherung der europäischen Außengrenzen. Zahlreiche Menschenrechtsorganisationen kritisieren FRONTEX in Zusammenhang mit militärischen Aktionen gegen Flüchtlinge in der Mittelmeerregion.

FAO (Food and Agriculture Organization/Ernährungs- und Landwirtschaftsorganisation): 1945 gegründete UN-Sonderorganisation für Ernährung, Landwirtschaft, Fischerei, Forstwesen mit Sitz in Rom. Die Aufgaben der FAO betreffen die Sicherung der weltweiten Nahrungsmittelversorgung, die Bekämpfung von Hungersnöten, die Durchführung von Entwicklungsprojekten und die Genehmigung von Nahrungsmittelhilfen im Rahmen des → WFP.

GATT (General Agreement on Tariffs and Trade/Allgemeines Zoll- und Handelsabkommen): 1948 in Kraft getreten; es stellt eine internationale Vereinbarung über den Welthandel dar. Im Rahmen dieses Abkommens wurden bis 1994 in acht Verhandlungsrunden Zölle und andere Handelshemmnisse abgebaut. Durch das GATT wurde im Verlauf der Verhandlungen der Grundstein zur Gründung der → WTO gelegt, die das GATT 1995 ablöste.

GAP (Gemeinsame Agrarpolitik): Die Gründung der EWG, der Europäischen Wirtschaftsgemeinschaft, führte in der Europäischen Gemeinschaft zur Entwicklung einer Gemeinsamen Agrarpolitik. Die GAP, die 1962 in Kraft trat, basiert auf zwei Richtlinien: den gemeinsamen Marktordnungen und der Entwicklung des ländlichen Raumes. Die GAP verfolgt das Ziel, die Produktivität der Landwirtschaft zu steigern, für ein angemessenes Einkommen der Bauern zu sorgen und die Stabilisierung der Märkte, die Sicherstellung der Versorgung und angemessene Preise für den Endverbraucher zu fördern.

Good Governance (Gute Regierungsführung): Staaten mit guter Regierungsführung zeichnen sich aus durch leistungsfähige politische Institutionen, die einen verantwortungsvollen Umgang des Staates mit politischer Macht und öffentlichen Ressourcen betreiben, transparent und effektiv arbeiten und Bedürfnisse von Minderheiten und Schwachen berücksichtigen. In der UN-Millenniumserklärung von 2000 wurde Good Governance als Ziel sowie als wichtige Voraussetzung für menschliche Entwicklung und den Erfolg von Armutsbekämpfung und Friedenssicherung definiert.

Grüne Revolution: Als Grüne Revolution bezeichnet man die in den 1950er-Jahren begonnene Entwicklung von Hochleistungssaatgut und dessen Verbreitung in Entwicklungsländern. Reis- und Weizenhochleistungssorten setzten sich in den 1960er-Jahren sehr schnell in Asien und in subtropischen Gebieten durch, da sie dort auf Grund des verlässlichen Niederschlags und mit Hilfe zuverlässiger Bewässerungssysteme einen guten Ertrag erzielten, so dass die Mangelernährungs- und Kindersterblichkeitsraten signifikant gesenkt werden konnten. Kritikpunkt ist die Umweltschädlichkeit der Intensivierung des Anbaus.

Havanna Charta: Die Havanna Charta war das Abkommen über die nicht zustande gekommene Internationale Handelsorganisation (ITO/International Trade Organization), die die dritte Bretton-Woods-Institution werden sollte. Beschlossen auf der Havanna-Konferenz 1947 und von 53 Ländern ratifiziert, wurde sie nicht durch den US-Kongress bestätigt. Vorgeschlagen wurde die Charta von

John Maynard Keynes mit dem Ziel, ITO und ICO (International Clearing Union) sowie eine internationale Währung zu etablieren.

IWF (Internationaler Währungsfonds): 1945 in → Bretton Woods gegründete Sonderorganisation mit der Aufgabe der Überwachung des internationalen Währungssystems mit über 180 Mitgliedern und Sitz in Washington. Fördert die internationale Zusammenarbeit in der Währungspolitik und hilft bei Zahlungsbilanzproblemen. Der IWF gewährt Kredite mit wirtschaftspolitischen Auflagen, die auf Marktöffnung und Deregulierung zielen. Die Gewichtung der Mitgliedsländer hat ein nach ökonomischem Gewicht quotiertes Stimmrecht; den USA kommt eine Sperrminorität zu.

Lomé-Abkommen: In Lomé, Togo, 1979 von den Staaten der Europäischen Gemeinschaft gemeinsam mit 71 Entwicklungsländern (AKP-Staaten) getroffenes Abkommen, 2000 durch das → Cotonou-Abkommen ersetzt. Das Lomé-Abkommen strebt eine umfassende wirtschaftliche, finanzielle, entwicklungspolitische und kulturelle Zusammenarbeit mit ehemaligen Kolonien an und weist diesen Ländern Sonderkonditionen zu. Die EG-Staaten verzichten auf Reziprozität bei Handelsabkommen; die Entwicklungsländer erhalten einen bevorzugten Marktzugang in Europa. Ferner werden deren Exporterlöse versichert.

Marrakesch-Abkommen: Schlussabkommen der → Uruquay-Runde, mit der die Gründung der → WTO beschlossen wurde. 1994 von 120 Staaten unterzeichnet.

Mikrofinanz: Mikrofinanz umfasst Dienstleistungen von Mikrofinanzinstitutionen: das Anbieten von Mikrokrediten, Sparbüchern, Mikroversicherungen, Finanztransfers/Überweisungen für diejenigen Kunden, die von herkömmlichen Banken nicht versorgt werden, insbesondere also für die Ärmsten der Armen in Entwicklungsländern. Häufig richten sich Mikrofinanz-Programme an den ökonomisch aktiven Teil der Bevölkerung und daher oft an Frauen.

NAFTA (North American Free-Trade Area/Nordamerikanische Freihandelszone): Abkommen zwischen den USA, Kanada und Mexiko, 1992 verabredet, 1994 in Kraft getreten. Eine vollständige Freihandelszone für gewerbliche Güter, Dienstleistungen sowie den Kapitalverkehr soll durch den stufenweisen Abbau von Zöllen und Quoten im nordamerikanischen Raum realisiert werden. Wegen des starken Wirtschaftsgefälles herrscht ein asymetrischer Zollabbau zwischen Mexiko und den reicheren Staaten Kanada und den USA. Ferner sollen Dienstleistungsmärkte liberalisiert, Investitionen erleichtert, Regelungen zum Schutz geistigen Eigentums erstellt und ein Mitspracherecht bei der Formulierung von Normen und technischen Vorschriften festgesetzt werden.

NIP/RIP (Nationales und Regionales Indikativprogramm): Ein mehrjähriges Arbeitsprogramm auf regionaler oder nationaler Ebene, das messbare Ziele, Zielgruppen, Programme, Geberbeiträge, Art und Tragweite der Unterstützungsmechanismen, erwartete Ergebnisse und einen Zeitplan zur Durchführung von anvisierten Zielen vorgibt.

OECD (Organization for Economic Co-Operation and Development/ Organisation für wirtschaftliche Zusammenarbeit und Entwicklung): 1960/61 gegründet. Organisation von 34 führenden Industrieländern, die eine beratende Funktion zur Koordinierung der Wirtschafts-, Währungs- sowie Außenwirtschaftspolitiken der Mitgliedsländer hat. Die OECD verfügt nicht über exekutive Vollmachten, sondern funktioniert als Plattform wechselseitigen Austauschs. Im Pariser Sekretariat und in den über 150 Ausschüssen werden konstant Analysen, Informationen und Empfehlungen erarbeitet, etwa die halbjährlichen Konjunkturausblicke und die jährlichen Länderberichte.

TRIPS (Agreement on Trade-Related Aspects of Intellectual Property Rights/Übereinkommen über handelsbezogene Aspekte der Rechte am geistigen Eigentum): Internationales Übereinkommen bezüglich Patent-, Urheber- und ähnlicher Schutzrechte. Das Abkommen legt minimale Anforderungen für nationale Rechtssysteme fest und soll sichern, dass Regelungen zur Durchsetzung von Rechten geistigen Eigentums nicht den internationalen Handel beschränken.

UEMOA (Union Économique et Monétaire Ouest Africaine/Westafrikanische Wirtschafts- und Währungsunion): Zusammenschluss von acht großteils frankophonen Staaten; Mitglieder: Benin, Burkina Faso, Elfenbeinküste, Guinea-Bissau, Mali, Niger, Senegal, Togo. Die UEMOA strebt eine gemeinsame Wirtschafts- und Währungsunion an. Bisher ist die wirtschaftliche Integration aber noch gering, die

Abhängigkeit von Europa und die wirtschaftlichen Differenzen zwischen den einzelnen Ländern groß.

UNCTAD (United Nations Conference on Trade and Development/ Die Konferenz der Vereinten Nationen über Handel und Entwicklung): Die 1964 gegründete und in Genf ansässige UNCTAD fördert den Handel zwischen Industrie- und Entwicklungsländern und ist ständiges beratendes Organ der Vollversammlung der Vereinten Nationen. Zur UNCTAD gehören heute alle UN-Mitgliedsländer, deren Vertreter alle vier Jahre eine Konferenz abhalten. Die zunehmende Bedeutung der → WTO verlagerte die Arbeitsbereiche der UNCTAD auf Probleme der Globalisierung und die Liberalisierung der Weltwirtschaft vor allem unter der Berücksichtigung von deren Auswirkungen auf Entwicklungsländer.

UNDP (United Nations Development Programme/UN-Entwicklungsprogramm): 1965 gegründeter Exekutivausschuss innerhalb der UN-Generalversammlung mit Repräsentanten aus 36 Ländern weltweit; der Leiter der UNDP hat das dritthöchste Amt innerhalb der UN inne. Die UNDP wird durch freiwillige Beiträge der Mitgliedsstaaten finanziert und hat Büros in 166 Staaten, von denen aus sie mit den jeweiligen Regierungen zusammenarbeitet, um Entwicklungsziele sowie die Jahrtausendentwicklungsziele zu erreichen.

Uruguay-Runde: Die achte (und letzte) im Rahmen des → GATT durchgeführte Welthandelsrunde; sie begann im Jahr 1986 und endete 1994 mit der → Marrakesch-Erklärung. Als Folge der Uruguay-Runde wurde die → WTO gegründet. Die Forderungen der Industrieländer bezüglich eines sogenannten Handels mit Dienstleistungen und des Schutzes geistigen Eigentums wurden in Folge durch das GATT-Abkommen (im Dienstleistungsbereich) und das → TRIPS-Abkommen durchgesetzt. Eine sukzessive Öffnung der Agrarmärkte wurde vereinbart, ebenso eine Senkung der Agrarsubventionen in den Industrieländern.

Weltbank/IBRD (International Bank for Reconstruction and Development/Internationale Bank für Wiederaufbau und Entwicklung): Sonderorganisation mit Sitz in Washington und inzwischen fast 190 Mitgliedsländern; sie wurde 1944 in Bretton Woods geplant und

1945 gegründet. Zu ihren Zielen gehören die Förderung nachhaltiger Entwicklung und ein damit einhergehender verbesserter Lebensstandard in Entwicklungsländern sowie die Reduzierung der Armut. Der Anteil, den die Mitgliedsländer am Weltbankkapital besitzen, bestimmt deren Stimmrecht. Die fünf Mitgliedsstaaten mit den höchsten Kapitalanteilen benennen fünf der 24 Direktoren; der Präsident muss US-Bürger sein.

WFP (UN World Food Programme/UN-Welternährungsprogramm): Die weltweit größte humanitäre Organisation; finanziert sich aus freiwilligen Beträgen von Regierungen, Unternehmen, Privatpersonen. Das WFP arbeitet gemeinsam mit anderen für Ernährungsfragen zuständigen UN-Organisationen, der → FAO, dem IFAD (International Fund for Agricultural Development) und zahlreichen weiteren Partnern daran, Hungernden den Zugang zu Nahrung zu verschaffen.

WHO (World Health Organization/Weltgesundheitsorganisation): Sonderorganisation der Vereinten Nationen mit Sitz in Genf, die 1948 gegründet wurde und mittlerweile 194 Mitgliedsstaaten zählt. Die WHO ist die leitende Koordinationsbehörde der UN für das internationale öffentliche Gesundheitswesen. Ziel ist die Verwirklichung des bestmöglichen Gesundheitsstandards für alle Menschen; zu ihren Aufgaben gehören die Bekämpfung von (insbesondere Infektions-) Erkrankungen und die Förderung der allgemeinen Gesundheit der Menschen.

WTO (World Trade Organization/Welthandelsorganisation): 1994 beim → Marrakesch-Abkommen, der Schlussrunde des → GATT, gegründete Sonderorganisation für den Welthandel mit Sitz in Genf und zur Zeit 160 Mitgliedsländern. Die WTO stellt einen umfassenden vertraglichen und institutionellen Rahmen für die Liberalisierung des Welthandels dar. Die Koordination der Wirtschaftspolitik der Mitglieder sowie die Schlichtung bei Streitfragen gehören zu den Kernaufgaben. Entschieden wird in der Regel per Konsens. Neue Mitglieder müssen bisher getroffene Entscheidungen akzeptieren.

Die Zusammenstellung des Glossars
besorgte Vera Kern, Frankfurt.

Abkürzungen

ACDIC	Association citoyenne pour la défense des interêts communs/Bürgervereinigung zur kollektiven Interessenvertretung (Kamerun)
ACF	Action contre la faim/Aktion gegen den Hunger
ACHPR	African Commission on Human and Peoples' Rights/Afrikanische Kommission der Menschenrechte und der Rechte der Völker
ADB	Asian Development Bank/Asiatische Entwicklungsbank
ADEME	Agence de l'Environnement et de la Maîtrise de l'Energie/Agentur für Umwelt und Kontrolle des Energieverbrauchs
ADM	Acher Daniels Midland
AKP	Afrikanische, karibische und pazifische Staaten
AOA	Agreement on Agriculture/Abkommen über die Landwirtschaft
ATTAC	Association pour une Taxation des Transactions Financières pour l'Aide aux Citoyens/Vereinigung für eine Besteuerung von Finanztransaktionen zum Nutzen der Bürger
AU	Afrikanische Union
BIP	Bruttoinlandsprodukt
BNE	Bruttonationaleinkommen
BULOG	Bulog/Amt für Logistik
CAFTA	Central American Free Trade Agreement/Zentralamerikanisches Freihandelsabkommen
CCFD	Comité Catholique contre la Faim et pour le Développement/Katholischer Ausschuss gegen Hunger und für Entwicklung
CEDEAO	Communauté Economique des Etats de l'Afrique de l'Ouest (französische Bezeichnung der ECOWAS)

CETRI	Centre Tricontinental, NGO mit Sitz im belgischen Louvain-la-Neuve
CIDSE	Internationale Zusammenarbeit für Entwicklung und Solidarität (Netzwerk aus 16 katholischen Organisationen)
CNCR	Conseil national de coopération des ruraux (senegalesischer Bauernverband)
CNUCED	Conférence des Nations Unies sur le Commerce et le Développement (französische Bezeichnung der UNCTAD)
CONAB	Companhia Nacional de Abastecimento/Brasilianische Gesellschaft für Versorgung
CONSEA	Conselho de Segurança Alimentar e Nutricional/Nationaler Rat für Nahrungsmittel- und Ernährungssicherheit
DAC	Development Assistance Committee/Ausschuss für Entwicklungshilfe
DDA	Doha Development Agenda/Doha-Entwicklungsagenda
DSB	Dispute Settlement Body/Streitschlichtungsgremium der WTO
ECA	Economic Commission for Africa/Wirtschaftskommission für Afrika der Vereinten Nationen
ECHO	European Commission Humanitarian Office/Amt für humanitäre Hilfe der Europäischen Kommission
ECOSOC	Economic and Social Council/Wirtschafts- und Sozialrat der UN
ECOWAS	Economic Community of West African States/Westafrikanische Wirtschaftsgemeinschaft
EEF	Europäischer Entwicklungsfonds
EIF	Enhanced Integrated Framework
ESCR	Economic, Social, and Cultural Rights/Wirtschaftliche, soziale und kulturelle Rechte
EUA	Europäische Umweltagentur
EWG	Europäische Wirtschaftsgemeinschaft
FAO	Food and Agriculture Organization/Ernährungs- und Landwirtschaftsorganisation der UN
FAOSTAT	Statistiken der FAO
FIAN	Food First Action Network

FIAS	Foreign Investment Advisory Service
FOET	Foundation on Economic Trends/Stiftung für Wirtschaftstrends
FRIDE	Fundación para las Relaciones Internacionales y el Diálogo Exterior/Stiftung für internationale Beziehungen und den außenpolitischen Dialog
GAFSP	Global Agriculture and Food Security Program/Programm zur Sicherung der Agrarentwicklung und Welternährung
GAP	Gemeinsame Agrarpolitik
GATT	General Agreement on Tariffs and Trade/Allgemeines Zoll- und Handelsabkommen
GMO	Genetically Modified Organism
GRAIN	Genetic Resources Action International
GVO	Genetisch veränderter Organismus
GVP	Genetisch veränderte Pflanze
HIPC	Heavily Indebted Poor Countries/Hochverschuldete arme Länder
HLTF	High Level Task Force/hochrangige Arbeitsgruppe zur globalen Ernährungskrise
HRC	Human Rights Council/UN-Menschenrechtsrat
IAASTD	Internationale Bewertung der Agrarwissenschaft und Agrartechnologie für die Entwicklung
IATP	Institute for Agriculture and Trade Policy (Minnesota)/Institut für Landwirtschaft und Handelspolitik
ICESCR	International Covenant on Economic, Social and Cultural Rights/Internationaler Pakt über wirtschaftliche, soziale und kulturelle Rechte (auch: Sozialpakt)
IFAD	International Fund for Agricultural Development/Internationaler Fonds für landwirtschaftliche Entwicklung
IFAP	International Federation of Agricultural Producers/Internationale Vereinigung der Agrarproduzenten
IFC	International Finance Corporation der Weltbank
IFPRI	International Food Policy Research Institute/Internationales Forschungsinstitut für Nahrungsmittelpolitik

IFRI	Institut français des relations internationales/Französisches Institut für internationale Beziehungen
IKRK	Internationales Komitee vom Roten Kreuz
ILO	International Labour Organization/Internationale Arbeitsorganisation
INCRA	Instituto Nacional de Colonização e Reforma Agrária/Nationales Institut für Besiedlung und Agrarreform
IWF	Internationaler Währungsfonds
KKP	Kaufkraftparität
LDC	Least developed countries/am wenigsten entwickelte Länder
MDER	Minimum Dietary Energy Requirement/Mindestenergiezufuhr
MDG	Millennium Development Goals/UN-Jahrhundertentwicklungsziele
MST	Movimento dos Sem Terra/Bewegung der Landlosen
NAFTA	North American Free Trade Agreement/Nordamerikanisches Freihandelsabkommen
NGLS	Non-Governmental Liaison Service/UN-Verbindungsdienst zu nichtstaatlichen Organisationen
NIP	Nationales Indikativprogramm
NRO	Nichtregierungsorganisation
ODA	Official Development Assistance/Öffentliche Entwicklungshilfe
OECD	Organisation for Economic Co-operation and Development/Organisation für wirtschaftliche Zusammenarbeit und Entwicklung
OMC	Organisation Mondiale du Commerce (engl. WTO)
ONASA	Office National d'Appui à la Sécurité Alimentaire/Staatliche Stelle für Ernährungssicherheit in Benin
OXFAM	Oxford Committee for Famine Relief
PRGF	Poverty Reduction and Growth Facility/Armutsbekämpfungs- und Wachstumsfazilität
PRSP	Poverty Reduction Strategy Paper/Strategiepapier zur Armutsminderung

PTO	Patent and Trademark Office/Patentamt der Vereinigten Staaten von Amerika
RIP	Regionales Indikativprogramm
ROPPA	Réseau des organisations paysannes et des producteurs de l'Afrique de l'Ouest/Netzwerk der Bauernverbände und der Erzeuger Westafrikas
SAILD	Service d'appui aux initiatives locales de développement/ NGO-Beratungsorganisation für Bauern in Kamerun
SAP	Strukturanpassungsprogramme
SISAN	Sistema Nacional de Segurança Alimentar e Nutricional/ Nationales System für Nahrungsmittel- und Ernährungs- sicherheit
SSM	Spezieller Schutzklauselmechanismus
TRIPS	Agreement on Trade-Related Aspects of Intellectual Property Rights/Übereinkommen über handelsbezogene Aspekte der Rechte am geistigen Eigentum
UCS	Union of Concerned Scientists/Vereinigung besorgter Wissenschaftler
UEMOA	Union économique et Monétaire Ouest Africaine/West- afrikanische Wirtschafts- und Währungsunion
UNCTAD	United Nations Conference on Trade and Development/ UN-Konferenz für Handel und Entwicklung
UNDP	United Nations Development Programme/UN-Entwick- lungsprogramm
UNEP	UN-Umweltprogramm
UNICEF	United Nations International Children's Emergency Fund/Kinderhilfswerk der UN
USAID	United States Agency for International Development/Be- hörde der USA für internationale Entwicklung
WEED	World Economy, Ecology & Development
WFP	World Food Programme/Welternährungsprogramm der UN
WHO	World Health Organization/Weltgesundheitsorganisa- tion
WPA	Wirtschaftspartnerschaftsabkommen
WTO	World Trade Organization/Welthandelsorganisation

Anmerkungen

Einleitung
1 Zukunftsstiftung Landwirtschaft, 2013, S. 4
2 Ebd.

Teil 1: Gründe der Ernährungskrise
1 De Schutter, 2014
2 Zukunftsstiftung Landwirtschaft, 2013, S. 1
3 Tatsächlich griff der Gipfel von 2000 ein Ziel wieder auf, auf das man sich bereits auf dem Welternährungsgipfel in Rom im Jahr 1996 geeinigt hatte. Allerdings hatten sich die beteiligten Staaten damals dafür ausgesprochen, die Zahl der Hungernden und Unterernährten bis zum Jahr 2015 auf die Hälfte zu verringern. Wenn man dieses anspruchsvolle Ziel erreichen wollte, müsste man die Zahl der Unterernährten bis 2015 auf 420 Millionen senken.
4 Troubé, 2007, S. 16
5 Zukunftsstiftung Landwirtschaft, 2013, S. 5
6 Small Planet Institute, 2013
7 Ebd.
8 De Schutter, 2014
9 Troubé, 2007, S. 11
10 Ebd., S. 21
11 Ziegler, 2005, S. 100
12 World Child Hunger Facts
13 Troubé, 2007, S. 11
14 FAO, 2013, S. 12
15 FAO, 2013, S. 10-13
16 United Nations, 2009
17 Brandt/Otzen, 2004, S. 52
18 Brunel, 2002, S. 15 ff.
19 Troubé, 2007, S. 37
20 Brunel, 2002, S. 17, 22
21 Darunter versteht man diejenige Energiemenge, die der Körper im Ruhezustand pro Tag braucht, um seine Funktionen aufrechtzuerhalten.
22 Troubé, 2007, S. 37
23 FAO, 2009 (c), S. 8
24 Troubé, 2007, S. 16

25 Ebd., S. 28
26 Ebd., S. 90 ff.
27 Ebd., S. 28
28 WHO, 2006, Vorwort
29 Troubé, 2007, S. 39
30 UNICEF/World Bank, 2004
31 Troubé, 2007, S. 29
32 Ebd., S. 21
33 FAO, 2009
34 Zukunftsstifung Landwirtschaft, 2013, S. 9
35 Ebd., S 7 ff.
36 Banque Mondiale, 2009, S. 112 f.
37 Troubé, 2007, S. 21
38 Banque Mondiale, 2009, S. 112 f.
39 Troubé, 2007, S. 21
40 FAO, 2012
41 International Labour Organization, 2013
42 Zukunftsstiftung Landwirtschaft, 2013, S. 24
43 Ebd., S. 24
44 Mazoyer/Roudart, 2005, S. 18
45 Millstone /Lang, 2008, S. 34 f., 48 f.
46 Mazoyer/Roudart, 2005, S. 18
47 Ebd., S. 19
48 Ebd.
49 Chossudovsky, 2008
50 Banque Mondiale, 2008, S. 82 f.
51 Berthelot, 2008 (b), S. 33
52 Ebd., S. 33
53 Lemaître, 2009, S. 64
54 CNUCED/UNCTAD, 2008 (a), S. 15
55 Lemaître, 2009, S. 65 ; George, 1978, S. 108
56 George, ebd.
57 Berthelot, 2008 (b), S. 42
58 Ein Teil dieser Analyse stützt sich auf Berthelot, 2008 (a).
59 Lemaître, 2009, S. 60
60 George, 1978, S. 97
61 Zukunftsstiftung Landwirtschaft, 2013, S. 3
62 Daryll u.a., 2003, S. 8
63 Verhältnis zwischen dem Preis, den man für Importe bezahlen muss, und dem Preis, den man für Exporte erhält.
64 Mazoyer, 2003, S. 7
65 Siehe hierzu auch Kapitel 22 über Indien.
66 Mazoyder/Roudart, 2005, S. 27
67 FAO, 2012, S. XI-XV

68 Banque Mondiale, 2008, S. 50
69 De Schutter, 2008 (b)
70 Banque Mondiale, 2008, S. 2
71 Ebd., S. 9
72 Brandt/Otzen, 2004, S. 58
73 CNUCED/UNCTAD, 2008 (a), S. 7
74 Banque Mondiale, 2008, S. 49
75 Ebd.
76 Sundaram, 2008, S. 3
77 Brandt/Otzen, 2004, S. 109
78 Ebd.
79 Ebd., S. 109 f.
80 Ebd., S. 33
81 Antil, 2010
82 Brandt/Otzen, 2004, S. 33
83 Ebd., S. 59
84 Ebd., S. 60
85 George, 1978, S. 69.
86 Griffon, 2006, S. 151
87 Dufumier, 2004, S. 99
88 Antil, 2010
89 Zukunftsstiftung Landwirtschaft, 2013, S. 6
90 Griffon, 2006, S. 115 ff.
91 Oxfam, 1995, S. 73
92 Ende 1999 wurden die SAP (Strukturanpassungsprogramme) im Rahmen des PRSP (Poverty Reduction Strategy Paper/Strategiepapier zur Armutsminderung) durch Armutsbekämpfungsprogramme abgelöst. Obgleich dieser neue Ansatz im Rahmen der HIPC-Initiative (Heavily Indebted Poor Countries/Hochverschuldete-arme-Länder-Initiative) zu einer gewissen Schuldenminderung führte und auf eine angemessene Führungsrolle des Staates setzte, konnte er das eigentliche Wesen der SAP doch nicht verändern.
93 Oxfam, 1995, S. 75 f.
94 Ebd., S. 76
95 Chossudovsky, 2002, S. 67, 69
96 Madeley, 2002, S. 90
97 Bei den tarifären Hindernissen handelt es sich um Zölle, bei den nichttarifären um Bestimmungen etwa im Ernährungs- und Gesundheitsbereich.
98 Stiglitz, 2004 (a), S. 33
99 Ebd., S. 258 f.
100 Ebd., S. 13
101 Chossudovsky, 2002, S. 38
102 Ebd., S. 75 f.

103 Stiglitz, 2004 (a), S. 88
104 Chossudovsky, 2002, S. 81
105 Madeley, 2002, S. 91
106 CNUCED/UNCTAD, 2009 (d), S. 140 ff.
107 Ebd.
108 siehe www.ohchr.org – Dokument A/HRC/7/11
109 CNUCED/UNCTAD, 2007
110 ATTAC, 2001, S. 179
111 Mazoyer, 2003, S. 6
112 CNUCED/UNCTAD, 2008 (a), S. 12
113 Ebd.
114 Griffon, 2006, S. 119 ff.
115 Madeley, 2002, S. 88
116 Ebd., S. 91
117 CNUCED/UNCTAD, 2008 (a), S. 15
118 CNUCED/UNCTAD, 2013
119 FAO, 2009 (c), S. 23
120 Parmentier, 2009
121 Chossudovsky, 2008
122 Stiglitz, 2004 (a), S. 33 f.
123 Ebd., S. 21 f.; Stiglitz, 2004 (b), S. 45 ff.
124 CNUCED/UNCTAD, 2008 (a), S. 9
125 Lemaître, 2009, S. 116
126 Berthelot, 2009
127 Brandt/Otzen, 2004, S. 7
128 Stiglitz, 2004 (a), S. 13 f.
129 Brandt/Otzen, 2004, S. 103
130 Small Planet, 2012
131 Martin Khor ist gegenwärtig Exekutivdirektor der von 42 Entwicklungs-
    ländern getragenen Forschungsorganisation »South-Center« in Genf.
132 Paasch, 2007
133 Der Kakao war der Hauptgrund für die wirtschaftliche Katastrophe in
    Ghana in den 1970er-Jahren. Die Weltmarktpreise stürzten gerade zu ei-
    nem Zeitpunkt ab, als das ganze Land seine ganze Energie in den Anbau
    dieser kleinen Bohne setzte. Jahrelang hatte ihm der Kakao die Hälfte sei-
    ner Deviseneinnahmen verschafft. Natürlich waren auch die kleinen Fa-
    milienplantagen von dem Preisverfall betroffen. Dieser war vor allem des-
    halb für das Land und seine Wirtschaft eine solche Katastrophe, weil in
    zahlreichen Regionen fast alle Familien Kakaoanbau betrieben. Die gha-
    naische Wirtschaft brauchte fast 30 Jahre, um sich einigermaßen von die-
    sem Schock zu erholen.
134 FAOSTAT, 2013
135 Zitiert nach Khor, 2008, S. 36 ff.
136 Paasch, 2007, S. 34

137 Ebd., S. 35
138 Ebd., S. 36
139 Ebd., S. 47 ff.
140 thepoultrysite.com
141 Myjoyonline.com
142 Gauthier, 2008
143 Dufumier, 2004, S. 467
144 Ebd., S. 470
145 CCFD, 2006
146 Dufumier, 2004, S. 473
147 Haiti Grassroots Watch, 2013
148 Ebd.
149 CCFD, 2006
150 *welt-sichten,* Juni 2009
151 Dufumier, 2004, S. 475
152 ECOSOC, 2007; ECOSOC, 2009
153 Ebd.
154 Dufumier, 2004, S. 492
155 Oulala.net
156 High Level Task Force, 2009
157 CNUCED/UNCTAD, 2010
158 Kozul-Wright, 2010
159 ECOSOC, 2009
160 Haiti Grassroots Watch, 2013
161 Dufumier, 2004, S. 475
162 http://www.cbsnews.com/news/bill-clinton-we-blew-it-on-global-food/
163 Im Rahmen dieser Programme belegt die UEMOA, zu der auch Burkina
    Faso gehört, alle Einfuhren nur noch mit vier unterschiedlichen Zollsät-
    zen: null Prozent, fünf Prozent, zehn Prozent und 20 Prozent. Der Zoll-
    satz von fünf Prozent gilt dabei für alle Grundnahrungsmittel.
164 Oudet, 2005
165 UNCTAD, 2007
166 Robin, 2012, S. 197-219
167 Berthelot, 2001
168 Actionaid, 2005, S. 4
169 Kwa, 2008, S. 16
170 Chossudovsky, 2002, S. 19 f.
171 Ebd., S. 113
172 Ebd., S. 118
173 Ebd., S. 19
174 Vandermeersch; Schmitz, 2013, S. 44 f.
175 Ebd., S. 156
176 Kwa, 2008, S. 8
177 Zukunftsstiftung Landwirtschaft, 2013, S. 22

178 Ebd., S. 35
179 FAO, 2009 (f)
180 Griffon, 2006, S. 245
181 Rapport FAO, 2009 (e), S. 113
182 Zukunftsstiftung Landwirtschaft, 2013, S. 34
183 UNCTAD, 2013, S. 20
184 Zukunftsstiftung Landwirtschaft, 2013, S. 34
185 Löwenstein, Felix zu, 2011, S. 112
186 Ebd., S. 112 f.
187 FAO, 2009 (a)
188 FAO, 2009 (f)
189 Zukunftsstiftung Landwirtschaft, 2013, S. 38
190 FAO, 2009 (f)
191 Zukunftsstiftung Landwirtschaft, 2013, S. 32
192 Griffon, 2006, S. 244
193 *Alternatives Economiques* 83 (2009)
194 Griffon, 2006, S. 234 ff.
195 Brown, 2007, S. 70
196 Ebd.
197 Lemaître, 2009, S. 71
198 Brown, 2007, S. 70
199 Ebd., S. 75
200 Ebd., S. 71
201 Ebd., S. 69
202 Ebd., S. 80 ff.
203 *Alternatives Economiques* 83 (2009), S. 24
204 Griffon, 2006, S. 240
205 Ebd., S. 31
206 Alternatives Economiques 83 (2009), S. 25; Parmentier, 2009, S. 154
207 Alternatives Economiques 83 (2009)
208 Griffon, 2006, S. 240
209 Ebd., S. 249
210 Zukunftsstiftung Landwirtschaft, 2013, S. 10 f.
211 Ebd., S. 11
212 Bui, 2009, S. 196
213 Zukunftsstiftung Landwirtschaft, 2013, S. 10
214 Ebd., S. 10
215 Bui, 2009, S. 170
216 GRAIN, 2010
217 Zukunftsstiftung Landwirtschaft, 2013, S. 8
218 Ebd.
219 Ebd.
220 Ebd.
221 www.oxfamamerica.org

222 Robin, 2012, S. 189
223 Robin, 2009
224 www.oxfam.de
225 Chappot, Thomas; Classen, Olivier; et. al., 2011, S. 211-212
226 ATTAC Schweiz, 2005
227 *Le Monde diplomatique*, Mai 2012
228 Parmentier, 2009, S. 213; Stiglitz, 2006, S. 237
229 Lemaître, 2009, S. 98
230 *DER SPIEGEL*, 19/2014, S. 73
231 Houtart, 2009, S. 157
232 Sime Darby Berhad ist in 20 Ländern tätig und beschäftigt 100 000 Mitarbeiter.
233 CNUCED/UNCTAD, 2009 (e), S. XVII, 98, 126, 138
234 www.oxfam.de
235 De Schutter, 2010
236 Ebd.
237 Stiglitz, 2006, S. 255
238 Clapp, S. 156
239 weed/oxfam.de, Fragen und Antworten zur Nahrungsmittelspekulation, 2012
240 Ebd.
241 Zukunftsstiftung Landwirtschaft, 2013, S. 14
242 Clapp, 2012, S. 139
243 oxfam.de
244 weed/oxfam, Ebd.
245 Zukunftsstiftung Landwirtschaft, 2013, S. 14
246 AgrarBündnis e.V., 2012, S. 79
247 Clapp, 2012, S. 146
248 WEED, 2014, S. 5
249 *Le Monde*, 13.09.2013
250 www.greenpeace.de
251 Brown, 2008, S. 24
252 Spiegel Online, 10.07 2013: Kraftstoff-Studie: Biosprit verdrängt Lebensmittel
253 Robin, 2012, S. 272 f.
254 *Le Monde*, 13.09.2013
255 Robin, 2012, S. 272 f.
256 AgrarBündnis e.V., 2012, S. 12
257 Umweltinstitut München e.V.
258 *Le Monde*, 14.12.2013
259 Holt-Giménez, 2007
260 Agrarbündnis e.V., 2012, S. 12
261 *Le Monde*, 19.10.2014
262 *Al Jazeera, Fiddling in Rome while our food burns,* 17.10.2013

263 *Le Monde,* 14.12.2014
264 *Le Monde,* 14.12.2013
265 FAO-High Level Panel of Experts on Agrofuels
266 Clapp, 2009, S. 69
267 *Al Jazeera, Fiddling in Rome while our food burns,* 17.10.2013
268 Berthelot, 2013, S. 80
269 Bloomberg, 28.04.2014
270 Clapp, 2009, S. 71 f.
271 Als Bagasse bezeichnet man die faserigen Überreste der Zuckerproduktion aus Zuckerrohr.
272 Houtard, 2009, S. 96 f.
273 Ebd., S. 102
274 Conseil des droits de L'Homme, 2009 (c), S. 11
275 Houtard, 2009, S. 107
276 Ebd., S. 119
277 Ebd., S. 121
278 *DIE ZEIT,* 11.7.2013
279 Houtard, 2009, S. 122-125
280 Lipper, 2009
281 www.landmatrix.org
282 Ebd.
283 CNUCED/UNCTAD, 2009 (e)
284 www.landmatrix.org
285 Baxter, 2010
286 www.farmlandgrab.org
287 Shepard/Mittal, 2009
288 Ebd.
289 Ebd.
290 Baxter, 2010
291 Rahmato, Dessalegn, 2011
292 www.gambelatoday.co
293 GRAIN, 14.Februar 2014
294 Ebd.
295 Ebd.
296 www.oxfam.de
297 Zukunftsstiftung Landwirtschaft, 2013, S. 16 f.
298 Rifkin, 2000, S. 91
299 Shiva, 2004, S. 18
300 Rifkin, 2000, S. 89 f.
301 Kempf, 2003, S. 72
302 Rifkin, 2000, S. 90
303 Kempf, 2003, S. 91
304 Stiglitz, 2006, S. 166
305 Shiva, 2004, S. 119

306 Rifkin, 2000, S. 92
307 Ebd.
308 Kempf, 2003, S. 49
309 Dufumier, 2006
310 Parmentier, 2009, S. 161
311 Gurian-Sherman, 2009
312 Zukunftsstiftung Landwirtschaft, 2013, S. 46 f.
313 Bt= biotechnologisch hergestellt
314 Dufumier, 2006
315 *abcBurkina*, Nr. 372, vom 17. April 2010
316 Kempf, 2003, S. 100
317 Berthelot, 2001, S. 379
318 Dufumier, 2006
319 Zukunftsstiftung Landwirtschaft, 2013, S. 44
320 Rifkin, 2000, S. 90 f.
321 Zukunftsstiftung Landwirtschaft, 2013, S. 45
322 Ebd., S. 45
323 Ebd., S. 46
324 www.isaaa.org
325 Zukunftsstiftung Landwirtschaft, S. 47
326 Parmentier, 2009, S. 165
327 www.isaaa.org
328 Shiva, 2004, S. 161 ff.
329 Kempf, 2003, S. 226
330 *DER SPIEGEL*, 28.11.2012;
331 www.gmoseralini.org
332 Séralini, 2012, S. 7 f.
333 Bové; Luneau, 2014, S. 15 – 49
334 Ebd., S. 39-44

Teil II: Was tun?

1 FAO/Golay, 2009 (b), S. 13
2 www.srfood.org/index.php/en/right-to-food; Olivier De Schutter, »Solutions for hunger: a policy seminar on the right to food«, Seminarbericht, Ottawa, 7. November 2008
3 Parmentier, 2009, S. 184
4 Troubé, 2007, S. 103
5 WFP, 2012
6 Millstone/Lang, 2003, S. 28
7 Troubé, 2007, S. 102 f.
8 Ebd., S. 104
9 Millstone/Lang, 2003, S. 28

10 Mazoyer/Roudart, 2005, S. 77

11 *Coordination Sud*, 2005

12 Vertrag von Lissabon, Artikel 214

13 JO 2008/C25/01

14 Millstone/Lang, 2003, S. 29

15 Lemaître, 2009, S. 111

16 Troubé, 2007, S. 104

17 Alternatives Sud, Question agraire et mondialisation, 2002 (a), S. 74

18 Clapp/Cohen, 2009, S. 116, 122

19 Pérez-Vitoria, 2005, S. 25

20 Ebd., S. 29

21 Ebd., S. 28

22 Prosterman/Hanstad, 2009

23 Banque Mondiale, 2008, S. 108

24 Ebd., S. 100

25 Brandt/Otzen, 2004, S. 123 f.

26 Dufumier, 2004, S. 13 f.

27 Ebd., S. 174

28 Banque Mondiale, 2008, S. 108

29 Griffon in: Mazoyer/Roudart, 2005, S. 143

30 Artikel 11: Es sei daran erinnert, dass die Abfassung dieses Abkommens, das 1966, also mitten im Kalten Krieg unterzeichnet wurde, vor allem auf Anstöße der Sowjetunion und ihrer Verbündeten zurückgeht. Dagegen befassten sich die verbündeten westlichen Länder lieber mit der Abfassung des zeitgleich unterzeichneten Vertrags zu den bürgerlichen und politischen Rechten (Pacte international relatif aux droits civils et politiques).

31 Griffon, 2006, S. 151

32 Griffon in: Mazoyer/Roudart, 2005, S. 105

33 George, 2006, S. 324

34 Ebd., S. 327

35 Banque Mondiale, 2008, S. 27, 100

36 Ebd., S. 11

37 CETRI, *Question agraire et mondialisation*, 2002, S. 119

38 Dufumier, 2004, S. 207 ff.

39 Amin, 2009, S. 145

40 Ebd., S. 50 f.

41 Ebd., S. 145

42 Stiglitz im Vorwort zu Prosterman/Hanstad, 2009, S. 10

43 Brandt/Otzen, 2004, S. 138

44 Amin, 2009, S. 154

45 Stiglitz im Vorwort zu Prosterman/Hanstad, 2009, S. 13

46 *DIE ZEIT* 07/2014

47 Brunel, 2002, S. 58 f.; Courbage/Todd, 2008, S. 8 f., 139 ff.

48 Mazoyer/Roudard, 2005, S. 15
49 Dufumier, 2004, S. 7
50 www.ernährungssouveränität.at/
51 Zukunftsstiftung Landwirtschaft, 2013, S. 15
52 Ebd., S. 15
53 Ebd.
54 Dufumier, 2004, S. 540
55 Brandt/Otzen, 2007, S. 287 f.
56 FAO, 2009 (e), S. 135
57 Banque Mondiale, 2008, S. 62
58 FAO, 2009 (e), S. 111 ff.
59 Banque Mondiale, 2008, S. 67, 141 ff.
60 Ebd., S. 77
61 Ebd., S. 16
62 Aus einem rotierenden Fonds werden Kredite an einzelne Kredit-
nehmer vergeben, von deren Rückzahlungen wiederum andere Kredit-
nehmer bedient werden.
63 Dufumier, 2004, S. 564
64 Zukunftsstiftung Landwirtschaft, 2013, S. 40
65 Banque Mondiale, 2008, S. 17
66 Zukunftsstiftung Landwirtschaft, 2013, S. 40
67 Ebd. S. 43
68 Ebd. S. 40–43
69 FAO, 2012, S. 38
70 Lobe, 2010
71 Robin, 2012, S. 160-173
72 Goïta, 2014
73 De Ravignan, 2009, S. 104
74 Zukunftsstiftung Landwirtschaft, 2013, S. 28
75 Ebd., S. 1
76 Ebd., S. 2 f.
77 Ebd., S. 28
78 Robin, 2012, S. 274
79 De Schutter, 2014
80 UNO-Bericht A/HCR/25/57
81 Ebd., S. 29
82 UNCTAD, 2013
83 UNCTAD/PRESS/PR/2013/043
84 Zukunftsstiftung Landwirtschaft, 2013, S. 28 f.
85 Dufumier, 2012, S. 175
86 Ebd., S. 176
87 Löwenstein, 2011, S. 208 ff.
88 Robin 2012, S. 176 f.
89 Ebd., S. 23

90 IFOAM, *Our Earth, Our Mission. Consolidated Report of the IFOAM Action Group 2013*, Bonn 2013

91 AgrarBündnis e.V., 2012, S. 82; Robin, 2012, S. 185

92 Robin, 2012, S. 110 ; 114 f.

93 Robin, 2012, , S. 179 – 181

94 AgrarBündnis e.V., 2012, S. 83

95 Interview mit Pierre Rahbi, in: le pays [burkinische Tageszeitung], 1.Februar 2010

96 UNCTAD, 2013, S. 199 – 202

97 Robin 2012, S. 192

98 Ebd., S. 191

99 Dufumier 2012, S. 172

100 Zukunftsstiftung Landwirtschaft, 2013, S. 29

101 Robin, 2012, S. 193

102 Zukunftsstiftung Landwirtschaft, 2013, S. 29

103 Robin, 2012, S. 193

104 Baqué, 2012, S. 12 f.

105 Robin, 2012, S. 269

106 Zukunftsstiftung Landwirtschaft, 2013, S. 22

107 Ebd., S. 23

108 Ebd.

109 Ebd., S. 39

110 Dufumier, 2012, S. 165 ; Löwenstein, 2011, S 247 f.

111 Löwenstein, 2011, S. 243 – 250

112 Dufumier, 2012, S. 155 f.

113 Löwenstein, 2011, S. 283

114 Zukunftsstiftung Landwirtschaft, 2013, S. 11

115 Ebd., S. 34 f.

116 Mazoyer/Routard, 2005, S. 143

117 Torre/Murphy, 2008

118 Wise, 2010

119 Institute for Agriculture and Trade Policy, 2008

120 Brandt/Otzen, 2004, S. 107

121 Wake up before …, S. 276

122 Berthelot, 2008 (c)

123 Berthelot, 2001, S. 478

124 UNCTAD, 2013, S. 262

125 Dufumier, 2012, S. 140

126 Amin, 2009, S. 142 f.

127 Parmentier, 2009, S. 190

128 Berthelot, 2008 (c)

129 *Financial Times*, 28. April 2008

130 Matthieu Calame, »Plaidoyer pour une politque agricole mon-diale«, siehe unter www.laviedesidees.fr

131 Faostat, 2013
132 WFP, 2008
133 CNUCED/UNCTAD, 2009 (a)
134 Ebd.
135 http://www.maxhavelaar.ch/de/fairtrade/ueber-max-havelaar/jubila-eum/fachevent/
136 Dufumier, 2012, S. 145 f.
137 Parmentier, 2009, S. 190
138 Coordination Sud, 2005, S. 16
139 Berthelot, 2007 (b)
140 Lemaître, 2009, S. 115
141 Sundaram, 2008, S. 9
142 OMC, 2003, S. 14
143 Reinert, 2007, S. 28
144 Berthelot, 2007 (b)
145 Doc. A/HCR/7/5 vom 10. Januar 2008
146 De Schutter, 2009
147 Doc. A/HCR/10/5/Add.2
148 Berthelot, 2007 (b)
149 Zukunftsstiftung Landwirtschaft, 2013, S 12 f.
150 UNCTAD, 2013, S. 263
151 Groupe de Bellechase, 2009, S. 23
152 Madelin/Berthelot, 2003
153 Berthelot 2007 (b)
154 Ebd.
155 Reichert, 2013; Wise, 2013; www.solidarite.asso.fr
156 CNUCED/UNCTAD, 2007, S. 97

Teil III: Die wichtigsten Akteure

1 Vertrag von Lissabon, Artikel 208
2 Bundesministerium für wirtschaftliche Entwicklung und Zusammenarbeit, 2006, S. 30 f.
3 Ebd., S. 30
4 Ebd., S. 36
5 Mahbubani, 2008
6 CNUCED/UNCTAD, 2007
7 Frisch, 2008, S. 38
8 CNUCED/UNCTAD, 2007
9 Charles Goerens ist gegenwärtig Mitglied des Europaparlaments, in dessen Entwicklungsausschuss er sitzt.
10 Vertrag von Lissabon, Artikel 208
11 Copyright Février 2012-Verluise/Diploweb.com

12 www.solidarite.asso.fr

13 Die gegenwärtige Regelung sieht so aus, dass die Kommission alle fünf Jahre einen Haushaltsvorschlag macht, über den der Rat dann beschließt. Das EU-Parlament wird nicht einmal konsultiert, da verschiedene Mitgliedsstaaten dagegen sind, weil sie befürchten, das könne zu einer unangemessenen Erhöhung der Haushaltsmittel führen.

14 Ec.europa.eu/fisheries/reform

15 AgrarBündnis e.V., 2012, S. 9

16 Ebd., S. 35

17 Rainelli, 2007, S. 33; Clapp/Cohen, 2009, S. 137

18 Ray u.a., 2003, S. 21

19 Ebd., S. 12

20 Ebd., S. 10, 18

21 Lappé, Frances Moore, *EcoMind. Changing the Way We Think, to Create the World We Want*, Cambridge 2013, S. 21

22 Ray u.a., 2003, S. 9–36

23 Agrarheute.com

24 Rosset, S. 17

25 Ebd., S. 2f.

26 Ebd., S. 38

27 Ray, 2003, S. 11 ; Rosset, 2006, S. 42

28 Wise, 2010

29 Cook, 2006

30 www.foodfirst.org

31 Ebd.

32 Ebd.

33 Ebd.

34 Banque Mondiale, 2008, S. 56

35 Diese Angaben der Weltbank werden von einigen Wissenschaftlern bestritten. Mark Leonard spricht von 300 Millionen Menschen, die in nur 30 Jahren »aus einer rückständigen Agrargesellschaft in die Moderne geführt« worden seien (Leonard, 2009, S. 18). Laut Martine Bulard haben sich in den letzten beiden Jahrzehnten fast 200 Millionen aus der Armut befreien können. Dies seien jedoch weit weniger, als die Weltbank Ende 2007 mit großem Nachdruck behauptet habe. Trotzdem sei der Aufschwung beeindruckend gewesen. Laut der ADB (Asian Development Bank/Asiatische Entwicklungsbank) ging die Zahl der Chinesen, die in absoluter Armut, also von weniger als einem Dollar am Tag, leben mussten, zwischen 1993 und 2004 um jährlich 8,5 Prozent zurück (Bulard, 2008, S. 84). Die korrekte Einschätzung des von China erwirtschafteten Wohlstands hängt natürlich von dem jeweils benutzten Wechselkurs ab. Legt man bei dessen Berechnung die KKP (Kaufkraftparität) zugrunde, gelangt man zu einem Kurs von 3,40 Yuan pro Dollar, der sich stark von dem offiziellen Wechselkurs von 6,83 Yuan für einen Dollar unterschei-

det. In diesem Fall wäre China mit einem doppelt so hohen Bruttoinlands-produkt wie Japan und einem halb so hohen wie die USA bereits heute die zweitgrößte Wirtschaftsmacht der Welt, erklärte der Wirtschaftswissenschaftler Antoine Brunet am 23. Februar 2010 der Zeitung *Le Monde*. Siehe auch: OCDE-FAO Agricultural Outlook 2013–2022, S. 55

36 Banque Mondiale, 2008, S. 6, 17, 43, 52, 56
37 Bulard, 2008, S. 92
38 Franssen, 2009
39 Banque Mondiale, 2008, S. 26
40 Ebd., S. 210
41 Ebd., S. 261
42 OECD, 2013, S. 55
43 *The Economist* vom 16. Januar 2010
44 Banque Mondiale, 2008, S. 6, 43
45 OECD, 2013, S. 63
46 Banque Mondiale, 2008, S. 43, 56
47 Ebd., S. 260
48 Bulard, 2008, S. 91
49 Ebd., S. 202
50 Banque Mondiale, 2008, S. 309
51 Leonard, 2009, S. 104
52 Bulard, 2008, S. 101
53 Ebd., S. 46
54 Banque Mondiale, 2008, S. 63
55 Lemaître, 2009, S. 53
56 FAO, 2009 (d), S. 135
57 Sen, 1999, S. 220f.
58 Dufumier, 2004, S. 265
59 Bulard, 2008, S. 20f.
60 Leonard, 2009, S. 164f.
61 Franssen, 2009
62 Parmentier, 2009, S. 231
63 Banque Mondiale, 2008, S. 70
64 Bello, 2013, S. 122f.
65 FAOSTAT, 2013
66 CNUCED/UNCTAD, 2009 (c)
67 Franssen, 2009
68 Bello, 2013, S. 116f.
69 *Rediff News*, 1.4.2013
70 *Le Monde*, 6.7.2013
71 http://www.tlaxcala-int.org/article.asp?reference=1371
72 *Alternatives Économiques*, Nr. 263, November 2007
73 Bulard, 2008, S. 87
74 Drèze; Sen, 2013, S. XI

75 Ebd., S. 131
76 Banque Mondiale, 2008, S. 56, 63, 216
77 Ebd. S. 51
78 Dufumier, 2004, S. 236
79 Ebd., S. 238
80 Troubé, 2007, S. 86 f.
81 Amin, 2005, S. 34 f.
82 Utsa Patnaik trat im Oktober 2004 auf einer Konferenz auf, die das deutsche Landwirtschaftsministerium in Berlin unter dem Titel »Politik gegen Hunger: Liberalisierung des Agrarhandels – eine Lösung?« veranstaltete. Danach nahm sie im März 2005 in Luxemburg an einem Seminar über Ernährungssicherheit teil. Ihr Referat trug den Titel: »Eine vollständige Liberalisierung des Agrarhandels schadet der Ernährungssicherheit«.
83 *Neue Züricher Zeitung* vom 5. Juli 2007
84 *The Economic Times,* 25.06 2014
85 De Schutter, UN-Bericht A/HRC/22/50
86 Drèze; Sen, 2013, S. 5
87 *Le Monde* vom 3. Februar 2010
88 Amin, 2005, S. 30 f.
89 Banque Mondiale, 2008, S. 216, 233
90 *Le Monde diplomatique*, 2007, S. 34
91 *Le Monde* 6.7.2014 ; *Hindustan Times,* 26.6 2014
92 Ziegler, 2005, S. 184
93 Ebd., S. 187 f.
94 Van Eeuwen, 2006, S. 15
95 Conseil des droits de l'homme, 2009 (c)
96 Ebd.
97 Ebd.
98 CETRI, 2010, S. 97 f.
99 Ebd., S. 99 ff.
100 Ebd., S. 20
101 Conseil de droits de l'Homme, 2009 (c)
102 CETRI, 2010, S. 99
103 www.hart-brasilientexte.de/
104 Van Eeuwen, 2006, S. 37
105 Ziegler, 2005
106 Ebd., S. 171
107 Ebd., S. 171 f.
108 Houtart, 2014
109 CETRI, 2010, S. 116
110 Conseil de droits de l'Homme, 2009 (c)
111 CETRI, 2010, S. 21
112 Ziegler, 2005, S. 171

113 Orsenna, 2006, S. 104
114 CETRI, 2010, S. 157
115 *Brennpunkt Dritte Welt*, no 281, 2014
116 Houtart, 2014
117 Rainelli, 2003, S. 54 f.
118 Holt-Giménez, 2011, S. 194
119 Robin, 2012, S. 264
120 Ebd., S. 248–270
121 Banque Mondiale, 2008, S. 17
122 Holt-Giménez, 2011, S. 107
123 Banque Mondiale, 2008, S. 104
124 Ebd., S. 185 f.
125 Amin, 2005, S. 179–192
126 United Nations, NGLS, 2009
127 Ebd.
128 www. concordeurope.org

Schlussfolgerungen

1 www.grain.org
2 Robin, 2012, S. 136
3 Ebd., S. 134
4 Löwenstein, 2011, S. 227
5 Zukunftsstiftung Landwirtschaft, 2013, S. 9

Literatur

ActionAid, *Real Aid versus Phantom Aid,* 2005

ActionAid International, *Trade Invaders, The WTO & developing countries' »Right to protect«,* 2005

AgrarBündnis e.V., *Der kritische Agrarbericht 2012*, Hamm 2012

Antil, Alain, *Les »émeutes de la faim« au Sénégal, Un puissant révélateur d'une défaillance de gouvernance*, Ifri, Programme Afrique subsaharienne, Paris 2010

Albala, Nuri, u. a., *ONU. Droits pour tous ou loi du plus fort?*, CETIM, Genf 2005

Alternatives Economiques, Nr. 263, November 2007

Alternatives Economiques, *Les agrocarburants*, Nr. 259, Juni 2007

Alternatives Sud, *Question agraire et mondialisation*, CETRI, Louvain-la-Neuve 2002 (a)

Alternatives Sud, *Le pouvoir des transnationales*, CETRI, Louvain-la-Neuve 2002 (b)

Alternatives Sud, *Le miracle chinois vu de l'intérieur,* CETRI, Louvain-la-Neuve und Paris 2005

Alternatives Sud, *Objectifs du millénaire pour le développement,* CETRI, Louvain-la Neuve und Paris 2006

Amin, Samir (Hg.), *Les luttes paysannes et ouvrières face aux défis du XXIe siècle,* Paris 2005

Amin, Samir, *Sur la Crise – Sortir de la Crise du Capitalisme ou Sortir du Capitalisme en Crise,* Paris 2009

Assemblée générale des Nations Unies, *Agriculture development and food security*, Report of the Secretary-General, (A/64/221), 2009

ATTAC, *Une économie au service de l'homme,* Paris 2001

ATTAC Schweiz, *Nestlé. Anatomie eines Weltkonzerns*, Zürich 2005

Azam, Geneviève; Hidouci, Ghazi; Katz, Alison; Lapeyre, Frédéric; Lecomte, Bernard; Perroulaz, Gérard; Vivien, Renaud, *Aide au Dé-*

veloppement – Efficace, Neutre, Désintéressée ? Point de vue critiques du Nord sur la coopération européenne, CETIM, Genf 2009

Balme, Stéphanie, *La Chine*, Paris 2008

Banque Mondiale, Rapport sur le développement dans le monde, *L'agriculture au service du développement*, Brüssel und Paris 2008

Baqué, Philippe, *La Bio-Entre business et projet de société*, Marseille 2012

Baxter, Joan, »Wie Gold, nur besser. Fette Dividenden aus Afrikas Böden«, in: *Le Monde diplomatique* (deutsche Ausgabe), Januar 2010

Bello, Walden, *Capitalism's Last Stand? Deglobalization in the Age of Austerity*, London 2013

Berthelot, Jacques, *L'agriculture, Talon d'Achille de la mondialisation*, Paris 2001

Berthelot, Jacques, Réseau des Organisations Paysannes et des Producteurs Agricoles d'Afrique de l'Ouest, *Renforcement des capacités de leadership et de négociation des responsables des organisations paysannes du Roppa,* 2007 (a)

Berthelot, Jacques, *Les négociations agricoles à l'OMC : mécanismes et pièges*, 2007 (b)

Berthelot, Jacques, »L'analyse critique des causes de la flambée des prix agricoles mondiaux«, 23. April 2008 (a)

Berthelot, Jacques, *Démêler le vrai du faux dans la flambée des prix agricoles mondiaux,* www.cadtm.org, 6. Oktober 2008 (b)

Berthelot, Jacques, »Pour un modèle agricole dans les pays du Sud«, in: *Le Monde diplomatique,* November 2009

Berthelot, Jacques, *Réguler les prix agricoles*, Paris 2013

Boris, Jean-Pierre, *Commerce inéquitable,* Paris 2005

Boris, Jean-Pierre, *Main Basse sur le Riz,* Paris 2010

Bové, José; Luneau, Gilles, *Hold-Up à Bruxelles, Les Lobbies au Cœur de L'Europe*, Paris 2014

Brandt, Hartmut; Otzen, Uwe, *Armutsorientierte landwirtschaftliche und ländliche Entwicklung,* Baden-Baden 2004

Brandt, Hartmut; Otzen, Uwe, *Poverty Orientaled Agricultural and Rural Development*, Routtedge Studies in Development and Society, 2007

Brown, Lester R., *Le Plan B, Pour un Pacte Ecologique Mondial*, Paris 2007

Brown, Lester R., *Der Plan B 2.0. Mobilmachung zur Rettung der Zivilisation,* Berlin 2008

Brunel, Sylvie, *Famines et politique*, Paris 2002

Bui, Doan, *Les Affameurs, Voyage au cœur de la planète de la faim*, Paris 2009

Bulard, Martine, *Chine – Inde. La course du dragon et de l'éléphant,* Paris 2008

Bundesministerium für wirtschaftliche Zusammenarbeit und Entwicklung (BMZ), Konzepte 144, *Die Entwicklungspolitik der Europäischen Union (EU),* Bonn und Berlin 2006

Carfantan, Jean-Yves, *Le choc alimentaire mondial,* Paris 2009

Cavanagh, John; Mander, Jerry u. a., *Alternatives à la globalisation économique*, Montreal 2005

CCFD, FDM 216, November 2006

CETRI, *Question agraire et mondialisation*, Paris 2002

CETRI, »Le Brésil de Lula: un bilan contrasté. Point de vue du Sud«, in: *Alternatives Sud*, Bd. 17, 2010

Chang, Ha-Joon, *Kicking away the ladder*, London und New York 2005

Chappot, Thomas; Classen, Olivier; et. al., *Swiss Trading SA, la Suisse, le Négoce et la Malédiction des Matières Premières*, Bern 2011

Choplin, Gérard; Strickner, Alexandra; Trouvé, Aurélie/Attac, *Souveraineté alimentaire, que fait l'Europe?,* Paris 2009

Chossudovsky, Michel, *Global Brutal. Der entfesselte Welthandel, die Armut, der Krieg,* Frankfurt am Main 2002

Chossudovsky, Michel, *La famine mondiale,* Michel Collon Investigation, 26. 5. 2008

Civil society organizations. Forum Parallel to world Summit on Food Security, *Déclaration du forum des mouvements sociaux, ONG et organisations de la société civile en parallèle au Sommet de la FAO sur la sécurité alimentaire*, 2009

Clapp, Jennifer; Cohen, Marc J. (Hg.), *The Global Food Crisis, Governance Challenges and Opportunities,* The Centre for International Governance Innovation (CICG), Waterloo (Ontario) 2009

Clapp, Jennifer, *Food*, Cambridge 2012

CNUCED/UNCTAD, *Le Développement économique en Afrique 2007, Retrouver une marge d'action. La mobilisation des ressources intérieures et l'Etat développementiste*, 2007

CNUCED/UNCTAD, *Addressing The Global Food Crisis: Key trade, investment and commodity policies in ensuring sustainable food security and alleviating poverty*, 2008 (a)

CNUCED/UNCTAD, *Le Développement économique en Afrique 2008, Résultats à l'Exportation après la Libéralisation du Commerce: Quelques Tendances et Perspectives*, 2008 (b)

CNUCED/UNCTAD, G-24 Discussion Paper Series, *The 2008 Food Price Crisis: Rethinking Food Security Policies*, Mittal Anuradha, Nr. 56, Juni 2009 (a)

CNUCED/UNCTAD, *Optimiser les synergies entre investissement étranger direct et investissement intérieur pour le développement: renforcer les capacités productives*, 2009 (b)

CNUCED/UNCTAD, *Rôle de la coopération Sud-Sud et de la coopération triangulaire pour un développement agricole durable et la sécurité alimentaire dans les pays en développement*, Note du Secrétariat, (TD/B/C.II/MEM.2/5), 2009 (c)

CNUCED/UNCTAD, *The Least Developed Countries Report* 2009 (d)

CNUCED/UNCTAD, *Rapport sur l'investissement dans le monde*, 2009 (e)

CNUCED/UNCTAD, *The Least Developed Countries Report*, 2010

CNUCED/UNCTAD, *The Least Developed Countries Report*, 2013

Conseil des droits de l'Homme, *Application de la résolution 60/251 de l'Assemblée Générale du 15 mars 2006 intitulée »Conseil des Droits de l'Homme«, Rapport du Rapporteur spécial sur le droit à l'alimentation, Jean Ziegler*, (A/HRC/4/30), 2007

Conseil des droits de l'Homme, *Rapport du Rapporteur spécial sur le droit à l'alimentation Jean Ziegler. Promotion et protection de tous les droits de l'Homme, civils, politiques, économiques, sociaux et culturels, y compris le droit au développement*, (A/HRC/7/5), 2008

Conseil des droits de l'Homme, *Rapport du Rapporteur spécial sur le droit à l'alimentation, Olivier De Schutter. Le secteur agroalimentaire et le droit à l'alimentation*, (A/HRC/13/33), 2009 (a)

Conseil des droits de l'Homme, *Rapport du Rapporteur spécial sur le droit à l'alimentation, Olivier De Schutter. Acquisitions et locations de terres à grande échelle: ensemble de principes minimaux et de mesures pour relever le défi au regard des droits de l'Homme*, (A/HRC/13/33/Add.2), 2009 (b)

Conseil des droits de l'Homme, *Rapport du Rapporteur spécial sur le droit à l'alimentation, Olivier De Schutter. Mission to Brazil*, (A/HRC/13/33/Add.6), 2009 (c)

Conseil des droits de l'Homme, *Rapport du Rapporteur spécial sur le droit à l'alimentation, Olivier De Schutter. Mission à l'Organisation mondiale du commerce. Promotion et protection de tous les droits de l'Homme, civils, politiques, économiques, sociaux et culturels, y compris le droit au développement*, (A/HRC/10/5/Add.2), 2009 (d)

Conseil des droits de l'Homme, *Message du Rapporteur Spécial Olivier De Schutter avant le Sommet Mondial sur la Sécurité alimentaire*, 6. November 2009 (e)

Conseil des droits de l'Homme, Comité consultatif, *Discrimination in the context of the right to food, Study prepared by the drafting group on the right to food*, (A/HRC/AC/4/2), 2010

Contribution to the preparation of the Declaration of the World Summit on Food Security, *A Call for Coherence and Responsibility*, 2009

Cook, Christopher, *Diet for a Dead Planet: Big Business and the Coming Food Crisis*, New York 2006

Coordination SUD, *Agriculture: Pour une régulation du commerce mondial*, 2005

Courbage, Youssef; Todd, Emmanuel, *Die unaufhaltsame Revolution. Wie die Werte der Moderne die islamische Welt verändern*, München 2008

Crola, Jean-Denis, *Aid for Agriculture: Turning Promises into reality on the Ground*, Oxfam France 2009

Cullet, Philippe, *The Biosafety Protocol*, RIBIOS 2002

De La Torre Ugarte, Daniel G.; Murphy, Sophia, *The Global Food Crisis: Creating an Opportunity for Fairer and More Sustainable Food and Agriculture Systems Worldwide*, Misereor, Nr. 11, 2008. www.ecofair-trade.org

Department of Economic and Social Affairs, Office for ECOSOC Support and Coordination, *Achieving Sustainable Development and Promoting Development Cooperation, Dialogues at the Economic and Social Council*, United Nations Press, 2008

De Ravignan, François, *La faim, un défi toujours d'actualité pourquoi?*, Paris 2009

De Rivero, Oswaldo, *The Myth of Development*, London 2001

Desgroseillers, Jean-François, »Objectifs du Millénaire pour le développement. Points de vues critiques du Sud«, in: *Alternatives Sud*, Bd. 13-2006/1, CETRI, Louvain-la-Neuve und Paris, März 2006

Drèze, Jean; Sen, Amartya, *An Uncertain Glory. India and its Contradictions*, Gurgaon 2013

Dufumier, Marc, *Agricultures et paysanneries des Tiers mondes*, Paris 2004

Dufumier, Marc, »Ce riche savoir-faire des paysans du Sud«, in: *Le Monde diplomatique*, April 2006

Dufumier, Marc, *Agricultures africaines et marché mondial*, Paris 2007

Dufumier, *Famine au Sud, Malbouffe au Nord, Comment le bio peut nous sauver*, Paris 2012

ECOSOC, Report of the Ad Hoc Advisary Group on Haiti, 25. Juli 2007

ECOSOC, *Issues Note for Special Meeting of the Economic and Social Council on global Food Crisis*, Mai 2008

ECOSOC, Report of the Ad Hoc Advisary Group on Haiti, 29. Juni 2009

Faim et développement, Nr. 240 vom Mai 2009

FAO, Conférence de Haut Niveau sur la sécurité alimentaire mondiale. Les défis du changement climatique et des bioénergies, *La Flambée des Prix des denrées alimentaires: faits, perspectives, effets et actions requises*, 2008

FAO, *Declaration of the World summit on Food Security*, 2009 (a)

FAO/Christophe Golay, Droit à l'alimentation et accès à la Justice, 2009 (b)

FAO, *L'Etat de l'insécurité alimentaire dans le monde*, 2009 (c)

FAO, *The State of Food and Agriculture, Livestock in the balance*, Food and Agriculture Organization of the United Nations, 2009 (d)

FAO, *La situation mondiale de l'agriculture et de l'alimentation* 2009 (e)

FAO, *Climate change and bioenergy challenges for food and agriculture* 2009 (f)

FAO, *World Food Summit on Food Security: Feeding the world, Eradicating Hunger* WSFS 2009/INF/2 2009 (g)

FAO, *Statistical Yearbook 2012. World Food and Agriculture*, Rom 2012

FAO, *The State of Food and Agriculture*, Rom 2012 (b)

FAO, *The State of Food Insecurity in the World 2013. The multiple dimensions of food insecurity*, Rom 2013

FAOSTAT, *Ghana. MAFAP Policy Brief # 3,* March 2013

Franssen, Peter, »Chine: la quête d'un modèle de développement«, in: *L'Info décodée*, 6. Oktober 2009

Frisch, Dieter, *La politique de développement de l'Union européenne*, European Centre for Development Policy Management (ECDPM), 2008

»From La Maddalena to l'Aquila Summit«, G8-Leaders Declaration, *»L'Aquila« Joint Statement on Global Food Security, L'Aquila Food Security Initiative (AFSI)*, 2009

Gauthier, Amélie, *Food Crisis in Haïti. A ruptured process?,* Madrid: FRIDE, Juni 2008

George, Susan, *Comment meurt l'autre moitié du monde*, Edition Robert Laffont, 2006

George, Susan, *Wie die andern sterben. Die wahren Ursachen des Welthungers,* Berlin 1978

Goïta, Mamadou, *Révolution verte ou agro-écologie?,* Luxembourg 2014

Golay, Christophe; Özden, Melik, *Le Droit à l'alimentation*, CETIM, Genf 2006

GRAIN, *Land grabbing and the global food crisis,* 2010, farmlandgrab. org

GRAIN, *Big Meat is growing in the South*, 2010, http://www.grain. org/article/entries/4044-big-meat-is-growing-in-the-south

Griffon, Michel, *Nourrir la planète. Pour une révolution doublement verte*, Paris 2006

Groupe de Bellechasse, *L'alimentation du Monde et son avenir*, Paris 2009

Gurian-Sherman, Doug, *Failure to Yield. Evaluating the Performance of Genetically Engineered Crops,* Union of Concerned Scientists, März 2009

Haiti Grassroots Watch, *Aid or trade ? The Nefarious Effects of U.S. Policies*, 2013 http://haitigrassrootswatch.squarespace.com/36_5_eng

High Level Task Force on the Global Food Security Crisis, Progress Report, April 2008 – Oktober 2009

Holt-Giménez, Eric, »Les cinq mythes de la transition vers les agrocarburants«, in: *Le Monde diplomatique,* Juni 2007

Holt-Giménez, Eric, *Food Movements Unite!: Strategies to Transform Our Food System*, Oakland 2011

Houtart, François, *L'agroénergie,* Charleroi 2009

Houtart, François, *Bericht über den Kongress des MST,* 2014

IFOAM, *Our Earth, Our Mission. Consolidated Report of the IFOAM Action Group 2013*, Bonn 2013

Informationsbrief Weltwirtschaft & Entwicklung, *Die Armut steigt – die EU-Entwicklungshilfe sinkt,* 2009

Informationsbrief Weltwirtschaft & Entwicklung, Vorabdruck: *Alternativen am globalen Mittagstisch*, 2010

Institute for Agriculture and Trade Policy, Minneapolis, Minnesota, »A Time of high Prices: A Opportunity for the Rural Poor?«, April 2008

International Centre for Trade and Sustainable Development (ICTSD), Band 9, März 2010

International Labour Organization, *Global employment trends 2013. Recovering from a second jobs dip,* Genf 2013

Ismail, Faizel, *Mainstreaming Development in the WTO*, CUTS/Friedrich-Ebert-Stiftung, Genf 2007

Kempf, Hervé, *La Guerre secrète des OGM*, Paris 2003

Khavand, Fereydoun A., *Le Nouvel Ordre Commercial Mondial,* Paris 1995

Khor, Martin, *The impact of Trade Liberalisation on Agriculture in Developing Countries, The Experience of Ghana*, Third World Network, Penang (Malaysia) 2008

Kozul-Wright, Richard; Fortunato, Pierguiseppe, *Rebuilding Haiti from post-conflict experience*, UNCTAD, Januar 2010

Kunanayakam, Tamara, *Quel développement?, Quelle coopération internationale? Pour un nouvel ordre international*, CETIM, Genf 2008

Kwa, Aileen; Quasim, Syed; Shah, Ali, *Impact of Agro-Import Surges in Developing Countries*, Actionaid International, 2008

Lemaître, Frédéric, *Demain la faim!*, Paris 2009

Le Monde diplomatique, *Manière de voir*, Nr. 94: *Réveil de l'Inde*, August/September 2007

Leonard, Mark, *Was denkt China?*, München 2009

Lipper, Heike, »Jatropha: Die zerstörerische Jagd nach grünem Gold«, in: Misereor (Hg.), *Energie – Macht – Hunger*, welt-sichten 11/2009

Lobe, Jim, *Entwicklungspolitische Strategie unter Obama*, Informationsbrief Weltwirtschaft und Entwicklung, Luxemburg, Januar 2010

Löwenstein, Felix zu, *Food Crash: Wir werden uns ökologisch ernähren oder gar nicht mehr*, München 2011

Madeley, John, *Le commerce de la faim*, Paris 2002

Madelin, Alain; Berthelot, Jacques, in: *Le Monde diplomatique*, Sept. 2003

Mahbubani, Kishore, »Der Mythos westlicher Entwicklungshilfe«, in: *E + Z*, 2/2008

Mazoyer, Marcel; Roudart, Laurence, *Histoire des agricultures du Monde*, Paris 1997–1998

Mazoyer, Marcel, »Mondialisation libérale et pauvreté paysanne. Quelle alternative?«, in: *Alternatives Sud*, 9, Nr. 4 (2003)

Mazoyer, Marcel; Roudart, Laurence, *La fracture agricole & alimentaire mondiale*, Paris 2005

Mazoyer, Marcel, *Crise alimentaire et crise financière*, CNUCED 2009

McKeon, Nora; Kalafatic, Carol, *Strengthening Dialogue: UN Experience with Small Farmer Organizations and Indigenous Peoples*, UN, NGLS, New York und Genf 2009

Millennium Project, *Halving hunger: It can be done, Achieving the Millennium Development Goals*, UN Millennium Project Task Force on Hunger, 2005

Millstone Erik; Lang, Tim, *Atlas de l'alimentation dans le monde,* Paris 2005

Mittal, Anuradha, *The 2008 Food Price Crisis: Rethinking Food Security Policies*, Oakland 2009

Multilateral Trade Negotiations on Agriculture, *Trade and Food Security: Options for Developing Countries*, www.fao.org/docrep/003/x7353e/X7353e10.htm

Myjoyonline.com, *Ghana aims to stop US$1b rice, food imports – Mahama,* 15.02.2014

Norberg-Hodge, Helena; Todd, Merrifield; Gorelick, Steven, *Manger local, Un choix écologique et économique*, Paris 2005

OECD, *OECD-FAO Agricultural Outlook 2013–2022*, 2013

OMC, *Comprendre l'OMC*, 2003[3]

OMC, *Les textes juridiques*, Résultats des Négociations commerciales multilatérales du Cycle d'Uruguay, 2003

Orsenna, Erik, *Voyage aux pays du coton*, Paris 2006

Oudet, Maurice, *Agrarsubventionen schaffen Armut. Das Beispiel der EU-Milch in Burkina Faso,* hg. von Misereor, Aachen 2005

Oudet, Maurice, »En Inde: Monsanto avoue l'échec de son coton Bt, au Burkina: Le Gouvernement et la Sofitex s'entêtent«, in: *Abc Burkina,* Nr. 372, 2010

Oxfam, *The Poverty Report,* 1995

Oxfam International, *Empty promises. What happened to »development« in the WTO's Doha Round?,* 2009

Paasch, Armin (Hg.); Garbers, Frank; Hirsch, Thomas, *Die Auswirkungen der Liberalisierung des Reismarkts auf das Recht auf Nahrung. Fallstudien zu Ghana, Honduras und Indonesien,* FIAN in Zusammenarbeit mit Globales Ökumenisches Arbeitsbündnis und Brot für die Welt, Stuttgart 2007

Parmentier, Bruno, Hg., *Nourrir l'humanité*, Paris 2009

Parmentier, Stéphane, »Et soudain resurgit la faim«, in: *Le Monde diplomatique,* November 2009

Patnaik, Utsa, *The Republic of Hunger & Other Essays*, Pontypool (Wales) 2009

Pérez-Vitoria, Silvia, *Les paysans sont de retour*, Arles und Paris 2005

Perrin, Serge, *Agriculture et commerce*, Paris 2003

Programme Alimentaire Mondial, *»Une tasse remplie = un enfant nourri«*, vom 23. 9. 2009, fr.wfp.org

Prosterman, Ed; Mitchell, Robert; Hanstad, Tim, *One Billion Rising. Law, Land and the Alleviation of Global Poverty*, Leiden 2009

Rahmato, Dessalegn, *Land to Investors- Large-Scale Transfers in Ethiopia*, in: *Policy Debates Series*, no 1, 2011

Rainelli, Pierre, Ewa Filipiak, *L'Agriculture de demain*, Paris 2003

Ray, Daryll E.; Daniel G. De La Torre Ugarte und Kelly J. Tiller, *Rethinking US Agricultural Policy: Changing Course to Secure Farmer Livelihoods Worldwide*, Knoxville (Tennessee) 2003

Reichert, Tobias, *Informationsbrief Weltwirtschaft & Entwicklung*, Luxemburg Dezember 2013

Reinert, Erik, *How rich countries got rich ... and why poor countries stay poor*, London 2007

Rifkin, Jeremy, *Access. Das Verschwinden des Eigentums*, Frankfurt am Main 2000

Robin, Marie-Monique, *Mit Gift und Genen. Wie der Biotech-Konzern Monsanto unsere Welt verändert*, München 2009

Robin, Marie-Monique, *Les moissons du future. Comment l'agroécologie peut nourrir le monde*, Paris 2012

Rosset, Peter, *Food is Different*, London 2006

Sachs, Wolfgang; Santarius, Tilman, *SlowTrade – Sound Farming. Handelsregeln für eine global zukunftsfähige Landwirtschaft*, Berlin und Aachen 2007. Kurzfassung vom April 2008 auf www.ecofairtrade.org

Sadigh Elie, *Organisation Mondiale du Commerce*, Paris 2007

Sales Magalhães, Reginaldo, *»Zusammen stark. In Brasilien wächst die Zahl der kollektiv verwalteten Betriebe und Unternehmen«*, in: *welt-sichten* 11-2009

Schutter, Olivier De, *»Solutions for hunger: a policy seminar on the right to food«*, Seminarbericht, Ottawa, 7. November 2008

Schutter, Olivier De, *Les responsables de la famine,* in: *Le Monde diplomatique,* Mai 2008 (b)

Schutter, Olivier De, *The Global Food Challenge, Towards a Human Rights Approach to Trade and Investment Policies,* 2009

Schutter, Olivier De, *Intervention sur le droit à l'alimentation au Conseil des droits de l'homme,* 5. März 2010

Schutter, Olivier De, *Rights and Responsibilities, Food Consumption in the 21st Century,* Beitrag zur Konferenz der UNI-Luxemburg am 16. Mai 2014

Sen, Amartya, *Ökonomie für den Menschen. Wege zur Gerechtigkeit und Solidarität in der Marktwirtschaft,* München 1999

Sen, Amartya, *Un nouveau modèle économique,* Paris 2000

Séralini, Gilles-Éric, *Tous Cobayes!, OGM, pesticides, produits chimiques,* Paris 2012

Shepard, Daniel; Anuradha Mittal, *The Great Land Grab,* Oakland 2009

Shiva, Vandana, *Geraubte Ernte. Biodiversität und Ernährungspolitik,* Zürich 2004

Small Planet Institute, *Framing hunger, a response to The State of Food Insecurity in the World 2012,* online verfügbar unter: http://smallplanet.org/sites/smallplanet.org/files/Framing-Hunger-SOFI12-12-2.pdf

Small Planet Documentary Production House, *People and Numbers,* Dokumentarfilm von Yorgos Avgeropoulos, Athen 2012

Stiglitz, Joseph E., *Der Schatten der Globalisierung,* München 2004 (a)

Stiglitz, Joseph E., *Die Roaring Nineties. Der entzauberte Boom,* Berlin 2004 (b)

Stiglitz, Joseph E., *Die Chancen der Globalisierung,* München 2006

Sundaram, Jomo Kwame, *The 2008 World Food Crisis,* www.ideaswebsite.org, 2008

The European Consensus on Development, Official Journal of the European Union, (C 46/01), 2006

The Global Food Challenge, Towards a human rights approach to trade and investment policies, FIAN, 2009

Troubé, Christian, *Les nouvelles famines,* Paris 2007

Umweltinstitut München e.V., Agrosprit Infokampagne www.umweltinstitut.org/info-kampagnen/agrosprit-infokampagne.html

UNCTAD, *Trade and Development Report,* Genf 2007

UNCTAD, *Trade and Development Report,* Genf 2009

UNCTAD, *Wake up before it is too Late, Trade and Environment Review 2013*, Genf 2013

UNICEF und Weltbank, *Vitamin and Mineral Deficiency. A Global Assessment Report,* New York und Genf 2004

Union Economique et Monétaire Ouest Africaine, *La politique agricole*, 2002

United Nations, *The Millenium Development Goals Report*, 2009

United Nations, NGLS, *Strengthening Dialogue: UN Experience with Small Farmer Organizations and Indigenous People,* 2009

Van Eeuwen, Daniel, *Le Nouveau Brésil de Lula,* Paris 2006

Vandermeersch, Damien; Schmitz, Marc, *Comment devient-on génocidaire? Et si nous étions tous capables de massacrer nos voisins,* Waterloo 2013

Via Campesina, *Une Alternative Paysanne à la mondialisation néolibérale*, CETIM, Genf 2002

Wagenhofer, Erwin; Max Annas, *We Feed the World – Was uns das Essen wirklich kostet,* Freiburg im Breisgau 2006

Wargny, Christophe, *Haïti n'existe pas,* Paris 2008

WEED, *Newsletter »EU-Finanzreform«*, Februar 2014

Welt-sichten. Magazin für globale Entwicklung und ökumenische Zusammenarbeit, Kleidung –Wer zieht uns an ?, 6/2009

WFP, *Le PAM en Afrique, 2011 faits et chiffres*, 2012

WHO, *Guidelines on food fortification with micronutrients,* 2005

Wise, Timothy A., »The True Cost of Cheap Food, The Globalisation of the food market has made food cheap, but who is benefiting?« in: *Resurgence,* Nr. 259, März/April 2010

Wise, Timothy A., *Right to food wins 'defensive battle' in World Trade Organization deal*, in: *Global Post,* 8.12.2013

World Child Hunger Facts, online verfügbar unter: http://www.worldhunger.org/articles/Learn/child_hunger_facts.htm

Ziegler, Jean, *Das Imperium der Schande,* München 2005

Ziegler, Jean, *Der Hass auf den Westen. Wie sich die armen Völker gegen den wirtschaftlichen Weltkrieg wehren,* München 2009

Zonon, Abdoulaye, *The implications for Burkina Faso of the July 2008 Draft Agricultural Modalities,* ICTSD, Genf 2008

Zukunftsstiftung Landwirtschaft, *Wege aus der Hungerkrise. Die Erkennisse und Folgen des Weltagrarberichts: Vorschläge für eine Landwirtschaft von morgen,* Berlin 2013

256 Seiten
ISBN 978-3-86489-070-3
€ 17,99

Kein Sommer ohne Südwind

Jahrhundertelang sind wir in den Süden gereist, um Kultur
und Küche zu genießen und um uns nicht zuletzt von uns selbst
zu erholen. Doch seit wir durch den Euro in einer Familie mit
dem Süden leben, mögen wir ihn nicht mehr. Sebastian Schoepp
bereiste Südeuropa und porträtiert einen Lebens-, Kultur- und
Wirtschaftsraum, der seit Jahrhunderten Schauplatz vielfältiger
Formen der Entwicklung und Begegnung ist und heute nicht auf
ein Bündel ökonomischer Größen reduziert werden darf.
Er zeigt, wie der Süden tatsächlich funktioniert, wie die Menschen
leben, arbeiten, hoffen, was sie antreibt und wie stark sie
sich in den letzten Jahren verändert haben. Höchste Zeit, dass
der Norden und der Süden endlich ihre Potenziale bündeln.